Editores:

Alberto F. Roldán
Nancy Thomas
y Carlos Van Engen

La iglesia latinoamericana:

su vida y su misión

Programa Doctoral en Teología PRODOLA

CertezaArgentina

Programa Doctoral en Teología **PRODOLA**

2011

Edición: Alberto F. Roldán   Corrección: Adriana Riccomagno
Diseño: Pablo Ortelli   Diagramación: Ayelen Horwitz

El Programa Doctoral en Teología PRODOLA es un proyecto
educativo de doctorado académico en teología (Ph.D.). Está integrado
por una comunidad cristiana, internacional y multidenominacional de
profesores latinoamericanos.
Contacto:
tparedes@prodola.org | www.prodola.org

Certeza Argentina es un ministerio de la Asociación Bíblica Universitaria
Argentina (ABUA) que tiene la visión de comunicar el señorío de Cristo
sobre la totalidad de la vida.
Contactos:
Ministerio a universitarios y secundarios: (54 11) 4331–5421
abuanac@gmail.com | www.abua.com.ar
Editorial: certeza@certezaargentina.com.ar | www.certezaonline.com
Ventas:
Argentina. Tel./fax: (54 11) 4342–3835/8238 | pedidos@distribuidoracerteza.com
Exterior. Tel./fax: (54 11) 4331–6651 | ventas@certezaargentina.com.ar

---

La iglesia latinoamericana: su vida y su misión / coordinado por
Alberto F. Roldán, Nancy Thomas y Carlos Van Engen.
- 1a ed. – Buenos Aires: Certeza Argentina, 2011.

256 pp.; 23x15 cm.

ISBN 978-950-683-166-0

1. Historia de la Iglesia. I. Roldán, Alberto F., coord. ed. II. Thomas, Nancy , coord. ed.
III. Van Engen, Carlos, coord. ed.

CDD 270.098 0

Impreso en Colombia. *Printed in Colombia.*

Más preparación para un mejor servicio
Efesios 4.12

Contenido

Prólogo
Alberto F. Roldán[1]

Entre la iglesia y la misión hay una relación tan inextricable que no es posible mencionar una sin implicar la otra. En efecto, no hay iglesia sin misión ni hay misión sin iglesia. Ello obedece a que la iglesia —según la célebre imagen de Emil Brunner— existe para la misión como el fuego para quemar. En las últimas décadas del siglo xx y en lo que va del presente se ha escrito mucho sobre la iglesia y la misión, ya que en todos los continentes el pueblo de Dios actúa y reflexiona sobre el deber y el privilegio de colaborar en la *missio Dei*. Porque, en última instancia, no se trata de la misión de la iglesia en el sentido de que ella defina y desarrolle su propia agenda, sino de la misión que Dios mismo ha delineado en su Palabra y que, como expresión de su gracia, invita a la iglesia a participar enviada por Jesucristo en el poder del Espíritu Santo.

El presente libro tiene como eje central a la iglesia en la *missio Dei*. Sus autores son teólogos, misiólogos y pastores plenamente comprometidos con el desarrollo de la misión de Dios en América Latina. Sus reflexiones, por lo tanto, no son fruto de meras teorías surgidas —según imagen salomónica— en una torre de marfil, sino la expresión de su praxis. La importancia de este dato no radica en un velado desprecio de la teoría—tampoco hay praxis sin teoría—sino en el hecho de que, además de la formación académica, hay en cada uno de los autores una experiencia que respalda su reflexión.

En la primera sección de este libro, los autores son profesores de los cursos troncales del Programa Doctoral en Teología PRODOLA, y los ensayos representan los enfoques de sus cursos. En el primer capítulo Pablo A. Deiros responde a la pregunta: ¿Hacia dónde va la iglesia de América Latina?'. Su abordaje es crítico del triunfalismo, el exitismo, el

---

[1]   Alberto Fernando Roldán es argentino, doctor en Teología por el Instituto Universitario Isedet de Buenos Aires y el *Instituto Ecumênico de Pos-graduação de São Leopoldo*, Brasil y máster en Ciencias Sociales y Humanidades (filosofía política) por la Universidad Nacional de Quilmes, Argentina. Es director de posgrado del Instituto Teológico FIET y pastor de la Iglesia Presbiteriana San Andrés en Buenos Aires. Es consultor teológico y bibliográfico de PRODOLA y profesor de 'Teología latinoamericana de la iglesia'. Alberto y su esposa Emilia tienen tres hijos adultos y tres nietos.

constantinismo, el subjetivismo, el autoritarismo —entre otras falencias— que caracterizan el talante de los evangélicos de América Latina, fruto del explosivo crecimiento que las iglesias han experimentado desde los años 1980 al presente. El historiador argentino advierte de los peligros que esos rasgos implican para la vida y la misión de la iglesia. Nos invita, entonces, a considerar las bendiciones que la iglesia de Jesucristo en América Latina ha recibido en las últimas décadas como una enorme carga de responsabilidad, ya que ser una minoría de peso en la mayor parte de nuestros países es una realidad que nos llama a corregir nuestros pasos y a colocarnos en obediencia radical bajo el señorío de Jesucristo.

En 'La iglesia que Jesús quería', capítulo 2, Mariano Ávila nos ofrece una creativa interpretación del evangelio de Mateo. Partiendo de la globalización como fenómeno mundial en que países centrales como Estados Unidos penetran con sus propios valores y cultura, el autor se propone extraer desde ese evangelio una comunidad alternativa a la impuesta. Establece un paralelo con el Imperio Romano en el cual la vida social se estructuraba jerárquicamente, siguiendo un sistema clientelar y patrimonialista, excluyente y explotador, esclavista y etnocéntrico, siendo las mujeres, los niños y los no romanos sus principales víctimas. Propone una iglesia inclusiva, hospitalaria y reconciliadora, tal como fue diseñada en el llamado de Dios a Abraham y conforme se vislumbra en la praxis de Jesús.

En el tercer capítulo, titulado '¿Qué es la teología de la misión?', Carlos Van Engen nos ofrece una detallada exposición del tema, tomando en consideración las distintas ramas y vertientes del cristianismo: el catolicismo romano, el protestantismo histórico, el protestantismo conservador, la iglesia ortodoxa, el pentecostalismo y el movimiento carismático. Destaca el modo en que, a partir de la década de 1960 un número considerable de teólogos y misiólogos del mundo reflexionó seriamente sobre las relaciones entre la teología y la misión. Para Van Engen, la teología de la misión es multidisciplinaria, integradora, bíblica, praxiológica, definitiva y analítica. En su conclusión, Van Engen dice que la teología de la misión muestra lo mejor de sí cuando está íntimamente comprometida con el corazón, la cabeza, la mano y el servicio de la misión de la iglesia. Sin dudas, este trabajo se constituirá en una herramienta fundamental para el estudio de la teología de la misión en América Latina.

En el capítulo 4, Sonia Abarca ofrece una aguda reflexión sobre 'La investigación como parte de la vocación pastoral'. Luego de describir a grandes rasgos la situación social de nuestras ciudades latinoamericanas, la educadora costarricense presenta los grandes desafíos y oportunidades que ese hecho implica para los pastores, pastoras, educadoras y educadores en general. Uno de los desafíos es que ese liderazgo conozca profundamente el contexto social y cultural en que las iglesias desarrollan su misión. La autora nos invita a investigar las relaciones sociales de poder y las estructuras sociales que promueven diversos tipos de dominio y control. En breve, la investigación a la que nos invita Sonia Abarca no debe ser interpretada como un ejercicio para diletantes sino una tarea puesta al servicio de la vida y misión para una iglesia más insertada en la realidad histórica, social y política de nuestros pueblos.

La segunda sección de la obra representa la especialidad de eclesiología, y los cuatro autores enseñan en esta área. Sus artículos abordan la pastoral y la eclesiología latinoamericanas. El capítulo 5, escrito por Norberto Saracco, enfoca los desafíos y las tentaciones de esa pastoral. Mediante una relación dialéctica, el autor reflexiona sobre binomios opuestos: siervos vs. líderes; reino de Dios vs. ministerio exitoso; ministerio vs. poder; transformación social vs. poder político; formación ministerial vs. ignorancia ungida. En su conclusión, Saracco invita a considerar cada tentación como un nuevo desafío, único camino para una iglesia viva y apasionada en la que se gesten modelos alternativos y comunidades de fe más 'abiertas' con ministerios más plurales.

En el capítulo 6, titulado, 'La elección del pastor como factor para un liderazgo transformador', Antonio Carlos Barro ofrece una serie de orientaciones que tienen que tomarse en cuenta a la hora de elegir un nuevo pastor. El autor advierte del peligro del 'síndrome de Júpiter y Mercurio' abogando por la humildad que debe caracterizar a los pastores y pastoras de la iglesia. Aconseja valorizar el ministerio de otros y encontrar agentes de cambio en la congregación quienes pueden aconsejar el camino a seguir para evitar las tensiones y mantener la integridad pastoral.

En el capítulo 7, titulado 'Hacia una hermenéutica bíblica de la pareja humana', Enrique Guang Tapia elabora un estudio de los textos clave de la Escritura sobre la pareja humana. En su trabajo, el autor define la 'biunidad' como el modelo que Dios como creador diseñó para la pareja a modo de proyección de la comunidad divina trinitaria. Guang Tapia realiza una deconstrucción de la tendencia misógina y machista que ha caracterizado desde tiempos inmemoriales la hermenéutica cristiana. Insta a recuperar una visión dignificante e integradora de la mujer a partir de lo cual ella y el hombre puedan ser corresponsables y cocreadores en el mundo de Dios.

El capítulo 8, escrito por Alberto F. Roldán, se titula: 'Marcos referenciales para una eclesiología latinoamericana'. El autor define tres marcos esenciales para la elaboración de una eclesiología —ámbito en permanente mutación— que sea pertinente al contexto latinoamericano. En primer lugar señala el marco bíblico teológico en el que se destacan las figuras de la iglesia como comunidad y pueblo de Dios. En segundo lugar, describe el marco histórico, es decir, la iglesia en la historia de las naciones latinoamericanas. En tercer lugar, define el marco social, en el que la iglesia debe ser vista como una realidad sociopolítica. Roldán entiende que las visiones espiritualizantes o metafísicas de la iglesia deben ceder el paso para un enfoque más socioanalítico.

La última sección del libro representa la especialidad de misiología y contiene tres ensayos cuya temática gira en torno a la espiritualidad, el culto, y la tarea pastoral a inmigrantes. En el primero de ellos, el capítulo 9, 'Más allá de los estereotipos: persona y comunidad en la espiritualidad latinoamericana', Nancy Thomas desmitifica la visión generalizada que define a los estadounidenses como individualistas y a los latinoamericanos como exponentes de lo comunitario. La autora indaga en los aspectos culturales y antropológicos de las Américas para demostrar que esas categorías no son unívocas y ofrece un meduloso estudio del lugar de la persona y la comunidad en el libro de los Salmos. Concluye dando unas implicaciones para la espiritualidad y misiología latinoamericanas.

En el capítulo 10, 'Con permiso para danzar: renovación de la música en las iglesias evangélicas de América Latina', el antropólogo peruano Rubén Tito Paredes reivindica el lugar del cuerpo en el culto evangélico. Somete a crítica la influencia anglosajona en la liturgia protestante y evangélica de América Latina e invita a recuperar la importancia de lo gestual en la alabanza. Demuestra la interrelación entre cultura y alabanza en la contextualización del evangelio a la realidad latinoamericana.

El último trabajo, el capítulo 11, se titula 'Migración y familia: dinámicas y procesos en las familias hispanas inmigrantes'. En el mismo, Jorge Maldonado analiza el fenómeno desde una perspectiva psicológica, sociológica y pastoral, fruto no sólo de sus estudios sino de su propia experiencia de vida lo que torna aun más relevante su abordaje. Ofrece aplicaciones prácticas a los pastores y líderes de congregaciones que desean un ministerio más profundo a los inmigrantes en su medio.

A modo de conclusión, Carlos Van Engen ofrece un repaso histórico de cinco paradigmas que se han registrado en la historia del cristianismo como modelos de la formación teológica y ministerial. El autor muestra el modo en que PRODOLA intenta tomar lo mejor de ellos en su proceso de formar líderes y responder a la realidad de la iglesia y su misión en América Latina.

El Nuevo Testamento nos habla de la *polícroma* gracia y sabiduría divinas (Ef. 3.10; 1 P. 4.10). De alguna manera esta obra que sometemos a consideración de los lectores y las lectoras del mundo iberoamericano es polícroma tanto en su contenido como en su representación. Su contenido es amplio y variado, porque recorre temas propios de un amplio espectro de conocimientos: Biblia, misiología, teología, educación, psicología, sociología, antropología, espiritualidad y pastoral. Pero también es variada en cuanto a que en ella están representadas las más diversas culturas de Latinoamérica. Recorramos las páginas de esta obra como si estuviéramos transitando la geografía de nuestros pueblos. Salgamos, pues, a caminar y sentir con el poeta Armando Tejada Gómez:

Salgo a caminar
por la cintura cósmica del sur.
Piso en la región
más vegetal del viento y de la luz.
Siento al caminar
toda la piel de América
en mi piel
(Canción con todos)

Viento y luz que, para nosotros, creyentes, es el silbo apacible del Espíritu Santo que, al mismo tiempo que nos impulsa, nos ilumina para seguir haciendo misión en nuestra América Latina.

Alberto F. Roldán
Buenos Aires, 6 de mayo de 2010

Introducción
Carlos Van Engen[2]

En este libro se presenta el pensamiento de algunos miembros del personal docente del Programa Doctoral en Teología PRODOLA. Los autores de los ensayos enseñan los cursos de los primeros dos años del programa doctoral, y también sirven como tutores personales que acompañan a los estudiantes de PRODOLA durante sus últimos dos años de la etapa de investigación individualizada y escritura de la tesis doctoral. Hace ya una década se vio la urgente necesidad de crear un programa doctoral que apoyara la formación teológica de una nueva generación de líderes latinoamericanos que pudiesen servir como rectores, decanos y profesoras/es de las escuelas bíblicas, seminarios y organizaciones misioneras alrededor de América Latina. Permítaseme resumir la historia del surgimiento de PRODOLA.

Estamos transitando por un kairos extraordinario en cuanto al desarrollo de la iglesia en América Latina. El crecimiento sumamente rápido de las iglesias evangélicas en nuestro continente requiere de una nueva generación de líderes que puedan articular la fe con relevancia, difundir sus ideas con claridad, reflexionar sobre los nuevos desafíos y ayudar al pueblo de Dios a responder a ellos. Es necesario elaborar nuevas estrategias para penetrar con el evangelio al mundo académico y cultural, los centros de información, de opinión y de poder socioeconómico y político. Está surgiendo en América Latina una generación de líderes que demuestra las

---

[2]   Carlos Van Engen, conocido amistosamente como 'Carlitos de Las Casas', nació en México de padres misioneros y después sirvió allí como misionero desde 1973 hasta 1985. Recibió el Ph.D. en Teología de la Universidad Libre de Amsterdam. Es profesor de Teología bíblica de la misión en la Escuela de Estudios Interculturales del Seminario Teológico Fuller. Sus numerosas publicaciones incluyen: *The Growth of the True Church; You are my Witnesses; Hijos del pacto; Pueblo misionero de Dios; Mission on the Way; Footprints of God: Mission OF, IN, and ON the Way* (coeditor); *Evangelical Dictionary of World Missions* (coeditor); *Announcing the Kingdom: The Story of God's Mission in the Bible* (coautor). En PRODOLA sirve como decano de la Escuela Postgraduada de Ciencias Teológicas de la Universidad Evangélica de las Américas, y director del Programa Doctoral en Teología PRODOLA. Enseña el curso troncal 'Perspectivas bíblicas del la *missio Dei* y el papel del pueblo de Dios'. Carlos y su esposa, Juanita, tienen tres hijos adultos casados y un nieto.

condiciones de acceder a un título académico del rango doctoral (Ph. D.)[3]. No obstante, cada día es más difícil y costoso realizar estudios doctorales fuera del contexto latinoamericano. Además del costo económico, las escuelas bíblicas, los seminarios y las organizaciones misioneras no pueden —ni deben— perder la presencia de su personal docente durante cuatro a seis años de estudio en Europa o los EE.UU. Junto con esta dificultad, hay una alta probabilidad que el/la estudiante al doctorado, estudiando en el extranjero, viviendo allí por varios años con su familia, no regrese a su nación de origen. El Programa Doctoral en Teología PRODOLA se creó para responder a la urgente necesidad de ofrecer estudios a nivel de Ph. D. en América Latina, por latinoamericanos, en los idiomas de América Latina.

En América Latina, muchos seminarios teológicos, escuelas bíblicas y programas de formación ministerial carecen de personal docente calificado para enseñar a un nivel de maestría o doctorado. Además, hay más de 400 agencias de misión transcultural en el continente, que envían más de 6000 misioneros en obra de evangelización mundial. Sin embargo, dada la escasez de líderes que poseen las pericias adecuadas para preparar a los nuevos candidatos, muchos son enviados a nuevas obras misioneras en situaciones muy difíciles con poca o ninguna preparación o formación. Esta situación motivó la creación del Programa Doctoral en Teología PRODOLA.

A principios del año 2000, Pablo Deiros, Ph. D. de Argentina, y Carlos Van Engen, Ph. D. de México, dialogaron sobre la necesidad de proveer una mayor formación teológica y misiológica para aquellos que sirven en los cuerpos docentes de cientos de escuelas bíblicas y seminarios teológicos en América Latina. En base a esa conversación, en marzo del 2001, se convocó en Miami, Florida, a 36 profesores evangélicos latinoamericanos, procedentes de una docena de países y que representaban a 23 denominaciones, agencias misioneras e instituciones teológicas. Juntos oraron, dialogaron y soñaron sobre la forma que podría tomar un programa de capacitación superior. Allí se concretó la visión de un proyecto doctoral, al que se le dio el nombre de Programa Doctoral en Teología PRODOLA.

Fruto de la consulta de Miami, se nombró un Consejo Académico compuesto de una docena de profesores/as que representa el continente. Desde mayo del 2001, el Consejo Académico se ha reunido dos veces cada año (en mayo y en noviembre) para desarrollar la infraestructura de PRODOLA, elaborar el programa de estudios y expandir la red de colaboración personal, institucional y financiera.

---

3 La sigla Ph. D. corresponde a la expresión en inglés: Doctor of Philosophy, que en Europa y los Estados Unidos representa el máximo título de posgrado que se puede obtener en una universidad en cualquier especialidad. Diferencia otros doctorados que no alcanzan ese nivel de estudios superiores.

Los integrantes del Consejo Académico, autores de los capítulos de este libro, representan muchos años de experiencia en la formación de líderes en América Latina. Proceden de Argentina, Brasil, Bolivia, Costa Rica, Ecuador, México, Perú y los EE.UU. Juntos, los miembros del Consejo Académico representan más de 300 años de experiencia en educación teológica. El Consejo Académico dedicó tres años desde 2001 hasta fines del año 2003 en la construcción y el diseño del Programa Doctoral en Teología.

PRODOLA se inauguró oficialmente en febrero del 2004 en Londrina, Brasil, con los primeros dos cursos que se ofrecieron a 21 estudiantes provenientes de 14 naciones y que representaban 18 denominaciones. Para el año 2010, el programa contaba con más de 80 estudiantes de PRODOLA provenientes de 18 naciones y que representaban más de 30 denominaciones. Los estudiantes aprenden junto a 16 profesores/as de planta, a los que se suman más de 30 profesores adjuntos —todos latinoamericanos con el Ph. D. reconocido— que se han unido a este esfuerzo.

PRODOLA está dirigido por personal docente latinoamericano y su misión es servir a las iglesias, agencias misioneras, seminarios y escuelas bíblicas de América Latina. Es un programa de cuatro años de estudio que culmina en un doctorado (Ph .D.) a nivel universitario. Para ingresar al programa, los candidatos necesitan tener un título de maestría o equivalente.

PRODOLA está integrado por una comunidad multidenominacional y multinacional de profesores latinoamericanos que representan todo el continente. El Programa Doctoral en Teología está al servicio de la iglesia para ayudarla a cumplir con su responsabilidad de formar líderes del más alto nivel y cuidar que los contenidos teóricos de la fe cristiana estén siempre referidos a la práctica ministerial. PRODOLA procura desarrollar una visión ministerial bíblica y con un alto desarrollo de las pericias necesarias para el cumplimiento de su misión. La visión de PRODOLA es una iglesia equipada para participar en la misión de Dios en la redención y transformación de América Latina y desde América Latina al mundo entero. Su misión es ofrecer educación teológica contextual, en el rango doctoral (Ph. D.) y con una metodología creativa para equipar al liderazgo de la iglesia. Como su fundamento teológico PRODOLA adoptó el Pacto de Lausana como su marco de referencia doctrinal.

Las mujeres y hombres que forman parte de PRODOLA (el personal docente, los administradores y los estudiantes) están todos involucrados en sus propios ministerios. Muchos encabezan escuelas bíblicas y seminarios; en muchos casos pastorean iglesias, varios administran ministerios de compasión y otros encabezan organizaciones misioneras que envían misioneros transculturales alrededor del globo. Junto con dichos ministerios, se espera que cada estudiante de PRODOLA dedique un promedio de 20 horas semanales a sus estudios doctorales por cuatro años. PRODOLA parece ser uno de los primeros programas evangélicos de esta índole a nivel de Ph. D en el continente.

El Programa Doctoral en Teología no es en sí la meta. La meta es el desarrollo personal, el crecimiento integral y la transformación ministerial de aquellos que dirigen las iglesias, los seminarios, las escuelas bíblicas y la agencias de misión y compasión en América Latina.

Querido/a lector/a, los editores de este libro esperamos que disfrute la visión y la sabiduría que se ofrecen en esta obra. Estamos comprometidos con la formación ministerial de una nueva generación de líderes para nuestro continente. Quisiéramos que usted se una a nuestro esfuerzo de promover 'más preparación para un mejor servicio' de la iglesia de Jesucristo en su misión de proclamar en palabra y hecho la venida del reino de Dios en Cristo Jesús, Señor nuestro.

I

La formación teológica al servicio de la iglesia

1

¿Hacia dónde va la iglesia de América Latina?: Los peligros que enfrentamos

Pablo A. Deiros[4]

Los tiempos que corren son de grandes desafíos y enormes oportunidades para el avance del reino de Dios en América Latina. Para las iglesias evangélicas en el continente, los pasados 20 años han representado el período de mayor crecimiento numérico y de impacto más significativo en toda la historia del testimonio evangélico latinoamericano. Las congregaciones locales han alcanzado cifras record en el número de miembros, mientras que el testimonio evangélico ha logrado resonar en todos los rincones de la sociedad y culturas de cada nación. América Latina tiene el privilegio de ser uno de los continentes más alcanzados y, en algunos lugares, el nivel de saturación con el evangelio de Jesucristo es asombroso. Quedan muy pocos sectores de población y casi ningún grupo de pueblo que no se haya visto expuesto al testimonio cristiano.

Después de casi dos siglos de presencia evangélica continua, el testimonio evangélico ha logrado penetrar incluso en las esferas del poder económico, político y social, llegando en algunos lugares a transformarse en un factor de poder a tomar en cuenta. En comparación con otros lugares del planeta,

---

[4] Pablo A. Deiros nació en Asunción, Paraguay, hijo de misioneros médicos argentinos. Tiene su Ph.D. en historia de Southwestern Baptist Theological Seminary (Fort Worth, Texas). Ha servido varios años como pastor en iglesias bautistas y profesor de Teología e Historia en seminarios en Argentina y los Estados Unidos. Es autor de más de 45 libros, incluyendo *Historia del cristianismo en América Latina; Protestantismo en América Latina: ayer, hoy y mañana;* e *Historia del cristianismo,* una serie actualmente en proceso de redacción. Desde 2007 es rector del Seminario Internacional Teológica Bautista en Buenos Aires. Enseña un curso troncal en PRODOLA, 'Análisis histórico-social de la iglesia y de la realidad latinoamericana.' Pablo y su esposa Norma tienen tres hijos mayores y seis nietos.

América Latina es hoy un modelo único de un proceso de evangelización cristiana que, bien o mal, ya tiene más de cinco siglos. Como en ningún otro continente, fuera de Europa, la fe en Cristo ha sido proclamada en esta parte del mundo con notable persistencia y continuidad a lo largo de un período histórico muy dilatado.

No obstante, a pesar de los indicadores positivos de crecimiento, impacto, resultados y logros, el testimonio cristiano evangélico en América Latina presenta, al mismo tiempo, indicios preocupantes de peligros a tomar en cuenta. Después de cinco siglos de un control casi exclusivo de la religión y de una administración hegemónica del testimonio cristiano en el continente, no hace muchos años atrás la propia Iglesia Católica Apostólica Romana tuvo que reconocer la necesidad imperiosa de una re-evangelización de estas tierras, al tiempo que admitía su fracaso en producir un auténtico proceso de conversión cristiana a través de sus esfuerzos misioneros desde los días de Cristóbal Colón.

Muy excepcionalmente en el pasado, los evangélicos latinoamericanos hemos reconocido nuestro propio fracaso en producir la transformación del continente con el evangelio de Cristo. En los últimos 20 años, lejos de reconocer este fracaso, lo hemos negado embelesados con el crecimiento numérico, el aumento en el reconocimiento social, el incremento del prestigio y el acceso a las esferas del poder político y económico. La realidad es que América Latina continúa bajo el peso abrumador de la opresión política, económica, social, cultural y religiosa, y el evangelio de Jesucristo, que nosotros representamos y decimos proclamar, no ha producido todavía los cambios y transformaciones que todo el continente espera y que, entendemos, son la voluntad del Señor para nuestros pueblos.

Es por esto que, al tiempo que consideramos aquellos elementos positivos que reflejan el desarrollo, progreso y avance del testimonio evangélico en América Latina, es necesario prestar seria atención a aquellos otros elementos negativos que deben ser corregidos y tomados en cuenta para no perder o malograr lo que el Señor nos ha permitido hacer para su gloria en el continente. En este sentido, quiero invitarlos a considerar conmigo 10 peligros que en el presente se ciernen sobre la iglesia de América Latina y que representan serias amenazas para el buen logro de las metas que nos hemos establecido para el desarrollo del reino de Dios en nuestros pueblos. Estos peligros que vamos a enumerar no son los únicos ni los más graves, pero sí es necesario que les prestemos atención, porque estimo que nos afectan a todos, de una u otra manera.

El peligro del triunfalismo

Dos generaciones atrás los evangélicos latinoamericanos nos veíamos como una minoría perseguida, débil y a la defensiva. La hegemonía de la Iglesia Católica Romana nos limitaba seriamente en el campo religioso y espiritual, mientras que regímenes políticos clericales, autoritarios y oligárquicos nos miraban con sospecha, cuando no nos creaban serias restricciones legales, al punto que en muchos lugares los evangélicos éramos considerados ciudadanos de segunda clase. A nivel de la opinión pública, éramos tenidos por 'agentes del imperialismo *yankee*' o 'sectas peligrosas' cuyo único objetivo era alejar a la población de sus tradiciones y cultura como parte del mundo 'occidental y cristiano'. El periodismo trataba a nuestros pastores como personas ignorantes y sin educación, y el común de la gente nos sospechaba de hacer 'cosas raras' o de 'estar locos'. En nuestras congregaciones se contaba con los dedos de la mano a los hermanos que tenían un título universitario o eran empresarios de éxito. No había políticos, ni artistas, ni periodistas, ni economistas evangélicos. Y, en general, las congregaciones trataban de no llamar demasiado la atención por temor a ser reprimidas o a recibir la desaprobación social. Ser evangélico era sinónimo de estar al margen de la corriente social principal y, en consecuencia, esto significaba muy pocas posibilidades para gestar una profunda transformación social.

Hoy las cosas han cambiado notoriamente. Los números nos dan una gran visibilidad social, nuestros líderes cuentan con una mejor preparación, muchos miembros de nuestras congregaciones han alcanzado notoriedad en las más diversas esferas, hay más información sobre nosotros y nuestras actividades, y por lo tanto, menos prejuicios y sospechas y, en general, gozamos de buena reputación.

Es precisamente aquí donde se presenta el peligro del triunfalismo. Jesús fue bien claro cuando dijo: '¡Ay de ustedes cuando todos los elogien! Dense cuenta de que los antepasados de esta gente trataron así a los falsos profetas' (Lc. 6.26 NVI). La admonición de Jesús nos advierte contra el engaño sutil de pensar que el aplauso público representa la nota de aprobación final de nuestros esfuerzos por el reino. En realidad es la aprobación del Señor que nos ha confiado la misión, la que debemos procurar en primer y único lugar. Hasta que no le oigamos a él decirnos: '¡Hiciste bien, siervo bueno y fiel! Has sido fiel en lo poco; te pondré a cargo de mucho más', no nos será posible entrar en el gozo del Señor, y por lo tanto, no tenemos éxito alguno del que jactarnos (Mt. 25.23).

El triunfalismo es un mal que no hace acepción de personas ni de iglesias. Y en el presente mundo trivial y frívolo, en el que el triunfo de cualquier tipo se valora por sobre cualquier otro bien moral o espiritual, esta enfermedad del espíritu se ha transformado en una suerte de plaga devastadora. Hay siervos e iglesias que pierden su primogenitura por el plato de lentejas del triunfalismo, que promete la satisfacción inmediata de los apetitos carnales.

Triunfalismo es creer que todo lo que se hace está bien hecho, que jamás nos equivocamos, y que el resultado final está garantizado por lo que somos y valemos. Triunfalismo es esa actitud, doctrina o creencia de que el credo religioso propio es superior al de los demás. Según Orlando E. Costas: 'La tarea fundamental de la iglesia, como comunidad evangelizadora, es la de poner de manifiesto el reino de Dios, y no buscar su propio triunfo. En la evangelización, como en sus otros ministerios, la iglesia debe decir del reino de Dios y de sí misma lo que dijo Juan el bautista del Cristo: 'Es necesario que él crezca, y que yo mengüe' (Jn. 3.30)' (Costas, 1989, p. 149).

El peligro del exitismo

Muy ligado al triunfalismo está el peligro del exitismo. La cultura del éxito se ha instalado en todo nuestro continente, al punto, que cada vez son más las personas dispuestas a enajenarlo todo con tal de lograr el éxito en alguna esfera de la vida humana. Ningún precio es demasiado alto si tan sólo por un instante se puede disfrutar del trono del reconocimiento colectivo, aunque en términos morales y espirituales uno vaya barranca abajo, derecho al pantano del fracaso. Hay siervos e iglesias que han transformado la demanda fundamental de Jesús para sus discípulos, en un eslogan más acondicionado a las expectativas del presente mundo frívolo y superficial. 'Más bien, busquen primeramente el reino de Dios y su justicia, y todas estas cosas les serán añadidas' (Mt. 6.33), se ha transformado en: 'Busquen primeramente el éxito y su disfrute, y todas estas cosas les serán añadidas'.

El exitismo es la búsqueda de resultados positivos como un fin en sí mismo y a cualquier costo, especialmente guiados por las pautas que gobiernan y definen el éxito en el mundo. Estas pautas consisten en las cuatro 'P' de placer, poder, prosperidad y prestigio. Siervos de Dios y congregaciones enteras están embelesados detrás de estas metas, como si fuesen la expresión acabada del evangelio mismo. No es extraño, pues, que se hable de un 'evangelio de placer', 'evangelio de poder', 'evangelio de prosperidad' y 'evangelio de prestigio'. Sin embargo, cuando el placer, el poder, la prosperidad y el prestigio corrompen al verdadero evangelio de nuestro Señor Jesucristo, se transforman inmediatamente en nuevas expresiones de idolatría y paganismo.

Estos ídolos contemporáneos representan a potestades espirituales que hoy pugnan por encadenar el corazón de las personas y controlar sociedades enteras. Son expresiones totalmente ajenas y contrarias al reino de Dios, que de ningún modo deben ser admitidas en medio del pueblo que invoca al Señor y dice ser suyo. Debemos reconocer nuestro pecado de haber cedido terreno en nuestras vidas e iglesias a estos gobernadores de las tinieblas, que nos han seducido con sus encantos y nos han hecho perder el camino de la cruz por la senda placentera del exitismo pasajero y engañoso.

Norberto Saracco ha señalado:

> Desde nuestra estrecha perspectiva humana solemos proyectar
> en el evangelio nuestra propia manera de hacer las cosas, o
> de concebir el mundo, o de entender la relación humana. Es
> decir, expresamos el evangelio haciéndolo calzar dentro de

los moldes de nuestra cosmovisión y conforme a las pautas
culturales que nos rigen. Por ello un evangelio en términos de
poder nos llena de arrogancia, orgullo y sentido de superioridad.
Basta con ver cómo compartimos las estadísticas de crecimiento
de la iglesia, como si las personas fueran simples presas en una
aventura de cacería. Es así que el valor de una congregación
radica en su tamaño y no en el contenido del evangelio que
predica. O pensemos en la imagen de seres suprahumanos que
muchos autoconstruyen en nombre del evangelio, de tal modo
que su credibilidad llega a depender de los símbolos de status
y poder que adoptan (Saracco, 1993, pp. 157-158).

El peligro del subjetivismo

El subjetivismo es un sistema que no admite otra realidad que la del sujeto
pensante, y reduce toda existencia a la existencia del yo. El subjetivismo
hace depender el conocimiento humano de factores que residen en el
sujeto que conoce. Algunos extienden el concepto de subjetivismo a todos
los sistemas filosóficos que subordinan la realidad al pensamiento, por
considerar que en último caso todo conocimiento es relativo al sujeto que
conoce. El subjetivismo señala que hay una verdad, pero que tiene una
validez limitada o relativa, siempre sujeta a las limitaciones y alcances del
sujeto que la conoce.

De este modo, la subjetividad individual deja de ser intérprete de la
verdad para constituirse en matriz y patrón de la misma. A la luz de esto,
Roberto Bosca define al subjetivismo de la siguiente manera:

El subjetivismo se define por la primacía que otorga al sujeto
cognoscente: es el primado del yo sobre las cosas del mundo exterior.
Su doctrina afirma la dependencia funcional de los objetos y de los
juicios de valor respecto del sujeto. En el ámbito de lo sobrenatural,
el subjetivismo sostiene que es únicamente la subjetividad del
individuo —su conciencia íntima— la fuente de todo valor religioso
(Bosca, 1993, p. 88).

En el campo evangélico latinoamericano el subjetivismo está presente
en buena parte del pensamiento y la acción de las iglesias. Esto se ve
manifestado en la actitud bastante generalizada de hacer de la experiencia subjetiva el elemento normativo de la fe y del conocimiento de la
realidad espiritual, sin someterla a la autoridad docente y correctiva del
registro de la revelación divina, que es la Biblia. Expresiones frecuentes
como 'Dios me dijo', o 'Yo siento que esto o aquello es la voluntad de Dios',
o 'El Espíritu me muestra esto o lo otro' muchas veces no son reflejo de
una auténtica experiencia de lo divino, sino manifestaciones subjetivas sin
mayor fundamento, que genera el propio yo infatuado.

Según la opinión de Rigoberto Gálvez en su análisis del neopentecostalismo latinoamericano:

Un subjetivismo exagerado marca a los líderes y congregaciones neopentecostales. Este se manifiesta en la forma en que se expresan. De manera frecuente se escuchan frases como: 'Yo siento que Dios está aquí', 'Yo siento de Dios decirle...', 'Dios me habló'. Es obvio que el subjetivismo exagerado confunde la fe con el sentimiento o la emoción (2002, pp. 42–43).

Pero estas expresiones de subjetivismo no son exclusivas de algunos líderes neopentecostales, sino que se pueden oír hoy en iglesias de las más diversas tradiciones evangélicas.

Es cierto que nuestra subjetividad ocupa un lugar importante en nuestra percepción de Dios y la vivencia de nuestra fe. Dios habla a nuestro corazón y es en nuestro ser interior donde el Espíritu Santo lleva a cabo la mayor parte de su obra redentora, regeneradora, consoladora, empoderadora, iluminadora, reveladora, instructora, correctora y vivificadora. Pero cuando la subjetividad no está bajo el señorío de Cristo y nuestra interioridad no está llena del Espíritu Santo, muy fácilmente se cae en el subjetivismo. En este caso, Cristo deja de ser el Señor y es desplazado por el yo carnal, mientras que el Espíritu termina apagado, contristado, resistido, negado o blasfemado. El yo carnal infatuado se constituye en el centro de la vida y en el único que rige nuestros sentimientos, pensamientos y conducta.

La mejor prevención contra el subjetivismo es recordar y aplicar las palabras del apóstol Pablo a nuestra vida personal: 'He sido crucificado con Cristo, y ya no vivo yo sino que Cristo vive en mí. Lo que ahora vivo en el cuerpo, lo vivo en la fe en el Hijo de Dios, quien me amó y dio su vida por mí' (Gá. 2.20).

El peligro del sincretismo

'Sincretismo' significa la mezcla de una idea, práctica o actitud con otra diferente. Sincretismo religioso es unir distintos elementos religiosos, tomados de distintos sistemas, especialmente no cristianos, en una nueva totalidad y sistema, con lo cual se pervierte el evangelio del reino, cuyo carácter es radical y excluyente. El sincretismo ocurre cuando una forma o símbolo cultural es adaptado a la expresión cristiana, pero lleva con él ciertos significados unidos al sistema anterior de creencias. De este modo, los viejos conceptos pueden distorsionar el mensaje u oscurecer el sentido cristiano que se pretende transmitir.

A lo largo de toda su historia, las más variadas formas de sincretismo han acompañado al testimonio cristiano. El sincretismo religioso en América Latina se ve en la mezcla del catolicismo romano con las creencias y prácticas religiosas indígenas, africanas y de otros orígenes. Pero hay también un sincretismo religioso evangélico muy diverso y extendido, que mezcla el evangelio con elementos culturales modernos, especialmente importados del hemisferio norte. Según la Conferencia de Líderes Evangélicos celebrada en Wheaton (Illinois) en 1983 sobre el tema, 'La Iglesia en respuesta a las necesidades humanas', 'la forma más insidiosa de sincretismo en el mundo en el día de hoy es el intento de mezclar un evangelio personalizado de perdón individual con una actitud mundana (y hasta demoníaca) hacia la riqueza y el poder' (Visión Mundial de México, 1987).

Por otro lado, Willem A. Visser't Hooft ha indicado que sincretismo es el concepto de que no hay una revelación única en la historia, que hay muchos caminos diferentes para alcanzar la realidad divina, que todas las formulaciones de la verdad o experiencia religiosa son por su naturaleza propia expresiones inadecuadas de esa verdad y que es necesario armonizar tanto como sea posible todas las ideas y experiencias de modo de crear una religión universal para la humanidad (1963, p. 11).

De este modo, el sincretismo termina por crear una suerte de relativismo religioso en el que todo vale y es legítimo en tanto tenga cierta coherencia con la cultura predominante.

La realidad es que en América Latina una enorme masa de iglesias evangélicas manifiesta rasgos de sincretismo en lo que creen y en lo que hacen, en su fe y en su práctica de la fe. El corazón humano regularmente fabrica ídolos que encuentran alojamiento en las iglesias de los pueblos que los generan. Ninguna iglesia en cualquier cultura que sea está libre de ser afectada por ella, y ninguno de nosotros es capaz de discernir objetivamente el grado de sincretismo que nos afecta dentro de nuestra propia cultura, como pensamos que podemos hacerlo. El sincretismo es un peligro sutil que no sólo es difícil de detectar, sino que no es fácil de eliminar.

Si bien el vocablo 'sincretismo' no aparece en la Biblia, el concepto sí está presente. Desde la perspectiva bíblica, toda forma de sincretismo es condenada como contraria a la voluntad de Dios y como una violación del primer mandamiento, que claramente ordena: 'No tengas otros dioses además de mí' (Ex. 20.3). El Pacto de Lausana señala con claridad: 'Rechazamos también como un insulto a Cristo y al evangelio toda clase de sincretismo y diálogo que implique que Cristo habla igualmente por medio de todas las religiones e ideologías. Jesucristo, el Dios-hombre que se entregó a sí mismo como el único rescate por los pecadores, es el único mediador entre Dios y el hombre' (1974).

El peligro del constantinismo

'Constantinismo' en esta presentación hace referencia a la cosmovisión que se generó a partir de la llamada 'conversión' del emperador romano Constantino al cristianismo (a comienzos del siglo IV) y el cambio de la situación de los cristianos en el ámbito del Imperio Romano. Desde Constantino en adelante comenzó a desarrollarse el constantinismo o paradigma de cristiandad, que todavía está vigente. Este paradigma se caracteriza, básicamente, por pretender unir el compromiso único con el reino de Dios con los reinos de este mundo, sus demandas y valores. Cristiandad no es meramente el mundo cristiano o todos los cristianos colectivamente. Cristiandad es una realidad política, económica, cultural y social que tiene su base en la iglesia como medio de justificación del sistema, y en la que la iglesia utiliza al estado para cumplir con su misión, así como para establecer una alianza con las clases dominantes. Cristiandad es la tendencia a unificar indisolublemente los fines y propósitos del estado y de la iglesia. Podemos definir la cristiandad como un modelo histórico específico de la inserción de la iglesia institucional en la totalidad social. Este modelo usa como mediación fundamental el poder político (sociedad política) y el poder hegemónico (sociedad civil) de las clases sociales dominantes. En un régimen de cristiandad, la iglesia intenta 'cristianizar' a la sociedad apoyándose en el poder de las clases sociales dominantes. Generalmente, hemos pensado en la Iglesia Católica Romana como el ejemplo por excelencia de constantinismo y expresión acabada del paradigma de cristiandad. Sin embargo, en años más recientes, y de manera particular en aquellos países donde el protestantismo va dejando de ser una minoría marginada, se pueden observar rasgos de constantinismo que son preocupantes.

Cabe recordar que la constantinización de la iglesia y el establecimiento del paradigma de la cristiandad cambiaron radicalmente la comprensión que de sí misma tuvo la iglesia y especialmente la definición de su misión. De mano de todos los creyentes confesantes, la misión pasó a estar en manos de los líderes religiosos. El resultado de este cambio fue que se constituyó un clero que representaba una élite de aquellos escogidos para constituir una casta especial de personas religiosas, dotados poderosa y singularmente para cumplir un ministerio sobrenatural. La ocupación primordial del clero fue el manejo de los ritos y los misterios religiosos de manera exclusiva. En el otro extremo del espectro estaba el laicado, la masa de personas iletradas en las complicaciones de los ritos y misterios religiosos. Los laicos carecían de los medios y oportunidades para tener acceso a las claves herméticas para entender a Dios y su voluntad para los seres humanos. Los laicos dependían totalmente de la élite sacerdotal para tener acceso a la salvación y a las bendiciones de Dios. Su papel principal era el de sostener al clero y recibir los beneficios de su mediación religiosa.

De este modo, el clero pasó a constituirse en el símbolo de lo sagrado, los mediadores y dispensadores del ministerio de la Palabra al pueblo espiritualmente ignorante. Fueron ellos quienes se apropiaron de manera exclusiva de los carismas del Espíritu y los únicos capaces de ejercer autoridad apostólica, de recibir palabra profética, de evangelizar, de cuidar del rebaño, y de enseñar la fe según debe ser enseñada. Fueron ellos los únicos depositarios de la verdad y los misterios de la fe, y sus custodios.

Fueron ellos los responsables de discernir la verdad, y qué es de Dios y qué no; de dispensar la gracia a través de los sacramentos y de perdonar los pecados de los penitentes; es decir, el destino eterno de los creyentes estaba en sus manos. Fueron ellos los que administraban y manejaban la voluntad de Dios para cada criatura a discreción y quienes asumían la responsabilidad por su bienestar. Fueron ellos también un importantísimo factor de control social y sirvieron como agentes generadores de consenso cultural. Fueron ellos quienes se ocuparon de presidir las ceremonias públicas de adoración y los ritos de pasaje como el bautismo, la confirmación, el matrimonio y la muerte.

Los 'laicos' más consagrados participaron de la misión pagando el sostenimiento del culto y de la clase clerical, manteniendo la institución y la estructura creada mediante la participación en infinidad de comisiones y organizaciones internas o paralelas, y especialmente proveyendo de edificios y medios económicos, como forma de ayudar al clero a tener todo lo necesario para cumplir 'su ministerio'.

El paradigma de cristiandad se caracteriza por una orientación hacia adentro en lugar de hacia fuera en su comprensión de la misión cristiana. La iglesia se repliega sobre sí misma, y está más preocupada con cuestiones internas que en aventurarse a ir hasta el fin del mundo con el evangelio. Lejos de estar enfocadas en el cumplimiento de la misión de proclamar el reino de Dios, las iglesias del paradigma de la cristiandad se preocupan más por objetivos que no son apostólicos, tales como: (a) fortalecer sus estructuras de poder; (b) definir sus dogmas y prácticas; (c) marcar su identidad denominacional en contraste con los demás cristianos; (d) desarrollar un programa de actividades orientado hacia dentro de la comunidad religiosa, y no hacia fuera; (e) perseguir y hostigar a quienes tienen una experiencia y comprensión diferente de la fe; (f) enredarse en los procesos de institucionalización; (g) dedicar todas sus energías y recursos al mantenimiento de lo conquistado en todos estos aspectos.

Los rasgos apuntados son observables en algunas iglesias evangélicas latinoamericanas, y por cierto que preocupan porque son ajenos al carácter y misión de la iglesia de Jesucristo, tal como están ilustrados en el Nuevo Testamento.

El peligro del sentimentalismo

Los sentimientos juegan un papel muy importante en la vivencia y expresión de la fe. Los sentimientos son esas pautas duraderas de las disposiciones emocionales sustentadas por las personas individuales en relación con otras personas, objetos o ideas. El sentimiento es un estado interno de un individuo, que involucra sus creencias y actitudes, que está teñido emocionalmente, y que influye en su conducta social. De todos los sentimientos, el religioso es el más profundo e influyente. Quizás por ello mismo es el más expuesto a ser corrompido y distorsionado. Cuando esto ocurre el sentimiento religioso se transforma en sentimentalismo religioso.

Esta forma de sentimentalismo significa pensar que la fe y la práctica cristiana pasan exclusivamente por una exagerada sensibilidad y el imperio de los sentimientos, con exclusión de la reflexión y el razonamiento lógico. Tal ha sido la característica predominante de la devoción y piedad católica romana de los últimos dos siglos. La mayor parte de las devociones más populares del catolicismo latinoamericano están saturadas de sentimentalismo, tales como la devoción a la Virgen María, el Niño Jesús, el Sagrado Corazón de Jesús, el Corpus Christi y la devoción a los santos.

Es, precisamente, de este trasfondo católico romano de nuestra cultura evangélica de donde deriva nuestro sentimentalismo evangélico. La mayoría de los creyentes evangélicos latinoamericanos provienen del catolicismo y ha estado involucrado de una manera u otra en estas devociones sentimentales y milagreras. El proceso de conversión, generalmente, no ha calado tan hondo en su cosmovisión como para transformar esta orientación sentimentalista en su comprensión y expresión de la fe. De allí que, al hacerse 'evangélicos' la cosmovisión sentimentalista permanece casi intacta, sólo que se orienta a nuevos objetos de devoción o se produce un cambio de símbolos religiosos. Ahora la Virgen María es reemplazada por un libro, la Biblia, mientras que el Espíritu Santo, entendido como un objeto más que como una persona (aceite, viento, agua, paloma) pasa a ocupar el lugar de la hostia consagrada como vehículo de salvación, salud y milagros.

Los evangélicos no tenemos medallas milagrosas ni estampitas, rosarios ni crucifijos, pero en nuestro sentimentalismo hemos elaborado una nueva batería de símbolos religiosos a los que les asignamos el mismo valor sentimental. El peligro detrás de este sentimentalismo religioso es que renunciamos a nuestro deber de pensar nuestra fe y, en consecuencia, podemos caer en diversas formas de idolatría y devociones espurias. Definir la fe por lo que se siente es correr el riesgo de someterla a los vaivenes de nuestros humores y a las vicisitudes de nuestros estados de ánimo. 'Sentirse bien' no es sinónimo de 'caminar en Cristo' ni 'andar en el Espíritu'.

La mejor vacuna contra el sentimentalismo se encuentra en las sabias e inspiradas palabras del apóstol Pablo en Romanos 12.1–2: 'Por lo tanto, hermanos, tomando en cuenta la misericordia de Dios, les ruego que cada uno de ustedes, en adoración espiritual, ofrezca su cuerpo como sacrificio vivo, santo y agradable a Dios. No se amolden al mundo actual, sino sean transformados mediante la renovación de su mente. Así podrán comprobar cuál es la voluntad de Dios, buena, agradable y perfecta'.

El peligro del populismo

El populismo es el sistema político adoptado por algunos estados latinoamericanos consistente en gobiernos autoritarios, con respaldo popular y aparente 'movilización' popular, pero que, generalmente, en la historia pasada de nuestro continente, estuvieron controlados por una incipiente burguesía industrial (como clase emergente) y la casta militar. Los gobiernos de Getulio Vargas (Brasil), María Velasco Ibarra (Ecuador) y Juan D. Perón (Argentina) fueron populistas; usaron a la Iglesia Católica Romana como rama del trabajo social del estado, y marcaron profundamente la cultura de los sectores populares de estas naciones. En el pasado, el estado aprovechó la influencia de la Iglesia Católica sobre el pueblo para ejercer el control social, mientras que esta se sirvió de las instituciones estatales (escuelas públicas o instituciones militares) para la instrucción religiosa y la acción pastoral.

El populismo ha calado muy hondo en la cultura latinoamericana y de tanto en tanto aflora en la esfera política, cultural y religiosa. El populismo religioso es pensar ingenuamente que todo lo que proviene de la entraña del pueblo (cultura, costumbres, folklore, etc.) es correcto en términos cristianos y su incorporación se justifica en el concepto del reino de Dios. Esta manera de pensar ha penetrado en muchas iglesias evangélicas latinoamericanas, que se jactan de tener gran impacto en el pueblo y atribuyen esto a su perfil populista. Muchos líderes se han mimetizado asumiendo el talante de verdaderos caudillos, cuando no dictadores, con discursos demagógicos y orientados a la gratificación inmediata de las expectativas populares y no necesariamente a satisfacer las demandas del reino de Dios.

Algunos evangélicos han comprado también las fórmulas de cierto populismo religioso, que sostiene la idea de la iglesia como pueblo de Dios y termina por confundir al pueblo con la iglesia. Ciertas conclusiones eclesiológicas de las teologías de liberación latinoamericanas han producido una confusión peligrosa, en la que los ideales de la lucha de los pueblos oprimidos por su liberación pasa a ser la agenda de la iglesia y la definición de su misión en el mundo. Esta forma de populismo de raíz ideológica deslucida no ha producido mayores frutos ni ha resultado en una eclesiología que ayude significativamente a las iglesias en el cumplimiento de su misión. No todo lo que sale de la entraña del pueblo, incluido el pueblo pobre y oprimido, es equivalente al evangelio del reino. Ni siquiera puede decirse que es una forma no ilustrada o imperfecta del evangelio, propia de las grandes masas que tienen escaso cultivo religioso. Idealizar al 'pueblo', especialmente a 'los pobres', sobre bases ideológicas y con fines demagógicos termina por liquidar el concepto bíblico de la iglesia y por bastardear su misión. El populismo, en todas sus formas y expresiones, no es saludable para una eclesiología evangélica a comienzos del siglo XXI.

El peligro del fetichismo

Fetichismo es simplemente el culto y uso de los fetiches, objetos materiales, generalmente inanimados, que son considerados con reverencia como incorporación o morada temporal o permanente de un espíritu poderoso, o como poseyendo poder mágico para la obtención de ciertos valores o beneficios, en razón de los materiales y métodos utilizados en su fabricación. Con frecuencia, el fetichismo se encuentra asociado con el animismo y prácticas propias del ocultismo. El chamán o sacerdote animista invoca a los espíritus a que hagan morada en el objeto en cuestión, que se torna útil para proveer algún valor específico: protección de un peligro, prevención o curación de una enfermedad, garantía de éxito, satisfacción de algún deseo. Si el fetiche falla en lograr lo esperado, es descartado.

Hay indicios en América Latina de un fetichismo religioso evangélico muy peligroso por su carácter mágico e idolátrico. En este sentido, este fetichismo consiste en pensar que el poder de Dios está necesariamente asociado con ciertos objetos (fetiches), a los que se les atribuye cualidades o poderes sobrenaturales que le permiten a quien los posee o usa obtener lo que desea. Entre los evangélicos latinoamericanos, estos objetos o fetiches suelen ser: la Biblia, el bautismo, la cena del Señor, el himnario, aceite, agua, o palabras (como fórmulas mágicas). Hay palabras o expresiones de uso frecuente que son utilizadas con la convicción de que su simple pronunciación produce resultados milagrosos. Por ejemplo, la mera repetición del nombre de Jesús o atribuirle a la sangre de Jesús un manto protector con solo decir 'Me cubro con la sangre de Cristo' suena más como un fetiche que como expresión auténtica de fe. La Biblia es usada como un talismán, toda vez que se le atribuye un poder protector, sanador o milagroso.

Nuevamente, el peligro del fetichismo está no tanto en el valor o poder que el objeto tenga o represente, sino en la idolatrización del mismo. La serpiente de bronce que Moisés levantó en el desierto (Nm. 21.4–9; ver Jn. 3.14), con ser nada más que un objeto de bronce hecho por el propio siervo de Dios, fue un medio para la sanidad de muchos que pusieron su fe en el Dios de Israel. No obstante, con el correr del tiempo, la serpiente pasó de ser un medio o instrumento de redención para transformarse en la fuente y agente de esa redención. Al llegar a este punto, lejos de producirse sanidad, el resultado fue enfermedad y sufrimiento. La serpiente tuvo que ser condenada por Dios por lo que se había tornado: un objeto de bronce que era venerado como un ídolo mágico que ocupó el lugar del Dios verdadero (2 R. 18.4).

El peligro del emocionalismo

Las emociones son experiencias complejas de carácter consciente que despiertan respuestas fisiológicas y psicológicas, tanto placenteras como no placenteras, y que habitualmente se hallan caracterizadas por fuertes sentimientos, tensión o excitación. Los seres humanos somos emocionales. Dios nos ha creado con la capacidad de experimentar enojo, miedo, alegría, amor, quietud, etc. En América Latina, cada vez más se reconoce en medios evangélicos la importancia de las emociones en la vivencia de la fe y en la comunicación de la misma.

No obstante, como distorsión y corrupción de las emociones, el emocionalismo produce más problemas que bendiciones. El emocionalismo es ese estado de exaltación emocional que otorga primacía a lo sensible por sobre la razón y el pensamiento lógico. Se trata de una exageración o distorsión de las emociones, que son legítimas expresiones de la persona humana y vehículos válidos para el conocimiento y comprensión de la realidad. El emocionalismo considera que las únicas expresiones válidas de la fe son aquellas que pasan por las experiencias fisiológicas y psicológicas conscientes, experiencias de tensión o excitación, de carácter patético y dramático.

Daniéle Hervieu–Léger caracteriza al emocionalismo religioso señalando los siguientes rasgos: (a) la adhesión personal y los lazos emotivos entre los individuos y la comunidad son fuertes: normalmente son grupos reunidos en torno a un personaje carismático, cuyo papel profético es exaltado con frecuencia; (b) se observa una relativa porosidad en las fronteras de la comunidad de fe, lo que hace que predomine una relación subjetiva y pragmática en el compromiso con ella e incluso con la fe misma, con lo cual se intensifica el vínculo afectivo interpersonal y se minimizan las obligaciones y deberes religiosos y éticos; (c) se manifiesta desconfianza hacia todo lo que sea dogmático e incluso doctrinal, al punto que la única regulación admisible que mantiene la intensidad emocional en el seno de la congregación es la experiencia espiritual de los participantes; (d) se manifiesta un localismo extremo, en el sentido que su horizonte y la legitimación de su existencia recaen sobre la propia congregación y sobre el líder portador del carisma (1987, pp. 217–227).

La religiosidad prevaleciente entre los evangélicos en América Latina está marcada fuertemente por el emocionalismo. La expresión emocional de la fe es un componente importante de la espiritualidad, pero llega a ser un factor distorsionante de la misma cuando la emoción se transforma en emocionalismo, es decir, cuando se constituye en un fin en sí mismo. Cuando esto ocurre, se deja de lado toda elaboración lógica del discurso y se favorece una expresión casi mágica del mismo, en el sentido de que las palabras por sí mismas tienen poder. Se da una recuperación simbólica del discurso, que ya no es elaborado sino repetitivo y testimonial. No se procura entender la verdad del evangelio, sino sentirla y experimentarla emocionalmente. Esto resulta en que son muchos los que, emocionados, dicen 'Señor, Señor', pero no son tantos los que están dispuestos a obedecerlo viviendo bajo su señorío.

El peligro del autoritarismo

El autoritarismo es un sistema que se funda en la sumisión incondicional a la autoridad, especialmente de un líder o caudillo carismático, y en el dogmatismo de la enseñanza y los principios conductores. Según el antropólogo evangélico Eugene A. Nida: "autoritarismo es el control estructurado de la sociedad o la iglesia desde 'arriba' o desde algún 'centro'. El propósito declarado del control autoritario es la unidad, y generalmente la base que se proclama es una preocupación doctrinaria por la tradición" (1974, p. 15). En estos casos, el anhelo de unidad la más de las veces termina en la imposición de la uniformidad. En todos los casos, la sociedad o la iglesia (según se expresa en, y a través de, su liderazgo) asume prioridad por sobre los individuos que la componen.

El autoritarismo en el liderazgo fácilmente conduce a un caudillismo peligroso. Esto ocurre cuando la congregación es representada y conocida por el nombre de su líder carismático, lo cual lleva a una suerte de tribalización de la misma. Con ello, resulta casi inevitable que se produzca la exaltación del grupo propio y del líder que lo representa. La cultura o subcultura religiosa particular se idolatra a sí misma, se considera como la fuente de todos los valores morales y espirituales, y termina por excluir a otros como menos espirituales o fuera de la experiencia auténtica que se vive.

John Stott advierte sobre el peligro del autoritarismo cuando dice:

> En todo el mundo, la iglesia corre el riesgo de exaltar
> desmedidamente a sus líderes. En Latinoamérica, el concepto
> de pastor o líder se nutre, más de lo que nos damos cuenta,
> del modelo de 'caudillo' o líder personalista, propio de la cultura.
> También influye la figura del sacerdote católico, de quien el
> creyente depende totalmente, aun para su salvación. Cuando esta
> perspectiva se traslada a la comunidad cristiana, y sus miembros
> llegan casi a postrarse ante sus líderes, estamos frente a una
> actitud antibíblica (1997, pp. 102–103).

Jesús fue bien claro cuando dijo: 'Ninguno puede servir a dos señores; porque o aborrecerá al uno y amará al otro, o estimará al uno y menospreciará al otro' (Mt. 6.24, RVR60). En definitiva, el autoritarismo plantea una cuestión de lealtades. Todo cristiano tiene que decidir si va a ser discípulo de Jesucristo o si va a seguir a un ser humano que pretende ser su vicario aquí en la Tierra. Por otro lado, todo hombre o mujer llamado al liderazgo cristiano también tiene que optar entre ser un siervo de Jesucristo o un 'asalariado' que abusa de las ovejas para satisfacer su apetencia de poder. La Declaración de Quito, aprobada en el Tercer Congreso Latinoamericano de Evangelización, en 1992, dice: 'El ejercicio del liderazgo en la vida de las iglesias locales deberá estar marcado por el modelo del siervo sufriente y mostrar un contraste con el caudillismo y otras deformaciones causadas por el abuso del poder'.

Conclusión

No se me ocurre una manera mejor de cerrar estas reflexiones apuntadas que recordar a los lectores aquellas palabras de Jesús a los que acusaban a la mujer sorprendida en adulterio: 'Aquel de ustedes que esté libre de pecado, que tire la primera piedra' (Jn. 8.7). Quizás el reconocimiento de nuestra propia responsabilidad personal frente a estos peligros sea el primer paso necesario para estar advertidos de ellos y hacer algo por evitarlos. Equivocarse es humano, pero errar a sabiendas, además de indicación de necedad es aventurarse a correr un riesgo peligroso. Esto es tanto más dramático cuando se trata de los intereses del reino de Dios y el desempeño de su iglesia en el mundo.

Las bendiciones que la iglesia de Jesucristo en América Latina ha recibido en las últimas décadas colocan sobre nuestros hombros una enorme carga de responsabilidad. Comenzar a ser una minoría de peso en la mayor parte de nuestros países es una realidad que nos llama a corregir nuestros pasos y a colocarnos en obediencia radical bajo el señorío de Cristo. Nuestra respuesta obediente y sumisa a él determinará cuál sea nuestra actitud frente a los peligros apuntados (y muchos otros) y cuál sea el resultado que obtendremos de nuestros empeños. Que la iglesia latinoamericana pueda escuchar del Señor las palabras que él pronunció a la iglesia de Filadelfia:

> Conozco tus obras. Mira que delante de ti he dejado abierta una puerta que nadie puede cerrar. Ya sé que tus fuerzas son pocas, pero has obedecido mi palabra y no has renegado de mi nombre … Ya que has guardado mi mandato de ser constante, yo por mi parte te guardaré de la hora de tentación, que vendrá sobre el mundo entero para poner a prueba a los que viven en la tierra. Vengo pronto. Aférrate a lo que tienes, para que nadie te quite la corona (Ap. 3.8, 10–11).

Obras citadas

Bosca, R. (1993). *New age: la utopía religiosa del fin del siglo.* Buenos Aires: Atlántida.

Costas, O. E. (1989). *Liberating News: A Theology of Contextual Evangelization.* Grand Rapids, Míchigam, EE.UU.: Eerdmans.

Gálvez, R. (2002). *El rostro neopentecostal. En Unidad y diversidad del protestantismo latinoamericano.* Buenos Aires: Kairós.

Hervier-Léger, D. (1987). 'Secularización y modernidad religiosa'. En *Selecciones de Teología* 23, #103, 217–227.

Nida, E. A. (1974). *Understanding Latin Americans: With Special Reference to Rreligious Values and Movements.* Pasadena, California, EE.UU. A: William Carey Library.

Saracco, N. (1993). 'El evangelio de poder'. En CLADE III, *Tercer congreso latinoamericano de evangelización*: Quito, Ecuador, 24 de agosto a 4 de septiembre de 1992. Buenos Aires: Fraternidad Teológica Latinoamericana.

Stott, J. (1997). *Señales de una iglesia viva*. Buenos Aires: Certeza.

Visión Mundial de México (1987). *La iglesia en respuesta a las necesidades humanas*: Wheaton, 1983. México, DF: Visión Mundial de México.

Visser't Hooft, W. A. (1963). *No Other Name: The Choice Between Syncretism and Christian Universalism*. Filadelfia: Westminster Press.

2 La iglesia que Jesús quería: una comunidad en la que haya lugar para todas las personas

Mariano Ávila Arteaga[5]

Una característica sobresaliente de nuestros días es la enorme movilidad y desplazamiento de grandes grupos humanos debido a situaciones de pobreza y carencia de oportunidades. La migración de los pobres de la Tierra ha alcanzado dimensiones alarmantes. La mitad de esos pobres emigrantes son mujeres y sigue creciendo el número de niños.

Las personas emigran del campo a la ciudad, de ciudades donde escasean las oportunidades de trabajo y sobrevivencia a otras donde hay más oportunidades, y entre los países, las migraciones se dan por lo general del sur hacia el norte. Ante tal situación los gobiernos, sociedades e iglesias han respondido a menudo con actitudes de racismo y clasismo, cuando no de represión y violencia. Esa situación es aprovechada para mantener

---

[5]   Mariano Ávila Arteaga es de México y actualmente sirve como profesor de Nuevo Testamento en *Calvin Theological Seminary* en Grand Rapids, Michigan, EE.UU. Tiene un Ph.D. en hermenéutica del *Westminster Theological Seminary* en Filadelfia, Pensilvania, y otro Ph.D. en Ciencias Sociales de la Universidad Autónoma Metropolitana (Xochimilco). Por 25 años sirvió como pastor de la Iglesia Nacional Presbiteriana de México, fue profesor de cursos de ciencias bíblicas en el Seminario Teológico Presbiteriano y la Comunidad Teológica de México, y trabajó como miembro de los equipos de traducción de la Nueva Versión Internacional y la Traducción en Lenguaje Actual de la Biblia. El último de sus cinco libros publicados es *Entre Dios y el césar: líderes evangélicos y política en México (1992-2002)*. En PRODOLA, enseña el curso troncal, 'Hermenéutica bíblica y social'. Mariano y su esposa Rosy tienen dos hijos casados y un nieto.

a los frecuentemente indocumentados inmigrantes en situaciones de esclavitud simulada.[6]
La globalización ha acelerado la cosificación de los seres humanos. La ganancia económica es valor supremo incluso sobre la vida humana en sociedades bajo la soberanía del mercado. Parece que los antivalores del imperio de turno se van imponiendo de tal manera que se ha realizado una conquista espiritual de dimensiones también alarmantes. Ello ocurre incluso sobre las crecientes iglesias evangélicas que indudablemente se han multiplicado y experimentado un crecimiento exponencial pero que a menudo son muy pobres representaciones del reino de Dios y también con frecuencia encarnan los 'valores' y visiones de la sociedad de consumo y del mercado. Como bien lo expresaba hace ya tres décadas con agudeza uno de nuestros teólogos:

> De esta manera se ahoga la conciencia crítica y una sociedad que debiera ser motivada por el esfuerzo y la solidaridad es conducida a la huida de la realidad y a desarrollar los hábitos y las preocupaciones de un mundo orientado hacia el ocio y el consumo. En último análisis, la forma capitalista de producción ... crea en los países dependientes ... un estilo de vida caracterizado por la artificialidad, el egoísmo, la persecución inhumana y deshumanizante del éxito medido en términos de prestigio social y dinero y el abandono de la responsabilidad por el mundo y el prójimo. Este último punto es, en algunos sentidos, el más serio (Míguez Bonino, 1977, p. 56).

Pablo González Casanova también hacía similar denuncia hace varias décadas con estas palabras proféticas:

> Estados Unidos realizó una penetración cultural sin precedente en la historia de Iberoamérica. Los valores de la 'civilización norteamericana' se difundieron e 'internalizaron' mucho más allá de los meros 'slogans'. [Fue] una política de penetración destinada a influir en los marcos teóricos y las escalas de valores de élites y masas, a alterar y enajenar sus estilos 'naturales' de pensar y querer... *La ontología de Hollywood se convirtió en el sentido común de gran parte de las clases medias de América Latina* e hizo de ellas un venero de colaboradores preparados

---

[6] Casi la mitad de esos migrantes son mujeres que dejan detrás hijos y familias y se dedican a las labores domésticas. También crece el fenómeno de niños centroamericanos y mexicanos que viajan al norte en busca de sus padres y madres. Esas mujeres son sumamente vulnerables por su condición de indocumentadas y viven sujetas al abuso sexual, a la violación, a condiciones de trabajo de cuasi-esclavitud y a todo tipo de discriminaciones, incluso a la muerte. Y todo esto, sin protección alguna.

y una amplia base social para el 'desarrollo asociado' ... *Desde la conquista de América por los españoles y portugueses ninguna cultura penetró tanto al sur del Río Bravo como la norteamericana de la gran empresa* (González Casanova 1979, pp. 28, 29, 33, énfasis nuestro).

Al mismo tiempo, nuestros países son gobernados por los grandes intereses económicos de corporaciones transnacionales (incluyendo la del narcotráfico y la del comercio sexual con niños y adolescentes). Los tratados de libre comercio de los Estados Unidos con algunos países latinoamericanos solo han agudizado la pobreza entre nosotros. En los últimos años la industria de la guerra ha resurgido en el escenario mundial para tomar su tajada sustanciosa de petróleo a costa de innumerables vidas humanas.

Los seres humanos, como apuntara Viviane Forrester (1997), se han tornado desechables. Hemos pasado de la explotación salvaje a la marginación y de la marginación al desecho (no reciclable) de personas que no le sirven para nada al moderno sistema mundial, donde la ganancia económica es valor supremo muy por encima de mujeres y hombres, niños y ancianos.

¿Tienen relevancia las iglesias cristianas en ese escenario? ¿Es posible crear modelos alternativos para organizar la vida social? ¿Qué tiene que enseñarnos un documento tan antiguo como el evangelio de Mateo?

Quiero desentrañar con ustedes el modelo que nos dejó Jesús de Nazaret hace ya 20 siglos. Él vivió en un mundo muy distinto al nuestro y sin embargo también muy parecido. Como todo imperio, el romano había impuesto su paz con el poderío militar y la violencia que lo caracterizaba lo cual hizo posible que conquistara el mundo de sus días. Su sofisticación estratégica y militar le permitió mantener numerosas naciones bajo su dominio; su poder ideológico hizo posible que conquistara espiritualmente a muchas personas.

El modelo de sociedad impuesto por el imperio romano era un modelo en el que el centro, Roma, se alimentaba y sustentaba de los recursos (materiales y humanos) que extraía de las naciones de la periferia. La vida social se estructuraba jerárquicamente siguiendo un sistema clientelar y patrimonialista, excluyente y explotador, esclavista y etnocéntrico. Las mujeres, los niños y los no romanos eran sus principales víctimas.

En ese contexto, Jesús nos mostró un camino distinto y alternativo para la vida humana. El poder de su vida y su muerte hace posible e incluso imperativo seguir su camino. Las apremiantes necesidades de nuestras sociedades nos hacen moralmente responsables de ofrecer lo que tenemos en Jesús: un modelo de sociedad alternativa (la iglesia) donde la vida en abundancia se puede experimentar aquí y ahora y donde es posible que 'la gente viva feliz, aunque no tenga permiso' (Benedetti, s.f.).

Por ello es que este es también un llamado a pagar el precio de la gracia (Bonhoeffer, 2005); es un llamado a vivir con los valores del reino; a tomar nuestra cruz y estar dispuestos a seguir a Jesús con el corazón en la mano. Listos a confesar y cantar:

> *¿Quién dijo que todo está perdido?*
> *Yo vengo a ofrecer mi corazón.*
> *¡Tanta sangre que se llevó el río!*
> *yo vengo a ofrecer mi corazón.*
> *Luna de los pobres siempre abierta,*
> *yo vengo a ofrecer mi corazón.*
> *Como un documento inalterable,*
> *yo vengo a ofrecer mi corazón....*
> *¿Quién dijo que todo está perdido?*
> *Yo vengo a ofrecer mi corazón.* (Fito Páez, s.f.).

Una iglesia inclusiva, hospitalaria y reconciliadora

El evangelio de Mateo[7] nos habla del discipulado como la gran comisión de los cristianos. Y si queremos saber lo que significa el discipulado necesitamos mirar a Jesús. Jesús no sólo es el modelo perfecto de lo que es un discípulo, obediente a la voluntad de Dios, sino que también es el discipulador por excelencia. Él nos llama a seguirle, a aprender de él; nos entrena, nos capacita y nos envía a hacer más discípulos.

El judaísmo en los días de Jesús era por naturaleza excluyente. Los judíos entendían la elección no como un llamado a ser bendición a las naciones (Gn. 12.1–3) sino como un acto de exclusividad de Dios con ellos. En consecuencia, veían al resto de las naciones como si estuvieran fuera de la gracia de Dios, excluidas de su amor y destinadas a la condenación, fenómeno común en sectas y denominaciones sectarias. Es en el contexto de esa mentalidad que encontramos en el evangelio de Mateo un cambio de paradigma, o mejor dicho, una recuperación del propósito original de Dios: Bendecir a todas las naciones y darles vida en abundancia.[8]

---

[7] Las citas bíblicas son tomadas de la *Nueva Versión Internacional*.

[8] La idea de una iglesia compuesta de gente de todas las naciones está presente desde los albores de la nación de Israel. En seis pasajes que tratan de la misión y promesas dadas a Abraham y sus descendientes, la nota *inclusiva e internacional* es predominante (Gn. 12.1–3; 17.4; 22.18; 26.4; 28.14; 49.10). Si bien es cierto que el llamamiento de Abraham es un ejemplo de la elección de Dios, esto, sin embargo, no debe eclipsar la verdad de que fue una elección con fines misioneros. Dios eligió a Abraham *para* bendecir por medio de él a *todas* las familias de la Tierra, como claramente lo indican los pasajes mencionados (Cullmann, 1964, p. 115). Fue una elección *para* la misión.

Mientras el proyecto del imperio romano también excluía a todos los que no eran romanos, Jesús establece bases de convivencia en las que todos son bienvenidos y están en igualdad de condiciones por la fe-obediencia en él.[9]

La enseñanza de una iglesia inclusiva se puede entender mejor a la luz de otros dos temas que llamaremos *particularismo* y *rechazo*. Son algo así como tres etapas sucesivas que corren el velo del plan divino con respecto a Israel y a las naciones. Son hilos que en la historia entretejen la acción de Dios con los actos libres de los seres humanos y que se plasman en la narrativa del evangelio.

Particularismo

Por *particularismo* entendemos que Jesús es presentado en el evangelio como Aquel que vino como judío, hijo de David e hijo de Abraham (1.1) a salvar a *su* pueblo, Israel (1.21). Cuando los magos llegaron a la tierra de Israel buscaron 'al rey de los judíos' (2.2) que, según las Escrituras ha de ser 'el pastor de mi pueblo Israel' (2.6).

Por medio de su bautismo Jesús se identifica con su propia nación; viene como un judío a los judíos (3.13ss). Jesús realiza su ministerio público entre 'las ovejas perdidas de la casa de Israel' (15.24), y nunca deja los límites de su tierra. En la primera misión que Jesús asigna a los apóstoles les encarga rigurosamente no ir 'por camino de gentiles, ni entrar en ciudad de samaritanos, sino ir antes a las ovejas perdidas de la casa de Israel' (10.5–6).

En el sermón del monte, Jesús enseña a sus discípulos que no den lo santo a los perros ni echen sus perlas delante de los puercos (7.6). Si interpretamos estas palabras a la luz de la respuesta de Jesús a la mujer cananea en 15.26, 'no está bien tomar el pan de los hijos y echarlo a los perrillos', nos damos cuenta de que son paralelas a 'no ir por camino de gentiles' (10.5). En aquellos días un judío lo entendería así.

George E. Ladd hace un resumen excelente del particularismo del ministerio de Jesús con estas palabras:

> Jesús vino como un judío al pueblo judío. Aceptó la autoridad del Antiguo Testamento, se conformó a las prácticas del templo, participó del culto en la sinagoga y toda su vida la vivió como judío… La razón de ello no es difícil de explicar. Jesús se ubicó en el contexto del pacto y de las promesas de los profetas del

---

[9] Esto nos parece obvio hoy día. Sin embargo en el primer siglo, la legitimidad de la misión a los gentiles y su inclusión en la iglesia fue un problema tan serio (como lo podemos comprobar en Hechos 15) que originó el primer concilio en la historia de la iglesia cristiana, ante la amenaza de un cisma. Las candentes cuestiones que este problema planteaba a los cristianos judíos del primer siglo son parte fundamental de la situación vital a la que el evangelio de Mateo responde (como también lo hacen otros escritos del Nuevo Testamento).

Antiguo Testamento, y reconoció al pueblo de Israel, a quien el pacto y las promesas habían sido dadas, como los legítimos 'hijos del reino' (Mt. 8.12)... por tanto su misión fue proclamar a Israel que Dios estaba actuando ahora para cumplir sus promesas y para llevar a Israel a su verdadero destino. Porque Israel era el pueblo elegido de Dios, la era del cumplimiento fue ofrecida no a todo el mundo, sino a los hijos del pacto (1974, pp. 106–107).

Joaquín Jeremías (1971, p. 247) lo resume así: 'Primero, la promesa de Dios se debe cumplir y a Israel se le debe ofrecer la salvación. En primer lugar el siervo de Dios debe derramar su sangre por muchos, antes de que venga la hora de los gentiles.' Y efectivamente, así es como Jesús es presentado en el evangelio de Mateo. Particularismo no es, por tanto, una exclusión de otras gentes y naciones. Es más bien una estrategia divina: el ofrecer por última vez la oportunidad a Israel de cumplir su misión histórica de ser una bendición para todas las familias de la Tierra (Gn. 12.3). Como veremos a continuación, esa nación no respondió al llamado de Jesús.

Rechazo

En contraste con el marcado particularismo de Jesús, aparece gradual-mente en el evangelio de Mateo el *rechazo* que el Señor sufrió de parte de la nación israelita. Las palabras de Juan vienen a la mente una y otra vez al leer la narración de Mateo: 'Vino a lo que era suyo, pero los suyos no lo recibieron...' (Jn. 1.11).

Cuando Jesús, el rey de los judíos, nace, pasa inadvertido para sus súbditos; incluso Herodes intenta matarlo (2:1–18). En el principio de su ministerio, según Mateo, Jesús no sufre oposición alguna. Esta surge gradualmente a partir del capítulo 9 hasta que llega a su clímax en la cruci-fixión. En un principio son los líderes de los judíos los que lo rechazan; al final, en el momento crucial, las multitudes se les unen.

El rechazo empieza en el terreno de los pensamientos: 'Este hombre blasfema' (9.3); es seguido de críticas: '¿Por qué come su maestro con recaudadores de impuestos y con pecadores?' (9.11 y 12.2); luego vienen los juicios severos contra Jesús: 'Este expulsa a los demonios por medio del príncipe de los demonios' (9.34 y 12.24); y al fin, un complot para matarlo: 'Pero los fariseos salieron y tramaron cómo matar a Jesús' (12.14). Por ello, en su segundo gran discurso a sus discípulos (cap.10) Jesús les advierte de las persecuciones que ellos, al igual que su maestro, sufrirán (10.16–39).

La oposición crece. Los judíos blasfeman contra el Espíritu Santo (12.24–32); Jesús es rechazado en su propia aldea, Nazaret (13.53–58); las críticas de parte de los líderes y los enfrentamientos con Jesús son cada vez más frecuentes (12.1ss; 15.1ss; 16.1ss; 18.1, 3ss). En la semana de la pasión el rechazo llega a su clímax. Los dirigentes de la nación se indignan por las acciones de Jesús (21.15), cuestionan su autoridad (21.23ss), hacen planes para 'tenderle a Jesús una trampa con sus mismas palabras' (21.45, 22.15) y así poder arrestarle; para ello le envían tres delegaciones (22.16–40). Habiendo fracasado en todos sus intentos, 'Se reunieron entonces los jefes de los sacerdotes y los ancianos del pueblo en el palacio de Caifás, el sumo sacerdote, y con artimañas buscaban cómo arrestar a Jesús para matarlo' (26.3–4). Al final lo logran (26.47–27.56).

En el punto más alto del rechazo, las multitudes hicieron causa común con sus dirigentes rechazando a Jesús y haciéndose plenamente responsables de su acción gritaron: '¡Que su sangre caiga sobre nosotros y sobre nuestros hijos' (27.25). Los discípulos le abandonaron (26.56); uno lo entregó a sus enemigos (26.14–16, 47–50) y otro lo negó (26.69–75). Los gentiles hicieron también su parte burlándose cruelmente de él (27.27–31).

Inclusión: para todas las naciones, para todo tipo de personas

Entrelazadas con el particularismo y el rechazo, Mateo nos presenta alusiones a la internacionalización de la iglesia que van desde lo velado hasta lo explícito y llegan a su culminación en la 'gran comisión'. Jesús empieza a cumplir con el llamado hecho a Israel. Él es el principio de un nuevo Israel, la iglesia. Mateo nos plantea la creación de una nueva sociedad, una sociedad alternativa, en la que hay lugar para todos, donde todos caben y no hay lugar para la exclusión o discriminación de ninguna persona. Ya no hay lugar para el exclusivismo judío ni para los valores de la sociedad imperial. En su lugar aparecen nuevos valores, en los que los marginados ahora ocupan el lugar de honor. Veamos el primer ejemplo.

Las mujeres

Inusitadamente en la genealogía inicial se mencionan cuatro mujeres (fenómeno poco común en las genealogías bíblicas). Por si esto fuera poco todas ellas son *gentiles* (1.3, 5, 6), y todas ellas tenían en común episodios de dudosa moral (Tamar, Rahab, Rut y Betsabé).

Una lectura más cuidadosa de las narrativas del Antiguo Testamento nos da una visión más profunda que la de una primera impresión. Todas ellas fueron mujeres víctimas de un sistema patriarcal y opresivo. Judá, debido a sus supersticiones y falta de responsabilidad, había condenado a la indigencia y mendicidad a Tamar a quien culpaba de la muerte de sus hijos. Incluso después la condena a la muerte por el pecado que ella había cometido con él mismo. Cuando Judá es descubierto por Tamar, tuvo que reconocer que ella era justa y no él (Gn. 38.26).[10] Tamar es una mujer que no está dispuesta a ser olvidada y condenada por los abusos de su suegro y que osadamente defiende su derecho a una vida digna. Y esa acción heroica la convierte en antepasada del Mesías, Jesús.

---

[10] El comparativo hebreo de exclusión, aunque la mayoría de las versiones traducen 'es más justa que yo' (como la NVI).

Rahab la ramera es celebrada por su gran fe que les dio a los ejércitos de Josué la victoria y conquista de Jericó. Rahab es una mujer, como toda ramera, a la que su sociedad ha estigmatizado y deshumanizado. Es una pecadora. Vive prácticamente en la muralla de la ciudad, el lugar más vulnerable donde viven aquellos considerados socialmente no personas. Sin derechos, privilegios ni protección alguna. Sin embargo, no está dispuesta a rendirse ante la fatalidad ni a resignarse ante el sitio que la sociedad le ha asignado. En el momento preciso, profesa su fe en Dios (Hch. 11.31; Stg. 2.25), declara proféticamente el desenlace de la guerra, y arriesga su vida a cambio de salvar a su familia y su propia vida. Otra mujer cuya osadía y valor hacen posible la salvación de su familia y que es clave para la primera gran conquista de los israelitas en la tierra prometida. Otra digna antepasada de Jesús de la cual no se avergüenza.

Rut será otra mujer que se va a jugar la vida, echando su suerte, y arriesgando su vida y destino con su suegra, Noemí. Inmigrante, despreciada por ser extranjera (Rt. 2.10), expuesta a los abusos de los trabajadores y patrones (Rt. 2.8, 9, 22), despreciada y deshumanizada por una sociedad religiosa cerrada que la veía mal por ser pagana, por no profesar la fe mayoritaria. Como esa sociedad no daba lugar alguno a una mujer sola para subsistir y trabajar, tiene que mendigar para sobrevivir, en una cultura que no es la suya (2.7). Es la persona dispuesta a sufrir humillaciones, vejaciones y maltratos porque de su trabajo depende la vida de otros. Una inmigrante que ya hacía años había unido su vida a otra familia de inmigrantes.

Su duro trabajo por la subsistencia (2.7, 17) en condiciones de extrema pobreza y su sacrificio por lo único que le queda de familia, Noemí, la hacen ejemplo de virtud (2.11) ante una sociedad que de entrada la menosprecia. La extranjera inmigrante les da a los israelitas una lección de solidaridad, genuino amor y duro trabajo. Otra digna antepasada de Jesús.

Betsabé es el caso típico y común de la mujer hermosa, codiciada y violada por el poderoso rey. David usó todo su poder para acostarse con ella, para mandar asesinar a su marido y luego encubrir su vil acción como un acto de magnanimidad, al acogerla y hacerla su mujer. La pasividad, temor y silencio de Betsabé ante el abuso de poder político serán otro triste antecedente en la familia de Jesús. Ella representa la impotencia ante la brutalidad del poderoso e impune. Ella también dejará su marca en Jesús, que llevará su sangre.

En el evangelio de Mateo, Jesús nace de una situación familiar conflictiva. María misma iba a sufrir el abandono de José ante el hecho de su embarazo, de no ser por la intervención del ángel (Mt. 1.18–20). Junto con las otras 'madres' de Jesús, María comparte una similar experiencia de marginación y abuso hasta estar al punto de perder su vida. Pero, como las otras, María es una mujer cuya dignidad e importancia han sido rescatadas en la narrativa bíblica.

Más tarde, durante el ministerio público de Jesús, y ante el rechazo generalizado de su pueblo y la poca fe e incomprensión de sus propios discípulos, es una mujer que da la nota relevante de fe. Lo más interesante es que se trata de una mujer extranjera, de quien Jesús dirá: '¡Mujer, qué grande es tu fe!' (15.28).

En los momentos cruciales de su ministerio, su muerte y resurrección, son 'muchas mujeres que habían seguido a Jesús desde Galilea para servirle' (27.55), las únicas que están al pie de la cruz. Entre ellas 'María Magdalena, María la madre de Jacobo y José y la madre de los hijos de Zebedeo' (27.56). Ellas velarán el sepulcro de Jesús (27.61) y serán las primeras testigos de la resurrección (28.1), primeras portadoras de las buenas nuevas (28.7–8, 10), y las primeras que escucharon el saludo de Jesús y lo abrazaron con amor y adoración (28.9). Para ellas ya no hubo duda alguna en contraste con lo que se nos narra de los apóstoles. Cuando más tarde Jesús se apareció a los once, 'algunos dudaban' (28.17).

Es indiscutible que las mujeres han tenido y tienen un lugar preponderante y privilegiado en la vida familiar de Jesús. Sin ellas, no tendríamos historia alguna de Jesús, no habría buenas nuevas que contar. Mateo resalta su importancia y relevancia. Y de la misma manera, ellas juegan un papel único en la nueva sociedad que Jesús ha venido a crear. Quien no entiende esto, no ha entendido el evangelio.

Entre las demandas específicas del evangelio, Mateo pone énfasis en la importancia del servicio (23.8–12). Las mujeres, en particular, son descritas con frecuencia como quienes representan tanto el ideal de una vida de servicio que Jesús demanda de sus discípulos (20.26–27) y el modelo de fidelidad que la iglesia requiere de sus miembros. Pero tal servicio no es igual al del deber estereotípico de las mujeres como siervas del esposo y de los hijos. Más bien, son mujeres que aparecen aparte del esposo, padre o hijo y que asumen roles positivos y activos en el evangelio (8.14–17; 9.20–22; 12.42; 13.33; 15.21–28; 21.31–32; 25.1–13; 26.6–13; 27.55–61; 28.1–10).

Lo que hace Mateo es reconocer la contribución al crecimiento de la iglesia que las mujeres y otros que no tienen acceso a posiciones de poder realizan (extranjeros, leprosos, poseídos y desposeídos)… Las mujeres son ejemplos de una 'justicia superior'… Por medio de ellas Mateo demuestra su reconocimiento a quienes no ostentan posiciones de poder. Judá, el rey de Jericó, David y Booz—que tenían el poder para actuar pero que no lo hicieron sino, más bien, explotaron a esas mujeres—reciben lecciones de una justicia superior de parte de Tamar, Rahab, Urías y Rut (Levine, 1992, p. 340).

Elaine Wainwright lo ha resumido de esta manera:

> Estas mujeres anómalas, cuya inserción en el sistema familiar
> patriarcal es 'irregular', son, a pesar de ello, los instrumentos
> por medio de los cuales el orden divino, que se suponía
> estar absolutamente centrado en los hombres, alcanza su

cumplimiento… es una pequeña fisura en el universo simbólico que las líneas patriarcales construyeron. En esa fisura se incluyen los nombres de madres e hijas que también fueron antepasados de Jesús. Jesús, el ungido, no sólo ha nacido de y en una familia que se ha construido simbólicamente centrada en los varones, sino que también ha nacido de y en una familia en la cual se han insertado las historias de mujeres que representan una alternativa a las ideologías dominantes machistas (1998, p. 56).[11]

Esto cobra relevancia en nuestras sociedades latinoamericanas, en las que las mujeres siguen siendo marginadas, explotadas y abusadas. Un caso notable son los feminicidios en Ciudad Juárez, Chihuahua, México. Las autoridades mexicanas hacen caso omiso al número creciente de mujeres asesinadas. Su clase social y su anonimato las hace despreciables y desechables. Las mujeres indígenas viven una exclusión más aguda. Como niñas son vendidas a hombres mayores por cantidades de dinero risibles; como adultas viven en función de los caprichos y necesidades de los hombres (el padre o marido) y no tienen vida propia. En algunas comunidades, debido a los usos y costumbres, ni siquiera pueden sentarse a la mesa. Comen en el suelo como los perros y cargan leña sobre sus espaldas como animales de carga. En otras sociedades las jovencitas son circuncidadas para controlar sus instintos y garantizar así su fidelidad. Solo los hombres tienen el derecho a disfrutar de las relaciones sexuales. Los gobiernos, la sociedad y a menudo también las iglesias las marginan y tratan como ciudadanas de tercera categoría.

Los extranjeros e inmigrantes

Tamar, Rahab, Rut y Betsabé no solo eran mujeres. Tenían también la agravante de ser *extranjeras*. Y cuando leemos el evangelio de Mateo con un ojo atento a los extranjeros o gentiles, descubrimos también lecciones de enorme relevancia para nosotros hoy. Antes de leer Mateo con esa óptica, debemos resaltar lo evidente. Jesús, el Mesías, llevó en sus venas sangre gentil. *Jesús era mestizo*, no era un judío de sangre pura. (¡Qué golpe para los aristócratas de 'sangre azul,' de sus días y de los nuestros!). Así Mateo nos señala que hubo gentiles antepasados de Jesús que jugaron un papel crucial en la historia de la salvación. Esto va muy en contra del clasismo y racismo tan acendrados en nuestras sociedades, de quienes buscan su relevancia e identidad apelando a su origen en alguna supuesta raza o nación 'superior.'

En el capítulo 2, según la versión de Mateo, los primeros en reconocer el señorío de Jesús son unos magos, también extranjeros, quienes viajando

---

[11] Ver también Levine (2001, pp. 22–41), Richter (RIBLA 27, pp. 145–161), Wainwright (2001, pp. 74–95).

desde lejos y guiados solamente por una estrella, vienen a adorar al rey (2.1–12). Esto presenta un fuerte contraste con los principales sacerdotes y escribas del pueblo que prácticamente viven en las cercanías del lugar de nacimiento del Mesías y que, a pesar de que tienen como guía las Sagradas Escrituras (las cuales pueden citar de memoria), sin embargo lo ignoran. Más bien, ponen sus conocimientos teológicos al servicio de un régimen genocida.

Con la predicación de Juan Bautista surge otro tema que consistentemente se repite en el evangelio y que va preparando el camino para la formación de una iglesia en la que todas y todos caben, sin importar su género, raza o clase social. Juan, en su predicación, habla de la naturaleza e identidad del verdadero pueblo de Dios. Los verdaderos hijos del pacto no son los 'hijos de Abraham' según la carne, sino aquellos que hacen la voluntad del Padre celestial. Estos son los legítimos miembros de la verdadera familia de Dios (3.8–9; 5.19–20; 7.13–14, 21–27; 11.25ss; 21.28–32; 23.3).[12]

No es la pertenencia a una nación, raza o religión lo que le da la membresía y pase automático al reino de Dios. Cualquier denominación cristiana que ha hecho de su etnicidad, raza o clase social su punto de convergencia e identidad es una negación del genuino cristianismo, que por naturaleza es inclusivo y no conoce barreras (Ef. 2.11–22). No son los ciudadanos del imperio los que tienen el monopolio del Dios verdadero y el poder para formar una nueva sociedad, igualitaria y justa. La violencia del militarismo nunca servirá como base duradera para la convivencia pacífica entre las naciones. La *Pax Romana* estaba destinada al fracaso. Su terrorismo de estado (o imperio) sólo podía engendrar resentimiento, odio y una espiral de violencia imparable. Es la fe-obediencia de aquellos que siguen a Jesús lo que constituye el único eje de identidad, pertenencia y acceso a la familia de Dios.

El ministerio público de Jesús se desarrolla principalmente en *Galilea de los gentiles* (4.15–16). Sólo Mateo pone énfasis en este hecho característico de la región. Galilea estaba habitada por judíos y gentiles. Además, siendo un lugar por el cual pasaban rutas comerciales importantes, su población era influenciada notablemente por los viajeros que en su mayoría eran no judíos. Jesús realiza su ministerio en los márgenes de su nación y podríamos decir, de la 'civilización' representada por Roma y Jerusalén. Eso tiene una enorme significación. Jesús renunció a los centros de poder político,

---

[12] Resulta muy interesante observar que en el pasaje paralelo en Lucas 3, el *hacer* la voluntad de Dios se hace explícito en términos de cumplir nuestra responsabilidad social, es decir, compartir lo que tenemos con los que no tienen (v.11), no extorsionar ni servirnos de nuestra profesión para obtener ingresos deshonestos (vv.12–14). En ello consiste 'hacer frutos dignos de arrepentimiento' (3.8). Pablo también desarrolla extensamente esta enseñanza (Ro. 2.25–29; 9.1–29; Gá. 3.6–29; Fil. 3.1–16; Ef. 2.11–3.21).

social y religioso para realizar su misión desde abajo, con los marginados y 'condenados de la tierra' (Fanon, 1986).

Sin embargo, no por ello el ministerio de Jesús dejó de ser estratégico. Era como realizar hoy día la misión en una ciudad fronteriza, como Tijuana, México, o en un lugar de importancia estratégica como Panamá. 'El camino hacia el mar' era uno de los lugares más transitados en todo el mundo antiguo. Conectaba una de las ciudades más antiguas del mundo, Damasco, con una de las más antiguas civilizaciones, Egipto. Al mismo tiempo, también enlazaba el valle de Jezreel con las rutas comerciales, de manera que transitaban por él comerciantes y ejércitos procedentes del Mar Egeo. El 'camino del mar' conducía también hacia las ciudades fenicias con sus importantes puertos comerciales. Era, por ello, imposible que algo notable sucediera en la *via maris* sin que el resto del mundo se enterara.

De ahí que Mateo subraye que el ministerio de Jesús se desarrolla en un lugar de importancia internacional. La luz empieza a brillar en la periferia del mundo religioso judío, 'Galilea de los gentiles'. De hecho, para los judíos era una región despreciable: '¿puede venir algo bueno de Galilea?'. Jesús hablaba su idioma materno, el arameo, con acento, como todo galileo (26.73). Era lo que hoy diríamos un provinciano que era menospreciado y mal visto por quienes viven en la capital o en las grandes ciudades. El galileo, por su cercanía y continuo contacto con los extranjeros, era visto con recelo y desconfianza. Siendo además Galilea una región conocida por su rebeldía revolucionaria, los galileos eran además objeto de desconfianza por los conservadores reaccionarios del centro del país. A pesar de todo ello, Jesús asumió su condición de provinciano e hizo de esa locación social su punto de partida para su mensaje, ministerio y vida. Ese fue para Jesús su lugar estratégico.[13]

En el sermón del monte, Jesús indica claramente que la misión de sus discípulos debe beneficiar a la *tierra* (5.13) y al *mundo* (5.14), términos que el Señor usa para señalar un ministerio que rebasa las fronteras de la Palestina y se extiende a todo el mundo. Su visión fue tan amplia como el mundo.

En 8.5–13, cuando Jesús sana al siervo de un centurión, se encuentra por primera vez en el evangelio, de manera explícita, una declaración solemne de Jesús con respecto a la exclusión de los judíos y a la participación de los gentiles, extranjeros, en el reino de Dios. La razón de ambas realidades la determina el tipo de respuesta de fe-obediencia que unos y otros den a Jesús.

---

[13] Orlando Costas (1989) ya había señalado la importancia y significación de Jesús y su ministerio en los márgenes. Recientemente, Warren Carter (2000) ha escrito su importante comentario a Mateo haciendo de la marginación su clave hermenéutica.

En su narración, Mateo acentúa que el hombre que buscaba el favor de Jesús era gentil, un centurión romano. Ante su petición, Jesús contesta: '¿Iré yo a sanarle?' (v.7).[14] Pregunta que se puede parafrasear así: '¿de manera que quieres que yo, un judío, venga a tu casa a sanarle?'. Ante la supuesta negación de Jesús (que pone a prueba y a la vez obliga a que se muestre la fe del centurión), este gentil se sobrepone y logra que se le conceda su petición. La lección del pasaje está en la declaración del Señor:

> Les aseguro que no he encontrado en Israel a nadie que tenga tanta fe. Les digo que muchos vendrán del oriente y del occidente, y participarán en el banquete con Abraham, Isaac y Jacob en el reino de los cielos. Pero a los súbditos del reino se les echará afuera, a la oscuridad, donde habrá llanto y rechinar de dientes (8.10–12).

De esta manera Jesús deliberadamente predice que el banquete escatológico con los patriarcas, que los judíos consideraban un derecho nacional, incluirá también a extranjeros. Para un judío sentarse a la mesa con un gentil significaba contaminación ritual. Nadie, por tanto, pensaría que semejante cosa sucedería en el banquete escatológico. Sin embargo, Jesús anula las barreras religiosas y raciales. Abraham, Isaac y Jacob, los padres y fundadores de la nación, se sentarán gustosamente con bolivianos, iraquíes, hondureños y haitianos, sin pensar siquiera en contaminarse. Jesús

---

[14] Es cierto que las versiones en español traducen el v.7 como una afirmación y no, como aquí proponemos, como una pregunta. Sin embargo hay elementos de peso para traducirlo como una pregunta. Lingüísticamente *egó* al principio del enunciado llama la atención. En el griego usualmente no se usa el pronombre personal con el verbo a menos que se quiera poner énfasis en el sujeto, que es lo que se hace en este versículo. Siendo así, resulta problemático traducirlo como una afirmación, ya que el énfasis en el pronombre *yo* hace que el sentido sea redundante e incluso presuntuoso. 'Yo, yo mismo vendré y le sanaré'. Lo cual no es característico de Jesús.

Por otro lado, si se traduce como una pregunta, el énfasis en el *yo* le da un sentido muy interesante. En tal caso, Jesús manifiesta su sorpresa y resistencia (aparente) para entrar en el hogar de un gentil (como en el caso de Pedro en He. 10–11), lo cual, a la luz del *particularismo* que hemos mencionado, sería consistente con su misión (ver 15.24). Al mismo tiempo, Jesús está probando la fe del centurión al manifestarle su negación a ir con él. Tal actitud del Señor tiene un paralelo excelente en el otro pasaje del evangelio de Mateo, donde Jesús trata con una extranjera (15.24–28), la mujer cananea. Allí, Jesús se niega en un principio a acceder ante la petición de la mujer (haciendo claro el particularismo de su misión), y es ante la insistencia de la mujer que Jesús responde a su ruego (France, 2007, pp. 312–313). El sentido interrogativo es reconocido como una alternativa por los textos griegos al margen en Nestle-Aland y UBS.

no predice la conversión de los gentiles al judaísmo, lo cual muchos en esos días habrían mirado con agrado, sino su inclusión en el reino *como gentiles*, aparentemente en los mismos términos que los patriarcas. Aun peor (para el exclusivismo judío), Jesús enseña que los judíos, los herederos del reino, serán excluidos del mismo.

Los versículos 11 y 12 expresan (para el judío), por tanto, de la manera más impactante posible, el cambio que ahora es inminente en la economía de Dios, cuando la raza elegida ya no tendrá un privilegio especial, sino que el reino de Dios será para todos los que creen, sin importar su raza, mientras que los que no creen, aun cuando sean hijos de Abraham, no podrán unirse a su padre en el banquete, cuando 'los últimos serán los primeros, y los primeros últimos' (France, 1977, p. 263).

A medida que la oposición de los judíos contra Jesús crece y su incredulidad ante sus milagros se hace patente, la condenación del Señor contra ellos se torna más y más severa. Notablemente, Jesús contrasta, en dichas represiones, la iniquidad de los israelitas con la sensibilidad de los 'paganos' en la antigüedad:

> Entonces comenzó Jesús a denunciar a las ciudades en que había hecho la mayor parte de sus milagros, porque no se habían arrepentido. '¡Ay de ti, Corazín! ¡Ay de ti, Betsaida! Si se hubieran hecho en Tiro y en Sidón los milagros que se hicieron en medio de ustedes, ya hace tiempo que se habrían arrepentido con muchos lamentos. Pero les digo que en el día del juicio será más tolerable el castigo para Tiro y Sidón que para ustedes. Y tú, Capernaúm, ¿acaso serás levantada hasta el cielo? No, sino que descenderás hasta el abismo. Si los milagros que se hicieron en ti se hubieran hecho en Sodoma, ésta habría permanecido hasta el día de hoy. Pero te digo que en el día del juicio será más tolerable el castigo para Sodoma que para ti' (11.20-24).

El contraste es punzante. Ante los muchos privilegios que han recibido de Dios y a causa de su pésima respuesta y falta de responsabilidad, los judíos resultan peores que naciones que son ejemplos proverbiales de maldad.

En medio de la fuerte oposición que Jesús experimenta (uno de los temas sobresalientes de los capítulos 11 y 12), Mateo nos recuerda, por medio de la profecía de Isaías, que Jesús es el siervo ungido por Dios que 'proclamará justicia a las naciones ... Y en su nombre pondrán las naciones su esperanza' (12.18 y 21).

De esta manera, Mateo va desarrollando su argumento a fin de vindicar la legitimidad de la misión a los gentiles.

En respuesta a la blasfemia de los fariseos de que Jesús echaba fuera a los demonios por el poder de Beelzebú (12.24), Jesús califica a la nación del pacto como 'camada de víboras' (12.34; Juan el Bautista ya lo había hecho antes, 3.7; Jesús lo hará de nuevo en 23.33) y como 'generación malvada y adúltera' (12.39). En ese contexto, Jesús, una vez más, contrasta el arrepentimiento e interés de paganos en el pasado, con la dureza de corazón de los judíos de sus días y, por consiguiente, anuncia su justa condenación.

Los habitantes de Nínive se levantarán en el juicio contra esta generación y la condenarán; porque ellos se arrepintieron al escuchar la predicación de Jonás, y aquí tienen ustedes a uno más grande que Jonás. La reina del Sur se levantará en el día del juicio y condenará a esta generación; porque ella vino desde los confines de la tierra para escuchar la sabiduría de Salomón, y aquí tienen ustedes a uno más grande que Salomón (12.41–42).

A continuación el Señor predice el triste y espantoso final que 'esta generación malvada' tendrá. Las obras poderosas que Jesús ha venido realizando entre ellos son claras manifestaciones del reino de Dios: 'Si expulso a los demonios por medio del Espíritu de Dios, eso significa que el reino de Dios ha llegado a ustedes' (12.28). Estos milagros, como eventos escatológicos, representan el dominio y misericordia de Dios que vencen y expulsan a Satanás y a sus huestes; son, además, el cumplimiento de las profecías (8.17), una manifestación de la era mesiánica (11.4–5) y tienen como propósito mover al pueblo al arrepentimiento (11.20–24). Sin embargo, a causa de su actitud impenitente, le espera a esa generación rebelde un desenlace sobrecogedor:

Cuando un espíritu maligno sale de una persona, va por lugares áridos, buscando descanso sin encontrarlo. Entonces dice: 'Volveré a la casa de donde salí'. Cuando llega, la encuentra desocupada, barrida y arreglada. Luego va y trae a otros siete espíritus más malvados que él, y entran a vivir allí. Así que el estado postrero de aquella persona resulta peor que el primero. Así le pasará también a esta generación malvada (12.43–45).

Al mismo tiempo que Jesús derrumba una a una las pretensiones exclusivistas de los judíos y apunta hacia su inminente y terrible reprobación, también revela claramente la identidad de la verdadera familia de Dios:

—¿Quién es mi madre, y quiénes son mis hermanos? —replicó Jesús. Señalando a sus discípulos, añadió:
—Aquí tienen a mi madre y a mis hermanos. Pues mi hermano, mi hermana y mi madre son los que hacen la voluntad de mi Padre que está en el cielo (12.48–50).

El criterio, entonces, para determinar quién forma parte del pueblo de Dios no estriba en la raza, nacionalidad o religión, sino en la fe-obediencia a la voluntad de Dios. Esta verdad no es novedosa. Ya estaba presente desde el génesis del pueblo de Dios. Sin embargo, Jesús tiene que rescatarla de entre las tradiciones y prejuicios de los judíos para mostrar su pertinencia.

En el episodio de la mujer cananea (15.1–28), se establece un contraste muy significativo. Ella, una gentil, tiene una 'grande fe' (v. 28), tal como el centurión en 8.10. En contraste, los discípulos son reprendidos continuamente por su 'poca fe' (6.30; 8.26; 14.31; 15.16; 16.8 y 17.20), como las multitudes por su incredulidad: '¡Ah generación incrédula y perversa!' (13.58; 17.17, 20). Ciertamente los extranjeros, a causa de su fe en Jesús, tienen acceso al Padre y 'ya no son extraños ni extranjeros, sino conciudadanos de los santos y miembros de la familia de Dios...' (Ef. 2.19). Esta verdad del evangelio de la gracia, que Pablo llama 'el misterio', es presagiada en los pasajes del evangelio de Mateo que estamos considerando.

En la semana de la confrontación final con los líderes de los judíos, y en el clímax de su rechazo, Jesús justifica y confirma ampliamente la misión a los gentiles y la exclusión de Israel. Jesús maldice la higuera estéril (21.18–19), símbolo de la estéril Israel. Por medio de tres parábolas (21.18–22.14), Jesús confirma el repudio que Israel probará y la bienvenida al reino que se le dará a los gentiles: 'Por eso les digo que el reino de Dios se les quitará a ustedes y se le entregará a un pueblo que produzca los frutos del reino' (21.43).

En su denuncia final contra los dirigentes religiosos de la nación (cap. 23), Jesús profetiza solemne y conmovedoramente la ruina que está a las puertas de Jerusalén por haber rechazado al Mesías:

> ¡Jerusalén, Jerusalén, que matas a los profetas y apedreas a los que se te envían! ¡Cuántas veces quise reunir a tus hijos, como reúne la gallina a sus pollitos debajo de sus alas, pero no quisiste! Pues bien, la casa de ustedes va a quedar abandonada. Y les advierto que ya no volverán a verme hasta que digan: '¡Bendito el que viene en el nombre del Señor!' (23.37–39).

A continuación (caps. 24–25) Jesús predice, con más detalles, la destrucción del templo y el fin del mundo. En su discurso Jesús señala que la predicación del evangelio a *los gentiles* será una señal del fin (24.14). Posteriormente Jesús se refiere al mismo hecho cuando es ungido en Betania (26.13). Todo esto apunta al hecho indiscutible de que el reino se extenderá por todo el mundo.

En la consumación del rechazo por parte de los judíos, la crucifixión, es de nuevo Mateo el que en medio de las densas tinieblas de incredulidad que rodeaban la cruz, registra una pequeña chispa de fe, sorprendente e inesperada, que brota del corazón de un centurión *romano*: 'Verdaderamente este era el Hijo de Dios' (27.54).

Las naciones también, tal como Israel, serán juzgadas en la consumación de esta era (13.41–43; 25.31–46), tomando como criterio la manera en que ellas han respondido al evangelio y mostrado compasión y amor a todas la personas, sin excepción (25.40, 45). En el juicio final el criterio para determinar el destino final de la gente será la manera en que trataron a quienes siempre son excluidos, marginados y despreciados.

Por ello es imperativo que nuestras iglesias a lo largo y ancho del continente americano se transformen en santuarios donde todas las personas, sin discriminación alguna, sean acogidas, amadas y servidas en el espíritu de Cristo. Él mismo nos dijo cómo hacerlo. Las siguientes afirmaciones son un desafío para quienes nos llamamos sus seguidores hoy: "Si ustedes supieran lo que significa: 'Lo que pido de ustedes es misericordia y no sacrificios', no condenarían a los que no don culpables" (12.7). 'Fui forastero, y me dieron alojamiento' (25.35).

La sociedad en los días de Jesús etiquetaba a la gente de acuerdo a su trasfondo étnico, social, político, religioso o moral, y así los trataban. Por ello leemos en los evangelios de gente que es catalogada despectivamente como 'galileos', 'publicanos', 'samaritanos', 'pecadores', 'mujeres' y por supuesto 'gentiles'. Nuestras sociedades occidentales modernas no son muy diferentes, ni siquiera aquellas que se precian de su trasfondo cristiano.

Una de las maneras más eficaces por las que la alquimia moderna transforma a los seres humanos en objetos desechables, es poniéndoles etiquetas (por ejemplo, *terroristas*) que los degradan y convierten en no personas y enemigos. Los medios de comunicación son sin duda los que de manera poderosa hacen su parte presentándoles con estereotipos denigrantes y deshumanizantes.[15] Una vez que ese proceso ideológico se completa, se usa incluso un lenguaje piadoso, moral y bíblico para disponer, sin escrúpulo alguno, de esos peligrosos enemigos y borrarlos del mapa. Así lo hacía la élite religiosa de Jerusalén y por ello Jesús expresó contra ella una de sus más severas denuncias:

> ¡Serpientes! ¡Camada de víboras! ¿Cómo escaparán ustedes de la condenación del infierno? Por eso yo les voy a enviar profetas, sabios y maestros. A algunos de ellos ustedes los matarán y crucificarán; a otros los azotarán en sus sinagogas y los perseguirán de pueblo en pueblo. Así recaerá sobre ustedes la culpa de toda la sangre justa que ha sido derramada sobre la tierra, desde la sangre del justo Abel hasta la de Zacarías, hijo de Berequías, a quien ustedes asesinaron entre el santuario y el altar de los sacrificios. Les aseguro que todo esto vendrá sobre esta generación.

---

[15] Lo ha documentado elocuentemente Jack G. Shaheen en su libro y DVD *Reel Bad Arabs: How Hollywood Vilifies a People* (2001). Con un estudio cuidadoso de la cinematografía estadounidense, Shaheen muestra cómo sistemáticamente en las películas se presentan a los árabes como personas violentas y terroristas, y cómo esa imagen se ha internalizado eficazmente en el inconsciente colectivo de esa nación. Lo mismo sucede con la manera en que los 'hispanos' son representados en esa industria: son sirvientes, mujeres fáciles, narcos, borrachos y delincuentes.

¡Jerusalén, Jerusalén, que matas a los profetas y apedreas a los que se te envían! ¡Cuántas veces quise reunir a tus hijos, como reúne la gallina a sus pollitos debajo de sus alas, pero no quisiste! Pues bien, la casa de ustedes va a quedar abandonada. Y les advierto que ya no volverán a verme hasta que digan: '¡Bendito el que viene en el nombre del Señor!' (23.33–39).

Cuán diferente fue la actitud de Jesús hacia sus enemigos, no imaginarios sino verdaderos, que incluso lo crucificaron (compare Mt. 5.43–48 con Lc. 23.34). Jesús valoró a las personas a partir de una óptica distinta y les sirvió y amó hasta el final. Esa fue la marca característica de su vida, y debe ser la de quienes se dicen ser sus seguidores. Las necesidades humanas fueron causa de un profundo dolor para Jesús y fueron la razón de la primera misión de sus discípulos.

Jesús recorría todos los pueblos y aldeas enseñando en las sinagogas, anunciando las buenas nuevas del reino, y sanando toda enfermedad y toda dolencia. Al ver a las multitudes, tuvo compasión de ellas, porque estaban agobiadas y desamparadas, como ovejas sin pastor. 'La cosecha es abundante, pero son pocos los obreros', les dijo a sus discípulos. 'Pídanle, por tanto, al Señor de la cosecha que envíe obreros a su campo' (9.36–38).

Al leer el evangelio de Mateo, descubrimos que Jesús tenía un profundo aprecio por todo tipo de personas, sin importar su clase social, raza, o trasfondo religioso y político; ni siquiera le molestaba su moralidad. Él sabía que cada persona ha sido creada a la imagen de Dios y tiene un valor y dignidad dados por Él, que no están sujetos a las relativas y frecuentemente degradantes taxonomías sociales.

Jesús entrenó a sus discípulos con su propio ejemplo y enseñanzas. Él quería formar una nueva sociedad, una sociedad alternativa a la sociedad imperial, donde hubiera lugar para todos y todas y donde se practicase la hospitalidad y el servicio hacia todo tipo de personas: el hambriento, el extranjero, la mujer, el niño, el enfermo y el delincuente (25.31–46). ¿Estaremos dispuestos a pagar el precio y seguir a Jesús en nuestra sociedad de consumo donde la ganancia económica es un valor superior a la vida humana? O en aras de los valores del mercado, ¿sacrificaremos lo mejor que tenemos que ofrecer al mundo: la fe, la justicia, la esperanza y la compasión?

No basta ofrecer una respuesta rápida y decir que viviremos de acuerdo a la voluntad de Dios cuando nuestras acciones cotidianas dicen lo contrario. Es indispensable una toma de conciencia y un cambio radical de mentalidad (metanoia) de la manera en que las realidades sociales nos han (de)formado y el grado en que hemos sido conquistados espiritualmente (en nuestros valores, principios y fuero interno) por la cosmovisión del imperio.

Si nuestras sociedades latinoamericanas son atraídas y conquistadas poderosamente por las fuerzas de la globalización, ¿serán capaces nuestras iglesias de ser genuinas alternativas de vida? ¿Podremos mostrar a nuestras sociedades otra forma de vivir, solidaria y humana? ¿Podrán ver en nosotros las buenas nuevas?

La diáspora mundial de los 'condenados de la tierra' hace tiempo ha estado presente en nuestras ciudades, pueblos y vecindarios; en los macondos latinoamericanos 'que se hunden inexorablemente en el tremedal del olvido' (Gabriel García Márquez). También son evidentes las diversas reacciones ante ellos, que van desde la xenofobia hasta el abuso y discriminación abiertos. De la misma manera, debe ser tangible en nuestros pueblos y ciudades el amor concreto de las comunidades cristianas que trabajan por la justicia y la paz en este mundo. La iglesia, como una sociedad alternativa bajo los valores del reino, está llamada a vivir el *shalom* de Dios y a honrar la vida de todo tipo de personas, sin distinción alguna. La misión hacia los 'otros' es un desafío que se debe tomar con integridad y seriedad, con palabras y sobre todo con acciones concretas.

Sólo le pido a Dios
que el dolor no me sea indiferente
que la reseca muerte no me encuentre
vacío y solo sin haber hecho lo suficiente (León Gieco).

Obras citadas

Benedetti, M., s.f. *Si te quiero...* (poema).

Bonhoeffer, D. (2005). *El costo de la gracia*. Salamanca: Ediciones Sígueme.

Bosch, D. J. (1991). 'Transforming Mission: Paradigm Shifts in Theology of Mission'. American Society of Missiology Series, No. 16. Maryknoll, Nueva York, EE.UU.: Orbis Books.

Carter, W. (2000). *Matthew and the Margins. A Socio-Political and Religious Reading*. Maryknoll, Nueva York, EE.UU.: Orbis Books.

Costas, O. (1989). *Liberating News. A Theology of Contextual Evangelization*. Grand Rapids: Eerdmans.

Cullmann, O. (1964). Christ and Time: The Primitive Christian Conception of Time and History. Filadelfia, Pensilvania, EE.UU.: Westminster Press.

Davies, W. D. y Allison, D. C. (1988). *A Critical and Exegetical Commentary on the Gospel According to Saint Matthew,* vol. 1. Edimburgo, Reino Unido: T. and T. Clark Limited.

Escobar, S. (2002). *Changing Tides: Latin America and World Missions Today.* Maryknoll, Nueva York, EE.UU.: Orbis Books.

Fanon, F. (1986). *Los condenados de la tierra*. México: Fondo de Cultura Económica.

Forrester, V. (1997). *El horror económico*. México: Fondo de Cultura Económica.

France, R. T. (1977). 'Exegesis in practice: Two Samples'. En I. H. Marshall, ed. *New Testament Interpretation: Essays on Principles and Methods*. Grand Rapids, Míchigan, EE.UU.: Eerdmans, 252–281.

France, R. T. (2007). *The Gospel of Matthew*. NICNT. Grand Rapids, Míchigan, EE.UU.: Eerdmans.

Freyne, S. (1988). *Galilee, Jesus, and the Gospels: Literary Approaches and Historical Investigations*. Filadelfia, Pensilvania, EE.UU.: Fortress Press.

García Márquez, G. (1986). *Cien años de soledad*. México: Editorial Diana.

Gieco, L. (s.f.). *Sólo le pido a Dios* (canción-poema).

González Casanova, P. (1979). *Imperialismo y liberación: Una introducción a la historia contemporánea de América latina*. México: Siglo Veintiuno Editores. 2ª edición.

González Echegaray, J. (1999). *Jesús en Galilea: Aproximación desde la arqueología*. Estella, España: Editorial Verbo Divino.

Jeremias, J. (1958). *Jesus' Promise to the Nations*. Naperville, Illinois, EE.UU.: Alec R. Allenson.

Jeremias, J. (1971). *New Testament Theology*. Nueva York: Charles Scribner's Sons.

Kingsbury, J. D. (1975). *Matthew: Structure, Christology, Kingdom*. Filadelfia, Pensilvania, EE.UU.: Fortress Press.

Kingsbury, J. D. (1977a). 'Matthew'. En G. Krodel, ed., *Proclamation Commentaries*. Filadelfia, Pensilvania, EE.UU.: Fortress Press.

Kingsbury, J. D. (1977b). *The Parables of Jesus in Matthew 13: A Study in Redaction-Criticism*. St. Louis, Misuri, EE.UU.: Clayton Publishing House.

Kingsbury, J. D. (1986). *Matthew as Story*. 2nd. ed. Filadelfia, Pensilvania, EE.UU.: *Fortress Press*.

Kingsbury, J. D. (1987). 'The Place, Structure, and Meaning of the Sermon on the Mount within Matthew'. *Interpretation 41, 2:131–43*.

Ladd, G. E. (1974). *A Theology of the New Testament*. Grand Rapids, Míchigan, EE.UU.: *Eerdmans*.

Latapí Sarré, P. (1992). 'Tuvimos éxito'. En *México y los cambios de nuestro tiempo: coloquio de invierno*, Vol. 3. México: UNAM, CONACULTA, FCE.

Levine, A.-J. (1992). 'Matthew'. En C. Newsome y S. H. Ringe, eds., *The Women's Bible Commentary*. Louisville, Kentucky, EE.UU.: Westminster/John Knox.

Levine, A.-J. ed. (2001). *A Feminist Companion to Matthew*. Sheffield: Sheffield Academic Press.

Lohfink, G. (2000). *La iglesia que Jesús quería: dimensión comunitaria de la fe cristiana*. 4a. ed. Bilbao, España: Descleé de Brouwer.

Míguez Bonino, J. (1977). *La fe en busca de eficacia*. Salamanca: Ediciones Sígueme.

Neusner, J (1973). *From Politics to Piety: The Emergence of Pharisaic Judaism*. Englewoods Cliffs, Nueva Jersey, EE.UU.: Prentice-Hall Inc.

Overman, J. A. (1990). *Matthew's Gospel and Formative Judaism: The Social World of the Matthean Community*. Minneapolis, Minnesota, EE.UU.: Fortress Press.

Páez, F., (s.f.). *Yo vengo a ofrecer mi corazón* (canción-poema).

Recker, R. (sf). *Matthew 28:18-20 interpreted from the point of view of the apostolate*. Photocopied.

Recker, R. (1997). 'El evangelio de Mateo: La Iglesia de Jesús, utopía de una Iglesia nueva': *Revista de Interpretación Bíblica Latinoamericana*, 27. San José, Costa Rica: DEI.

Richter Reimer, I. (1997) 'No temáis…id a ver…y anunciad', *Mujeres en el Evangelio de Mateo. Revista de Interpretación Bíblica Latinoamericana*, 27:145-161.

Sánchez Cetina, E. (1995). 'La misión de Israel a las naciones', en la *Consultation on Biblical Perspectives on Mission*, organizado por la FTL. México, D.F., fotocopiado.

Shaheen, J. G. (2001). *Reel Bad Arabs: How Hollywood Vilifies a People*. Massachusetts: Olive Branch Press .

Snodgrass, K. R. (1992). 'Matthew's Understanding of the Law'. *Interpretation 46*, 4:368-78.

Stassen, G. H. (1992). 'Grace and Deliverance in the Sermon on the Mount'. *Review and Expositor 89:229-243*.

Stuhlmueller, C. y Senior, D. (1985). *Biblia y misión: fundamentos bíblicos de la misión*. Estella, España: Editorial Verbo Divino.

Trilling, W. (1974). *El verdadero Israel: estudio de la teología de Mateo*. Madrid: Ediciones FAX.

Wainwright, E. M. (1991). *Towards a Feminist Critical Reading of the Gospel According to Matthew*. Nueva York: De Gruiter.

Wainwright, E. M. (1998). *Shall We Look for Another? A Feminist Rereading of the Matthean Jesus*. Maryknoll, Nueva York, EE.UU.: Orbis Books.

Wainwright, E. M. (2001). 'Not Without my Daughter', en *A Feminist Companion to Matthew*. Ed. Por Amy-Jill Levine. Sheffield: Sheffield Academic Press.

3

¿Qué es la teología de la misión?

Carlos Van Engen

Durante la segunda mitad del siglo xx, la teología de la misión ocupó el asiento trasero de la práctica de la misión, la cual, después de las dos guerras mundiales y particularmente en los años de los 1960, ha tomado mucho prestado de las ciencias sociales: sociología, antropología, lingüística, economía, política, estadística, sociología de la religión y demás. Las agendas misiológicas que han dominado la escena desde los primeros años de la década de los 1960, ya sean las católicas-romanas, ortodoxas, protestantes históricas, protestantes conservadoras, pentecostales o carismáticas, todas han tratado principalmente con la estrategia y práctica de la misión. Sin importar la tradición teológica, la misiología se preocupó por una multitud de cuestiones y agendas activistas, como el rol de la iglesia (su clero, estructuras y miembros) en la empresa misionera, el accionar relevante a lo económico y sociopolítico, la liberación, la evangelización, el crecimiento de la iglesia, el asistencialismo y el desarrollo, las traducciones de la Biblia, la educación teológica, la asociación entre misión e iglesia, el compartir recursos entre las iglesias, el diálogo con personas de otras religiones y la relación entre fe y cultura. Desafortunadamente, en medio de un activismo global como este, rara vez se preguntaba acerca de las cuestiones más profundas de la teología de la misión. Durante los últimos veinte años, esto ha comenzado a cambiar, y los integrantes de todas las franjas teológicas en misión en el día de hoy, están volviendo a examinar las presuposiciones teológicas subyacentes en la empresa misionera.

Durante el siglo pasado, algunos pensadores cristianos han examinado de nuevo las presuposiciones que forman el fundamento teórico y teológico de la misión de la iglesia. Se conoce como teología de la misión la disciplina que ha venido aprendiendo cómo pensar en forma bíblica, teológica, filosófica y misiológica acerca de estas presuposiciones. En este capítulo intento describir lo que es la teología de la misión y subsecuentemente examinar siete características de la teología de la misión que es multidisciplinaria, integradora, bíblica, praxiológica, definicional, analítica y veraz.

Introducción

Antes de la década de los 60's, un número prominente de pensadores importantes influyeron la reflexión teológica acerca de la práctica misionera de las iglesias y misiones cristianas. Estos incluyeron pensadores como los siguientes: Gisbertus Voetius (1589–1676), Gustaf Warneck (1834–1910), Martin Kähler (1835–1912), José Schmidlin (1876–1944), Carlos Barth (1886–1968), Carlos Hartenstein (1894–1952), Helena Barrett Montgomery (1861–1934), Rolando Allen (1868–1947), Hendrik Kraemer (1888–1965), Johan H. Bavinck (1895–1964), Walter Freytag (1899–1959), W.A. Visser t' Hooft (1900–1985), Max Warren (1904–1977), Bengt Sundkler (1910–1964), Carl Henry (1913–2003), Harold Lindsell (1913–1998), y John Stott (1921-). No obstante, si procuramos ver la teología de la misión como una disciplina separada, con sus elementos, metodología, eruditos y enfoques propios, descubrimos que la teología de la misión como tal realmente recién comenzó a principios de los años 60's, mediante la obra de Gerald Anderson. En 1961, Anderson editó *The Theology of the Christian Mission*, una colección de ensayos, que yo considero como el primer texto de la disciplina.

Diez años después, en *The Concise Dictionary of the Christian Mission* (Neill, *et ál.*, 1971), Gerald Anderson escribió que la teología de la misión, 'tiene que ver con las presuposiciones básicas y principios fundamentales que determinan, desde el punto de vista de la fe cristiana, las motivaciones, el mensaje, los métodos, las estrategias y las metas de la misión cristiana mundial'. Anderson considera que hay:

> tres puntos de importancia especial para entender la teología de la misión contemporánea: El fundamento: la fuente de la misión es el Dios trino quien en sí mismo es un misionero ... El enfoque: en esta época de la historia de la iglesia después de Constantino, ya no se entiende la misión como un esfuerzo por extender la cristiandad, sino como 'el testimonio común de toda la iglesia que lleva todo el evangelio a todo el mundo'.

Anderson atribuye esta frase a la reunión de la Comisión de Misión Mundial y Evangelismo del Consejo Mundial de Iglesias (CMME-CMI) que se llevó a cabo en la Ciudad de México en 1963.[16] 'La obra: la evangelización

---

[16] Véase Orchard (1964, p. 175). Veintiséis años después, en la reunión de Lausana II en Manila, Filipinas, en 1989, los protestantes más conservadores utilizarían la misma frase como lema.

es humanización ... Por medio del testimonio y el servicio a los seres humanos, apoyándoles en sus luchas por la justicia, la paz y la dignidad, cristianos participan en la misión de Dios de restaurar hombres y mujeres a su verdadera naturaleza como Dios lo desea' (G. H. Anderson, 1971, p. 594, traducido al español por cve[17]).

Pablo Deiros define la teología de la misión como,

> La aplicación práctica de la Biblia y la reflexión cristiana sobre la orden de Dios a su pueblo de ser mensajeros del evangelio a todas las naciones. La misión es la respuesta cristiana al mandato de un Dios que ama y envía. La misión pertenece a Dios, pues es él quien siempre toma la iniciativa. En la Biblia, el Dios que envía y redime demanda una respuesta del ser humano en términos del cumplimiento de una misión (Is. 6.1–8; Jn. 20.21–23). De este modo, la misión es la respuesta de la comunidad cristiana al evangelio (1997, p. 411).

La teología de la misión se constituye simultáneamente de acción-en-reflexión misiológica y en reflexión en-acción teológica. En 2007 InterVarsity Press publicó lo que creo ser el primer *Diccionario de la teología de la misión*. Corrie explica el propósito del diccionario, diciendo,

> En los últimos años se ha venido reconociendo la naturaleza integradora de la relación entre la teología y la misión ... Se comienza a entender que no se debe ver la misiología sencillamente como una extensión de la investigación teológica fragmentada en el curriculum y añadida al lado de la teología bíblica, la hermenéutica, la eclesiología, etc. Más bien, es necesario ver que toda la teología es intrínsicamente misiológica porque concierne al Dios de la misión y a la misión de Dios. Esto significa que todas las categorías teológicas son en sí misiológicas y todas las categorías misiológicas son profundamente teológicas (Corrie, 2007, p. xv, traducido por cve).

'La teología de la misión, escribe Andrés Kirk, tiene la labor de mantener bajo escrutinio y examinar las mejores prácticas de todas la áreas de obediencia misionera' (1999, p. 21, traducido por cve).

Samuel Escobar define la misiología como sigue:

> Yo defino la misiología como una forma multidisciplinaria de entender la acción misionera. Estudia los datos misioneros desde una perspectiva de las ciencias bíblicas, la teología, la historia y las ciencias sociales. Busca ser sistemática y crítica, pero comienza desde una postura positiva en cuanto a la legitimidad de la obra misionera

---

[17] Nota del traductor: todas las citas de autores publicados en inglés han sido traducidas por Norma C. Deiros, salvo algunas pocas obras que han sido publicadas en español y algunas traducciones hechas por cve, anotadas al respecto.

cristiana como parte de la razón de ser de la iglesia. Un acercamiento misiológico ofrece al observador un marco comprensivo de referencia para poder ver la realidad en forma crítica. La misiología es reflexión crítica sobre la praxis a la luz de la Palabra de Dios (Escobar, 2001, p. 145, traducido por CVE).

La teología de la misión es multidisciplinaria

La teología de la misión se complica porque su objeto de estudio y reflexión abarca todo el campo de la misiología, mismo que es multi- e interdisciplinario. Para mayor brevedad, en esta sección ofreceré una serie de cortas afirmaciones con el propósito de describir cómo la teología de la misión se interrelaciona con la misiología como una disciplina multidisciplinaria.

1. La misiología es un conjunto unido. La misiología es una disciplina en sí, centrada en Jesucristo y su misión. Al unirse a la misión de Jesucristo, la iglesia participa en la misión de Dios en el mundo creado por Dios, en el poder de Espíritu Santo.

2. Aunque la misiología es una disciplina unida, es también una disciplina multidisciplinaria. La misiología utiliza muchas pericias, disciplinas asociadas y conjuntos de literatura para estudiar y entender la misión de Dios. Larga es la lista de las sub disciplinas que la misiología utiliza para describir, analizar, entender y prescribir la naturaleza compleja de la misión. La misiología busca entender las intenciones de Dios en la misión, examinar las teorías históricas y prácticas de la participación de la iglesia en la misión de Dios, y utilizar todas las ciencias sociales a su disposición para entender los contextos en los cuales acontece la misión de la iglesia. Para lograr dicha comprensión, la misiología también presta las pericias de las áreas tradicionales de los estudios teológicos como son las investigaciones bíblicas, la teología sistemática, la historia de la iglesia, la historia de la dogmática, y la teología práctica del ministerio.

Ángel Santos, por ejemplo, cita la obra de Josef Schmidlin, misiólogo católico-romano que escribió *Einführung in die Missionswissenschaft* a principios del siglo XX, obra compuesta de cinco capítulos mayores que tocaban los siguientes temas: 'El fundamento de las misiones, el sujeto de las mismas, su objeto propio, la cooperación misional, y los medios necesarios para su pleno funcionamiento'. Santos continúa,

> [Schmidlin] define la misionología, o la teoría misional (*Missionslehre*), como la investigación científica y el establecimiento de determinados principios y reglas que dirigen la labor de la difusión de la fe, y quiere dar una respuesta adecuada a estas cuatro preguntas: por qué, dónde, cómo, y por quién han de emprenderse las misiones. En estas cuatro cuestiones queda incluido todo el desarrollo integral de su obra, y son las que manifiestan su propia teoría, que tiene el valor especial de ser la primera en el tiempo, dentro de la misionología católica (1991, p. 25).

3. La teología de la misión nos ayuda a aclarar nuestra proximidad o distancia del Centro, Jesucristo, examinando si hay un punto más allá del cual las pericias o conocimientos de las subdisciplinas ya no apoyan la misión de Dios por no estar acordes sus presuposiciones, prejuicios o perspectivas con las enseñanzas de la Biblia.

4. La teología de la misión nos ayuda a interrelacionar quienes somos con lo que sabemos y lo que hacemos en nuestras actividades misioneras. Nos ayuda a relacionar nuestra fe en Jesucristo con la presencia de Dios, la reflexión teológica de la iglesia a través de los siglos, una constante relectura nueva de las Escrituras, la hermenéutica de nuestros contextos, y la forma en que entendemos el propósito y significado de la iglesia en relación a la misiología.

5. La teología de la misión nos ofrece un movimiento continuo entre el centro y la periferia de los límites de las subdisciplinas de la misiología, un movimiento que constantemente busca la integración de un entendimiento más profundo que enriquece tanto las diversas subdisciplinas como también la unidad de la misma misiología.

6. La teología de la misión cuestiona, clarifica, integra y amplía las presuposiciones de las diversas subdisciplinas de la misiología. Como tal, la teología de la misión misma es una subdisciplina que cumple su función al interrelacionarse con todas las demás.

La teología de la misión es integradora

La teología de la misión busca la interrelación de cuatro esferas o ámbitos de información que informan al teólogo de la misión: la Biblia, la iglesia, el contexto y el peregrinaje personal de los agentes humanos de la misión de Dios. Durante las pasadas tres décadas ha habido un consenso significativo en la teología de la misión en cuanto a la necesidad de buscar una integración de tres de estas esferas dentro de una unidad dinámica: *la Palabra* (la primacía de la Biblia en toda teología de la misión); *la iglesia* (el agente primordial de la misión de Dios en el mundo es la iglesia); y *el mundo* (el impacto de la cultura, de fuerzas socioeconómicas, de las realidades políticas y de todas las demás esferas de la vida humana en la realidad de un contexto definido). Algunos denominarían esta integración como la interacción de texto, contexto y comunidad de fe. La naturaleza tripartita de la misiología no es algo original mío. Un número significativo de pensadores y teólogos de la misión han sugerido este conjunto tripartito de palabra, contexto e iglesia como una estructura básica de la misiología. Estos incluyen, por ejemplo, Eugene Nida (1960), José Míguez Bonino (1975), Shoki Coe (1976), Harvie Conn (1978, 1984, 1993a, 1993b), Arthur Glasser (1979), Charles Kraft (1979, 1983), Kraft y T. Wisley (1979), Paul Hiebert (1978, 1987, 1993), B. Fleming (1980), Robert Coote y John Stott (1980), Robert Schreiter (1985), Mark Lau Branson y C. René Padilla (1986), Alan R. Tippett (1987), L. Luzbetak (1988), R. Daniel Shaw (1988),

Dean Gilliland (1989), Robert Hesselgrave y E. Rommen (1989), Lamin Sanneh (1989), William Dyrness (1990), Charles Van Engen (1991), Stephen Bevans (1992), y D. R. Jacobs (1993).

Recién comencé a entender que me faltaba incluir una cuarta esfera o área que es importante para construir una teología de la misión más completa. Yo había descuidado la esfera del peregrinaje personal de quienes son los agentes humanos que Dios usa en su misión. Cuando comencé a desarrollar todas las cuatro áreas en la construcción de mi teología de misión escuché varios comentarios de mis estudiantes procedentes de una tradición wesleyana diciendo que las cuatro esferas parecían muy similares a lo que se conoce como el cuadrilátero wesleyano, con el 'contexto' tomando el lugar en el cuadrilátero del énfasis wesleyano sobre la 'razón'. Así que una perspectiva de la teología de la misión construida de las cuatro esferas incluye lo siguiente: (1) la Biblia como el texto exclusivo de la fuente de nuestro conocimiento de la misión de Dios; (2) la reflexión teológica y misiológica de la iglesia acerca de la misión de Dios a lo largo de la historia; (3) el peregrinaje personal, espiritual y experimental de los agentes humanos de la misión de Dios y (4) el contexto sociocultural como el escenario donde ocurre el drama de la misión de Dios. (Véase Figura 1 que sigue.) Cada ámbito representa una esfera diferente de conocimiento, influencia, investigación, datos, y de relaciones de aprendizaje. El traslape de dos o tres esferas representa un incremento en el nivel de integración y continuidad entre ellos. Se puede percibir conflicto o desacuerdo entre diversas perspectivas de la misión de Dios al ver que las diferentes esferas se contradicen o no se relacionan entre sí. En los párrafos siguientes se ofrece un breve bosquejo del contenido de cada una de las cuatro esferas de conocimiento.

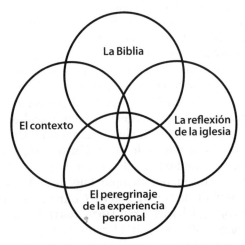

Fig. 1: Integración de las cuatro esferas de la teología de la misión.

La Biblia

El proceso del quehacer teológico en la misiología se basa primordial y fundamentalmente en la Biblia que es el manual por excelencia que nos enseña lo que es la misión de Dios. La Biblia nos cuenta las múltiples formas en que Dios irrumpe en la historia humana. La Biblia nos informa de la missio Dei y nos provee ejemplos y perspectivas misiológicas de la forma en que hemos de participar en la misión de Jesucristo como sus discípulos y seguidores en el poder del Espíritu Santo. La Biblia informa, forma, critica y transforma las otras tres esferas de la teología de la misión.[18] Samuel Escobar cita a David Bosch diciendo: 'Nuestro punto de partida no debería ser la empresa misionera contemporánea que buscamos justificar, sino el sentido bíblico de lo que significa el ser enviados al mundo' (Escobar, 1998, p. 308, citando Bosch, 1993, p. 177).

Por vía de ejemplo, pudiéramos señalar el excelente estudio misiológico del Antiguo Testamento que Emilio Nuñez escribió en preparación para el segundo congreso de COMIBAM celebrado en México en 1997. En cuanto a esa obra, Nuñez explicó lo siguiente:

> El énfasis de este libro cae sobre lo que el Antiguo Testamento dice sobre la universalidad del propósito salvífico de Dios, sobre la naturaleza integral de la salvación, y sobre la responsabilidad misionera del pueblo que el Señor escogió para que fuera instrumento de bendición a todas las naciones de la tierra … La reflexión sobre las enseñanzas misionológicas del Antiguo Testamento nos deja instruidos tocante a la universalidad del propósito salvífico de Dios; motivados por la apertura misionera del Antiguo Testamento hacia los pueblos no israelitas; convencidos en cuanto a la totalidad de la misión; preparados para entrar con gran expectativa en el estudio del Nuevo Testamento, y renovados en la esperanza de las mejores cosas que en cumplimiento de sus promesas el Señor hará en la iglesia y en el mundo, en la historia y más allá de la historia, hasta el día cuando Él creará nuevos cielos y una nueva tierra donde morará para siempre la justicia (1997, pp. 14, 317).

La reflexión de la iglesia

La reflexión de la iglesia ofrece las lentes (el acercamiento hermenéutico) que se utilizan para entender la Biblia, la teología y la misión de la iglesia a lo largo de la historia. La historia de la dogmática y la teología sistemática son ejemplos de la forma en que occidente ha entendido las Escrituras y la misión de la iglesia desde una perspectiva particular basada en presuposiciones y metodologías de occidente. Iglesias y cristianos en el mundo

---

[18] Vea, por ejemplo, D. Bosch (1993), C. Van Engen (1996, pp. 35–43), y C. René Padilla, ed. (1998.).

mayoritario de África, Asia y América Latina siguen examinando en forma crítica la teología recibida de occidente, estudiando las formas en que esa teología coincide o no con la realidad del mundo mayoritario y la forma en que esa teología puede impactar o no su apreciación de la misión de Dios en sus contextos. Esta esfera incluye la historia de la reflexión de la iglesia sobre la misión y la historia de los congresos, concilios y encuentros misiológicos que han buscado expresar e influir las formas en que la iglesia entiende la misión de Dios.

Así que uno encuentra un número importante de eruditos que tratan de resumir la historia de la teología de la misión.[19] A los teólogos de la misión les interesa estudiar el efecto que la teología de la misión ha tenido en las diversas obras misioneras en contextos particulares. Examinan las declaraciones hechas en congresos y concilios de la iglesia (entre, por ejemplo, los católico-romanos, ortodoxos, ecuménicos, protestantes conservadores, pentecostales y carismáticos) e investigan el efecto que dichas declaraciones han tenido en la acción misionera de esas iglesias u organizaciones misioneras. Los documentos producidos en esas discusiones forman parte de la subdisciplina de la teología de la misión.

El peregrinaje de la experiencia personal

Al acercarse a la Biblia y examinar la historia de la misión de Dios, cada persona trae sus propios prejuicios culturales y personales, tanto aspectos fuertes como también débiles. La misión de Dios siempre toma forma concreta por medio de la vida de personas específicas y únicas en su conjunto de peregrinaje, pericias, experiencias, personalidad, dones y habilidades. Tales características o lentes etno-hermenéuticas afectan la forma en que cada persona lee las Escrituras, entiende la misión de Dios, y participa en la misión de la iglesia en su contexto particular. Las características únicas de cada agente de misión afectan las formas en que la misión de Dios se encarna por medio de la vida de cada persona. Se percibe y se entiende la Biblia, la iglesia, el contexto, y la *missio Dei* por medio de los lentes etno-hermenéuticas, existenciales y experimentales de cada agente de la misión de Dios. Cada uno de ellos representa una mezcla única de sus dones espirituales, sus habilidades naturales, sus experiencias, su conocimiento y su personalidad. La misión de Dios, entonces, se encarna por medio de personas especialmente escogidas y llamadas, en formas únicas que no pueden ni deben ser repetidas ni copiadas (Ro. 12; Ef. 4; 1 Co. 12). Dios hace su misión por medio de cada persona en una forma tal que no lo hacía por medio de nadie más. La literatura extensa sobre la espiritualidad como también acerca del liderazgo-en-misión que se ha producido durante los pasadas treinta años contribuye también a nuestro conocimiento de

---

[19] Vea, por ejemplo, Rodger Bassham (1979), David Bosch (1980, 1991), James Scherer (1987, 1993a, 1993b), Arthur Glasser (1985), Ángel Santos (1991), y James Stamoolis (1987).

esta esfera. En la Biblia solo hay un Abraham, una Sara, un José, un Moisés, una Miriam, un Josué, una Rut, un David, una Esther, un Daniel, una María madre de Jesús, un Pablo, y una Priscila.

El contexto

Cada contexto afecta la forma en que entendemos la misión y moldea cómo vemos el proceso de hacer teología de la misión en situaciones particulares. El concepto de misión y el proceso del quehacer teológico en misión necesitan ser contextualmente apropiados para cada contexto. Así que se necesita utilizar y aplicar toda herramienta relevante de las ciencias sociales para construir una teología de la misión que sea apropiada a, y encarnada en, cada contexto en particular. Toda teología y toda teología de la misión es teología local y no hay que subestimar el impacto del contexto en la construcción de la teología de la misión (Schreiter, 1985).

La integración de las cuatro esferas

En la acción misionera todas las diversas disciplinas ocurren simultáneamente. Así que los teólogos de la misión necesitan estudiar la misión no desde una perspectiva abstracta o fragmentada sino desde una visión integradora que busca ver la misión como una unidad mientras que también se considera la contribución especial de cada una de las cuatro esferas de la misiología.

Las cuatro esferas se unifican en la centralidad de Jesucristo. La misión acerca de la cual pensamos teológicamente es la misión de Dios; no pertenece a la iglesia. La iglesia no la controla ni la determina. Ni cristianos ni organizaciones cristianas no deciden lo que será la misión. La misión de Dios se da especialmente en Jesús el Cristo. Jesucristo es, entonces, el centro, el meollo, el eje de las cuatro esferas de una teología de la misión contextualmente apropiada. La misión de la iglesia es la misión de Jesucristo. Los discípulos de Cristo participan en la *missio Christi*. En el poder del Espíritu Santo, la cristología determina la autoridad, el mandato, los métodos y las metas de la misión de los seguidores de Cristo. Jesús les dijo a sus discípulos: 'Como me envió el Padre, así también yo os envío' (Jn. 20:21 Reina Valera 1960; véase Jn. 17:18).

Dada la complejidad multidisciplinaria de la teología de la misión, los teólogos de la misión han aprendido a enfocar su pensamiento en una idea específica integradora en un contexto particular en un determinado momento. La idea integradora sirve como un eje o una lente por medio del cual el teólogo de la misión puede hacer una relectura de las Escrituras, un análisis del pensamiento de la iglesia, una nueva apreciación de las personas como agentes de la misión de Dios, en relación a los asuntos específicos contextuales en un momento y un lugar particulares. Se selecciona esa idea integradora por ser contextualmente apropiada y significativa, bíblicamente relevante y fructífera, y misiológicamente activista y transformadora. Esta idea integradora sirve para enfocar el conocimiento del teólogo de la misión en Jesucristo como el único centro de la acción y reflexión de la misión, pero también se aplica en tal forma que interrelaciona el pensamiento del teólogo de la misión con las cuatro esferas de la misiología. La idea integradora expresa el paradigma que conecta las cuatro esferas y las combina en un concepto de la misión que es coherente y consistente, apropiado para un contexto específico en un momento particular.

En 1987, la Asociación de Profesores de la Misión discutieron qué es la misiología y cómo pensar teológicamente acerca de la misión. En esa reunión se dijo que:

> La manera en que el teólogo de la misión hace su reflexión bíblica y teológica es distinta a la labor del erudito bíblico o el teólogo sistemático … El teólogo de la misión busca el 'habitus', o sea, la manera de percibir, la forma de unir el conocimiento intelectual con la perspicacia y sabiduría espiritual que dirige hacia las señales de la presencia y el movimiento de Dios en la historia … Dicha búsqueda por el 'porqué' de la misión hace que el teólogo de la misión trate de articular el 'centro' integrador esencial de la misión hoy … Cada expresión del 'centro' tiene implicaciones radicales en corregir y formar cada una de las subdisciplinas de las ciencias sociales, el estudio de la religión y la historia de la iglesia. Cada expresión del 'centro' apoya o cuestiona diferentes aspectos de todas las subdisciplinas … Así que el 'centro' provee tanto el contenido como también el proceso teológico de una reflexión cuidadosa sobre la misión de Dios en contextos humanos. Le toca al teólogo de la misión articular y cuidar el 'centro' mientras también busca expresar en forma integradora las implicaciones del 'centro' para las otras subdisciplinas (Van Engen, 1987, traducido por CVE).

La teología de la misión nos permite reflexionar acerca del centro, el meollo, el eje que integra nuestra misiología. Diferentes misiólogos han enfatizado distintas ideas integradoras como el eje de su misiología. Ejemplos de dichas ideas integradoras incluyen Gisbertus Voetius (la conversión de los paganos, la plantación de la iglesia, y la gloria de Dios); Guillermo Carey (la gran comisión); los pietistas (la humanidad perdida); la misiología ortodoxa (alabar a Dios); el Concilio del Vaticano II (el Pueblo de Dios); Donald McGavran (hacer discípulos de *panta ta ethne*'); David Bosch (Dios de historia, Dios de compasión, Dios de transformación); Arturo Glasser (el reino de Dios); el Concilio Mundial de Iglesias en su reunión en Uppsala en 1968 (la humanización); junto con conceptos como 'el dolor de Dios', 'la cruz', 'dando testimonio en seis continentes', 'la unidad ecuménica', 'el pacto de la gracia', y 'la liberación'.

La teología de la misión es bíblica

Por su compromiso de permanecer fiel a los propósitos misionales de Dios, la teología de la misión demuestra una preocupación profunda por la relación de la Biblia con la misión, buscando que las Escrituras no solo ofrezcan las motivaciones fundamentales de la misión, sino que también cuestionen, formen, guíen, y evalúen la empresa misionera. Así que uno de los aspectos más básicos de la teología de la misión tiene que ver con la relación de la Biblia con la teoría y práctica de la misión. Inicialmente, uno podría pensar que esto es obvio. No es así. En cada generación, hay una necesidad de reflexionar otra vez sobre la manera en que la iglesia usa o abusa de la comprensión bíblica de la misión.

No es tan fácil, como a veces se cree, desarrollar las perspectivas bíblicas de la misión. Como comentó David Bosch,

> Muy a menudo asumimos superficialmente que podemos usar la Biblia como un árbitro objetivo en casos de diferencias teológicas, sin entender que todos nos acercamos a la Biblia con nuestras propias ideas preconcebidas de lo que dice ... Esto significa que es de poco beneficio discutir los fundamentos bíblicos de la misión sin primero aclarar algunos principios hermenéuticos significativos (1978, p. 33).

Enfatizando el mismo pensamiento, Senior y Stuhlmueller terminan su obra sobre *The Biblical Foundations of Mission* diciendo que ellos no querían insinuar que 'el estilo bíblico de la misión es absolutamente normativo para la misión hoy. No hay una receta bíblica definida para proclamar la Palabra de Dios ... Sin embargo, hay valor en reflexionar sobre los patrones bíblicos de la evangelización' (1983, p. 332).

Sidney Rooy comenta:

> No existe, ni jamás ha existido, una única definición de cuál es la misión de la iglesia, ni tampoco de cuáles son las bases bíblicas de la misión. Si, como David Bosch,[20] definimos la misión como *missio Dei* (la misión de Dios), podemos decir que esta significa la revelación de Dios como él que ama al mundo que ha creado, se preocupa por ese mundo e incorpora a la iglesia como sujeto llamado a participar en el proyecto histórico de establecer el reino de Dios.
> Debe ser claro que nuestro entendimiento de (la) *missio Dei* ha estado sujeto a muchas interpretaciones a lo largo de la historia. No sólo eso: ¡cuántas personas y grupos han argumentado con una certeza dogmática que su propia comprensión era la única correcta! Y, por supuesto, con muchos argumentos bíblicos. A tal pretensión le falta la humildad de reconocer nuestras propias limitaciones humanas y la ambigüedad de la realidad histórica en que vivimos. Por lo tanto,

---

[20] Rooy cita a David Bosch (1991, p. 10).

cada definición y toda comprensión de las bases bíblicas de la misión son tentativas y están sujetas a una nueva evaluación y cambio. En verdad, cada generación tiene que definir la misión de nuevo (1998, pp. 3-4).

En general, se ha examinado la Biblia para ver cómo ella apoya la misión, lo que se ha denominado 'la base bíblica de la misión'.[21] Sin embargo, durante las pasadas dos décadas ha surgido una segunda pregunta de igual importancia: ¿En qué manera una lectura misiológica de la Biblia nos puede ofrecer una nueva comprensión de ella misma que profundiza y amplía nuestra hermenéutica del texto bíblico? Entre los que han explorado una hermenéutica misional de la Biblia se encuentran: Ken Gnanakan (1989), Timothy Carriker (1992), Johannes Nissen (1999), Walter C. Kaiser (2000), Arthur Glasser (2003), Christopher Wright (2003), y James Chukwuma Okoye (2006).

Los eruditos bíblicos y los practicantes de la misión han contribuido a incrementar la distancia entre los estudios bíblicos y la reflexión misiológica, ignorándose unos a otros por demasiado tiempo. Lesslie Newbigin (1986, 1989) ha observado que la preocupación de la cultura occidental por el origen del orden creado y de la civilización humana, ha traído consigo un grado de ceguera para con las cuestiones de propósito, designio e intención. En gran manera, los eruditos bíblicos han seguido este mismo sendero al examinar el texto bíblico. Con notables excepciones, en el análisis que han hecho de las Escrituras pocas veces han formulado las preguntas misiológicas con respecto a las intenciones y el propósito de Dios.

Por otra parte, los practicantes activistas de la misión, han impuesto en forma superficial sus agendas por sobre las Escrituras, o directamente han ignorado la Biblia. Así es que Arthur Glasser demanda una reflexión misiológica más profunda sobre el mensaje bíblico:

> De una manera o de otra, toda la Escritura hace su contribución a nuestra comprensión de la misión ... En nuestros días, los evangélicos están encontrando que la base bíblica para la misión es mucho más amplia y compleja que lo que parece haber imaginado cualquier generación anterior de misiólogos ... En nuestros días, hay una impaciencia creciente por todos los enfoques individualistas y pragmáticos de la tarea misionera, que surgen de un uso de la Escritura basado en textos de prueba, a pesar de la popularidad que tengan entre la presente generación de activistas evangélicos (1992, pp. 26-27).[22]

---

[21] Vea, por ejemplo, C. René Padilla, ed. (1998).

[22] Vea también Bosch (1980, pp. 42-49), Verkuyl (1978, pp. 89-100), y Scherer (1987, p. 243).

Johannes Verkuyl aboga por un cambio similar en el enfoque hermenéutico:

En el pasado, el método usual era extraer una serie de textos de prueba del Antiguo y del Nuevo Testamento, y luego considerar que la tarea se había logrado. Pero más recientemente, los eruditos bíblicos nos han enseñado la importancia de leer estos textos en su contexto y a darle debida atención a varios matices ... Uno debe considerar la estructura misma de todo el mensaje bíblico (1978, p. 90).[23]

Los contornos básicos de una hermenéutica más amplia fueron explorados hace más de 40 años atrás en la parte primera de *The Theology of the Christian Mission (Teología de la misión cristiana)*, editada por Gerald Anderson (1961, pp. 17–94). Aquí, G. Ernest Wright, Johannes Blauw, Oscar Cullmann, Karl Barth, Donald Miller y F. N. Davey estudiaron un vasto espectro de material bíblico, derivando de la Biblia lo que debiera ser la misión de la iglesia.[24] Alrededor del mismo tiempo, la reflexión misiológica del Concilio Vaticano II sobre el papel de la Escritura (e. g., en *Lumen gentium* y *Ad gentes divinitus*) siguió de cerca este modelo (Flannery, 1975, pp. 350–440, 813–862). Encíclicas papales subsiguientes como *Evangelii nuntiandi* y *Redemptoris missio* han apelado a la Escritura, aunque tal apelación por momentos ha parecido ser una lectura de textos de prueba para apuntalar agendas eclesiásticas predeterminadas (Bevans, 1993). De modo que, durante varias décadas, ha ido surgiendo un consenso global significativo con respecto a la Biblia y la misión. David Bosch explica este fenómeno:

Nuestra conclusión es que tanto el Antiguo como el Nuevo Testamento están impregnados con la idea de la misión ... [Pero] no todo lo que llamamos misión es en realidad misión ... Es la tentación perenne de la iglesia, llegar a ser un club de folklore religioso ... El único remedio para este peligro mortal yace en desafiarse permanentemente a sí misma con el verdadero fundamento bíblico de la misión (1978, pp. 44–45).[25]

Es claro que los misiólogos necesitan un método hermenéutico que les permita tratar toda la Escritura como una unidad diversa. No podemos

---

[23] Verkuyl señala dos obras como ejemplos de este enfoque: J. Blauw (1962) y De Groot (1966). Podríamos agregar a Boer (1961), Berkhof y Potter (1964), Vicedom (1965), Sundkler (1965), De Ridder (1975), Stott (1975), Bosch (1980, pp. 42–49), Senior y Stuhlmueller (1983), Conn (1984), Gilliland (1983), Padilla (1980, 1985), Glasser (1992), y R. Anderson (1991).

[24] El acercamiento a la Biblia que ellos hacen representa un paso adelante con respecto a intentos anteriores de darle una 'base bíblica' a la misión, como el de Robert Glover (1946) y el de H. H. Rowley (1955).

[25] Vea Christopher Wright (2003).

tener misión sin Biblia, ni podemos entender la Biblia aparte de la misión de Dios. La *missio Dei* es la misión de Dios. Aun así, la *missio Dei* ocurre en lugares y tiempos específicos dentro de nuestros contextos. Su contenido, validez y significado se derivan de la Escritura, aunque su acción, significación y poder transformador ocurren en nuestro medio. Incluso cuando afirmamos que tomamos en serio toda la Escritura, todavía necesitamos una manera de relacionar los numerosos contextos de la Biblia con el aquí y el ahora de nuestra empresa misionera de hoy. En lo que sigue se hará un repaso de cuatro sugerencias conocidas de cómo puede hacerse la conexión, y luego se introducirá una quinta para la consideración del lector.

Desde arriba

Uno de los nexos más comunes entre la Biblia y la misión involucra una 'teología desde arriba'. En la misión católica-romana al igual que en la misión de las denominaciones protestantes más antiguas, esto ha implicado el uso de la tradición de la iglesia como eslabón. La iglesia interpreta las Escrituras y a través de su autoridad para enseñar o de sus estructuras denominacionales de misión, deriva su acción misional de lo que ve en la Biblia. La extensión de la iglesia institucional y sus agendas llegan a ser el corazón de la misión.

Pero hay un segundo método que cae dentro de la categoría de la misión 'desde arriba'. Este implica ver la Biblia como una fuente de mandatos para la misión. Guillermo Carey fue un campeón de este método, al ver a la gran comisión de Mateo 28:18–20 como el nexo básico. Este tipo imperativo de respaldo bíblico es común en la misiología protestante conservadora, y especialmente en la teoría de iglecrecimiento, tal como fuera popularizada por la apelación incansable de Donald McGavran al pasaje de Mateo 28.18–20.

El problema básico con ambos acercamientos es que a las Escrituras mismas no les está permitido interactuar con los contextos presentes de nuestra misión. Están mediadas, reducidas y filtradas ya sea por las agendas de la iglesia institucional, como por la apelación que hacen los que interpretan los mandamientos para crear sentidos de culpa en el pueblo cristiano. Curiosamente, este abordaje hace que los protestantes que defenderían ávidamente un evangelio de gracia caigan en el pozo del legalismo, cuando se trata de la misión. Cuando interponemos la tradición de la iglesia o el mandato misional entre la Biblia y el contexto de nuestra misión, reducimos el impacto que la Escritura puede tener para transformar la manera en que entendemos, ejercitamos y evaluamos nuestra acción misional.

Desde abajo

Después de la Segunda Guerra Mundial, muchas iglesias y misiones protestantes, especialmente las asociadas al Consejo Mundial de Iglesias, comenzaron a preocuparse por asuntos de la relevancia del evangelio para el mundo contemporáneo. Aunque esta sea meritoria de muchas maneras, la hermenéutica de la relevancia empujó a gran parte de la reflexión sobre la misión hacia una perspectiva casi puramente 'desde abajo'. Esta hermenéutica, la cual ha dominado al Consejo Mundial de Iglesias, por ejemplo, impulsó un fuerte énfasis sobre 'actos de fidelidad' en el encuentro de la Comisión de Misión Mundial y Evangelismo (CMME) llevado a cabo en San Antonio, en 1989. El punto de partida no es la Biblia, sino más bien las agendas contextuales particulares.[26] Una vez que estas agendas se han determinado, se busca en la Biblia casos a modo de ejemplos y textos de prueba útiles para ilustrar y validar el curso de acción predeterminado.

Pero los protestantes conservadores no debieran juzgar el enfoque ecuménico con demasiada dureza. Cuando los evangélicos conservadores necesitan encontrar una justificación, por ejemplo, por las actividades misioneras relacionadas con el desarrollo, la salud, la plantación de iglesias, la educación o con los ministerios urbanos, invariablemente escarban las páginas de la Biblia para encontrar casos ilustrativos (algunas veces textos diminutos elegidos al azar de manera literal y biblicista), para legitimar sus agendas ya determinadas.

Mientras que el lado positivo de este acercamiento es su compromiso contextual, la cara opuesta es su pérdida de la normatividad de la Escritura. A la Biblia no le está permitido criticar las hipótesis, motivaciones o corrección de la acción misma. Solo se usa como una justificación para lo que ya se ha predeterminado. Esta misión no es la de Dios. Pertenece a los practicantes. El texto se usa principalmente como justificación de la actividad.

El círculo hermenéutico de la teología de la liberación

La idea del 'círculo hermenéutico' ha estado dando vueltas desde los comienzos del siglo XIX y con frecuencia se asocia tanto con Friedrich Schleiermacher como con Wilhelm Dilthey, Edmund Husserl, Martin Heidegger, Rudolf Bultmann y Hans-Georg Gadamer.[27] Pero los teólogos de la liberación latinoamericanos han transformado el concepto en una metodología intencional, creativa y revolucionaria.

Quizás la mejor articulación liberacionista del círculo hermenéutico, en un esfuerzo por ligar la Biblia con la misión, fue la de Juan Luis

---

[26] Esta perspectiva también fue dominante en la reunión de la Asociación Internacional de Estudios sobre la Misión, realizada en Hawai en 1992. En parte, la razón fue la fuerte influencia ejercida en el encuentro de parte de misiólogos conciliares provenientes de iglesias protestantes troncales de Europa y de Norteamérica.

[27] Vea Mueller-Vollmer (1989), Muller (1991, pp. 186–214), y Branson y Padilla (1986).

Segundo (1976).[28] Juan Luis Segundo bosquejó cuatro pasos específicos en el proceso del círculo hermenéutico. Primero, experimentamos la realidad, la cual nos conduce a una sospecha ideológica. Segundo, aplicamos esa sospecha ideológica a nuestra comprensión de la realidad en general, y a la Escritura y la teología en particular. Tercero, experimentamos una nueva manera de percibir la realidad, que nos lleva a una sospecha exegética en cuanto a que la interpretación prevaleciente de la Biblia no ha tomado en cuenta partes importantes de la información. Esto nos llama a volver a leer el texto bíblico. Cuarto, desarrollamos una nueva hermenéutica. Es decir, encontramos una nueva manera de interpretar la Escritura con las nuevas percepciones de nuestra realidad que tenemos a nuestra disposición. Esto nos conduce a mirar la realidad una vez más, con lo cual comienza de nuevo el proceso.

A través de su formulación intencional y positiva del círculo hermenéutico y agregando a la ecuación información contextual particular, los teólogos latinoamericanos de la liberación le ofrecen a la misiología una manera muy creativa de ligar a la Biblia con la misión.[29] Pero en parte, debido a lo mucho que toma prestado de la teoría sociopolítica europea y marxista, la teología de la liberación latinoamericana tiende a reducir este nuevo método hermenéutico a estrechas agendas socioeconómicas y políticas.[30] Esto, a su vez, limita la base sobre la cual se lee la Biblia. El método luciría diferente si el análisis de la realidad fuera en sí gobernado por las mismas perspectivas bíblicas.

Hermenéutica crítica a través de paradigmas de misión

Antes de su muerte prematura, David Bosch pudo terminar lo que sería considerada como su *opus magnum*: Misión en transformación. Una de las partes más útiles de la obra monumental de Bosch es la metodología hermenéutica que él ilustra. Bosch afirma:

> No podemos reflexionar con integridad sobre el significado de la misión hoy sin fijarnos en el Jesús del Nuevo Testamento, precisamente porque nuestra misión encuentra su ancla en la persona y ministerio de Jesús … Afirmar esto no implica que la tarea se limita a establecer simplemente el significado de la misión para Jesús y la iglesia primitiva y luego definir nuestra práctica misionera en los mismos términos, como si el problema se resolviera aplicando directamente la Escritura … Debido a brechas tanto históricas como socioculturales entre aquel entonces y ahora, un estudio histórico-crítico puede ayudarnos a

---

[28] Vea también Gutiérrez (1974), Cook (1985), Clodovis Boff (1987), Boff y Boff (1987), Padilla (1985), Branson y Padilla (1986), Escobar (1987), Míguez Bonino (1975), y Haight (1985).

[29] Vea Cook (1985).

[30] Vea Chopp (1986).

comprender en qué consistía la misión para Pablo, Marcos o Juan, pero no nos va a revelar inmediatamente lo concerniente a la misión en nuestra propia situación concreta (2000, p. 40).

Luego, Bosch ofrece un nuevo abordaje del problema, tomando ideas de la teoría de la construcción de paradigmas de Hans Küng y David Tracy (1989), adaptada de la filosofía de la ciencia.[31] La sugerencia de Bosch es reconocer que se ofrecen definiciones autóctonas tanto en el texto bíblico, como en nuestros contextos modernos. Así es que 'un acercamiento adecuado requiere una interacción entre la definición de los autores cristianos de la época y la propia definición del creyente moderno que busca inspiración y guía en aquellos testigos antiguos' (2000, p. 40). Esto, a su vez, nos movería a releer el texto bíblico, incorporando el análisis sociológico más nuevo de la Biblia en sus variados contextos, para luego ir más allá hacia una serie de definiciones propias de misión para los contextos de hoy. Bosch llama a esto una 'hermenéutica crítica':

> Sin embargo, el acercamiento hermenéutico crítico va más allá del ejercicio (por más interesante que sea históricamente) de hacer explícitas las definiciones autóctonas de los primeros cristianos. Busca establecer un diálogo entre aquellas definiciones autóctonas y todas las subsiguientes, incluyendo las nuestras y las de nuestros contemporáneos … A la luz de esto, el desafío para el estudio de la misión se puede describir … como el proceso de relacionar el siempre relevante evento de Jesús de hace veinte siglos con el futuro del reino prometido por Dios, por medio de iniciativas significativas emprendidas aquí y ahora … El punto es que no hay pistas obvias o simplistas a seguir para llegar desde el Nuevo Testamento hasta una práctica misionera contemporánea. La Biblia no funciona en forma tan directa. Puede existir, en cambio, toda una gama de alternativas, en profunda tensión las unas con las otras, pero todas a la vez válidas (2000, pp. 41–42).[32]

Siguiendo este método, Bosch examina lo que él llama los 'paradigmas misioneros' de Mateo, Lucas y Pablo. Bosch no trata de reconciliar los distintos paradigmas de misión que encuentra en el Nuevo Testamento. Aunque demuestra la coherencia y consistencia internas de cada paradigma, no muestra ninguna compulsión a demostrar coherencia o consistencia entre los paradigmas. En realidad, parece sentir que la misma amplitud de sus diferencias puede ofrecer nuevos nexos entre los paradigmas del Nuevo Testamento y los otros cinco paradigmas de misión que

---

[31] Vea Barbour (1974), Kuhn (1962, 1977), Lakatos (1978), Toulmin (1972) y Murphy (1990).

[32] El pensamiento de Bosch en términos de la teología de la misión parece repetir lo que Paul Hiebert, desde un perspectiva antropológica, llama 'contextualización crítica'. Vea, e.g., Hiebert (1978, 1987, y 1989).

Bosch descubre a lo largo de la historia de la misión de la iglesia.[33] Al final, Bosch nos provoca al sugerir una cantidad de 'elementos de un nuevo paradigma misionero ecuménico', pero no nos ayuda a construirlo. Así es que necesitamos encontrar una forma de construir nuestra misiología sobre la base del trabajo de Bosch y dar un paso adelante.

La Biblia como un tapiz de la acción de Dios en el mundo

Una manera de construir sobre el método hermenéutico crítico de Bosch es acercarse a la Escritura desde la perspectiva de una cantidad de temas (o conceptos) sobre la acción de Dios en el mundo. En la figura que sigue se presenta en forma gráfica una visión de la Biblia como de un tapiz, con la trama (hilos horizontales) de varios temas y motivos entretejidos en la urdimbre (vertical) de cada contexto histórico. Esto resulta en una perspectiva que involucra simultáneamente visiones 'desde arriba' y 'desde abajo'. Estos temas pueden ser abordados desde arriba porque son la acción de Dios en la historia. El acercamiento también puede ser desde abajo, porque ocurren en medio de la historia humana en los variados contextos de la vida de hombres y mujeres. Tal vez Johannes Verkuyl (1978, pp. 91–96) tenía en mente un enfoque similar cuando sugirió el Motivo Universal, el Motivo de Rescate y Liberación, el Motivo Misionero y el Motivo de Antagonismo, como los conceptos iniciales para comenzar a formular un fundamento bíblico para la misión.

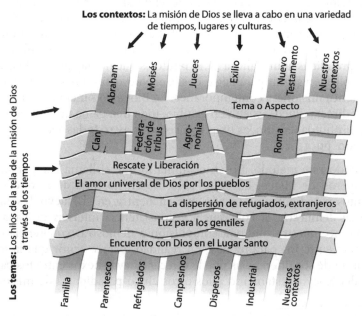

Fig. 2: La Biblia como un tapiz de la acción de Dios en el mundo.

---

[33] Para una crítica amistosa del enfoque de Bosch, ver Du Plessis (1990).

Si examinamos las Escrituras como un tapiz entretejido, podemos percibir la Biblia como un todo unificado y también tratar intencionalmente con la diversidad de la historia y de las culturas de la Biblia (Glasser, 1992, p. 9; Van Engen, 1981, pp. 160–166). Este abordaje no es alegórico ni puramente literalista. No estamos abogando por una sencilla correspondencia uno a uno de la respuesta bíblica a nuestras necesidades sentidas, ni tampoco es estrictamente una cuestión de descubrir una equivalencia dinámica (Kraft, 1979). Más bien, estamos buscando una interrelación íntima del texto con nuevos contextos, a través del vehículo de temas o conceptos integradores particulares, que hacen de puente entre el contexto inicial del texto, con los contextos de la misión de hoy en día. Luego, esto provee una interacción creativa de palabra y acción a través de la historia de la acción misionera de Dios. Tal hermenéutica crítica nos ayuda a evitar la búsqueda de unos pocos textos de prueba o unos trocitos aislados en la Biblia, para apuntalar nuestras agendas misionales. Esta va más allá de la búsqueda de unas pocas palabras clave del evangelio, que se puedan prestar para una reflexión misiológica (Berkhof y Potter, 1964). Y es más amplia y profunda que una serie de mandamientos ajenos a la razón de ser del pueblo de Dios e inapropiados para sus contextos, tanto antiguo como nuevo.

Abordar la Biblia como un tapiz nos llama a tomar seriamente el carácter único de cada contexto bíblico en términos de su historia, sociología, antropología, cultura, junto con las peculiaridades gramaticales de la narrativa textual. Por lo tanto, debemos poder usar todo lo que hasta el momento hemos aprendido de la crítica de fuentes, de la crítica de las formas, de la crítica de redacción, de la crítica histórica, de la crítica retórica y de la crítica canónica (Muller, 1991, pp. 194–196). Pero debemos ir más allá de todo eso para formular la pregunta misiológica acerca de la intención de Dios en términos de la *missio Dei*, tal como ocurre en palabra y hecho en cada contexto particular (Bosch, 2000, p. 38). Este método implica una hermenéutica crítica que intenta descubrir la propia definición especial (Bosch, 2000, p. 41) del pueblo de Dios en un tiempo y lugar particulares, y luego desafía a todas las definiciones propias subsiguientes, incluyendo la nuestra.

R. Daniel Shaw (1988, pp. 31–33) ha demostrado desde la antropología, que los variados contextos en la historia bíblica caen dentro de un 'modelo de tres culturas': de parentesco, campesina e industrial. Así y todo, entretejidos en una conjunción de palabra y acción a lo largo de estos contextos radicalmente diferentes, hay temas y conceptos integradores claramente identificables de la propia definición de Dios en cuanto a la revelación misional a lo largo de la historia humana. Para descubrirlos, debemos analizar con profundidad la información bíblica, para enfocarnos en temas y conceptos integradores específicos que cursan su camino a través del tapiz de la misión de Dios. Por ejemplo, el concepto de la relación del pacto de Dios con su pueblo elegido ('... yo seré su Dios, y ustedes serán mi pueblo,'

Lv. 26.12) es un tema que, aunque siempre el mismo, es radicalmente diferente en cada contexto (Van Engen, 1996).

A modo de ilustración, podríamos mencionar los siguientes temas:

• la misión del remanente fiel;
• la misión a través de la dispersión de refugiados;
• la misión de Dios como un árbol de la vida cuyas hojas sirven para sanar a las naciones;
• el encuentro humano con lo divino;
• la misión y el agua que lava, perdona y refresca;
• la misión y la sanidad integral;
• la misión y los profetas verdaderos (o falsos);
• la misión y el gobierno de Dios sobre todas las naciones;
• la misión y el monoteísmo (versus el politeísmo y el henoteísmo);
• la misión y la riqueza y la pobreza;
• la misión y el extranjero en nuestro medio;
• la misión como luz en la oscuridad, 'una luz a los gentiles';
• la misión y la comida, el comer, la mesa de la comunión;
• la misión como reconciliación, regreso, re-creación.[34]

Al seleccionar ciertos temas derivados tanto del tapiz bíblico como de la cosmovisión del contexto, podemos hacer estrechar nuestra perspectiva más allá de los límites bíblicos. Por otra parte, si creamos una lista demasiado larga de temas aparentemente sin relación entre sí, no podemos lograr una misiología cohesiva ni consistente. Pero no es necesario que surja ninguno de estos dos problemas. Más bien, si podemos descubrir una idea integradora que mantenga la unidad de temas y conceptos, podremos construir una base verdaderamente bíblica de misión para un contexto particular (Van Engen, 1987, pp. 523-525). El concepto de Bosch del Dios misionero de la historia y de la compasión, quien transforma radicalmente a la humanidad, fue para él simplemente una idea central integradora, que permitió que la misiología bíblica de David Bosch causara un gran impacto en el contexto sudafricano (1978, p. 44). Para Johannes Verkuyl y Arturo Glasser, junto con muchos otros, el reino de Dios provee la idea unificadora que integra su misiología. Los conceptos de pacto de la gracia de Dios, o de la gloria de Dios (eg., Stamoolis, 2001; Piper, 1993) también pueden servir como ideas integradoras viables. El punto es que los temas seleccionados, su interacción con el concepto integrador específico que se presenta para unirlos, todo esto en conjunto debe surgir tanto de los contextos bíblicos como del nuevo contexto misionero. Tal como Glasser lo ha dicho: 'Muy deliberadamente, hemos elegido el reino de Dios como el tema diacrónico

---

[34] Para una exploración reciente de este tema en el contexto sudaficano vea Wielenga (1992).

particular más seminal para entender la matizada misión del pueblo de Dios tocando a las naciones' (1992, p. 23).

¡La Biblia y la misión! Que todos los que estamos comprometidos con la reflexión misiológica continuemos explorando nuevos métodos, mediante los cuales podamos preservar la autoridad única de las Escrituras, como nuestra única regla de fe y práctica. Que le permitamos a la Biblia cuestionar, modelar, dirigir y profundizar nuestro compromiso con, y participación constante en, la misión de Dios.

La teología de la misión es praxiológica

La teología de la misión es 'teología *de*' un contexto misional específico. En contraste con mucho de la teología sistemática, aquí se trata de una teología aplicada y local. Debido a su naturaleza de aplicabilidad, la teología de la misión por momentos parece similar a lo que algunos llamarían teología pastoral o práctica. Este tipo de reflexión teológica se enfoca específicamente en un conjunto particular de cuestiones, las que tienen que ver con la misión de la iglesia en su contexto.

La teología de la misión extrae su naturaleza encarnacional del ministerio de Jesús y siempre ocurre en un tiempo y lugar específicos. Dicho análisis contextual incluye el uso misiológico de todas las disciplinas de las ciencias sociales, que nos ayuden a entender el contexto donde ocurre la misión de Dios. Primero, tomamos prestados ideas de la sociología, la antropología, la economía, la urbanología, el estudio de la relación de las iglesias cristianas con otras religiones, la psicología, el estudio de la relación de la iglesia y el estado y de una cantidad de otras disciplinas afines, para comprender el contexto específico en el cual estamos haciendo nuestra reflexión de la teología de la misión. Tal análisis contextual continúa, en segundo lugar, con una comprensión particular del contexto en términos de una hermenéutica del entorno en el cual estamos ministrando. A su vez, en tercer lugar, nos llama a oír los gritos, ver las caras, entender las historias y responder a las necesidades y esperanzas vitales de las personas que son parte integrante de ese contexto.

Historia de la teología de la misión

Una parte de este análisis hoy en día incluye la historia de la manera en que la iglesia y su misión se han relacionado con un contexto particular a lo largo de la historia. Las actitudes, acciones y eventos de la misión de la iglesia que ocurrieron en un contexto dado, antes de nuestra reflexión, colorearán de modos profundos y sorprendentes el presente y el futuro de nuestros propios esfuerzos misionales. Así es que encontraremos algunos eruditos que tratan la historia de la teología de la misión.[35] Mientras que

---

[35] Vea, por ejemplo, Bassham (1979), Bosch (1980), Scherer (1987, 1993a, 1993b), Glasser y McGavran (1983), Glasser (1985), Utuk (1986), Stamoolis (1987) y Van Engen (1990).

estos no están especialmente interesados en las cuestiones teológicas en sí mismas, sí se preocupan por los efectos de la teología de la misión sobre la actividad misionera en un contexto particular. Con frecuencia examinarán los varios pronunciamientos hechos en encuentros eclesiásticos y misioneros (católico-romanos, ortodoxos, ecuménicos, protestantes conservadores, pentecostales y carismáticos) y formularán preguntas, algunas veces polémicas, acerca de los resultados de la acción misional.[36] Los documentos resultantes de estos encuentros llegan a ser parte de la disciplina de la teología de la misión.

En este proceso de reflexión-en-acción praxiológica, la teología de la misión está especialmente orientada hacia y para la misión, por parte de la comunidad de fe. La reflexión más básica en este campo se encuentra en muchos libros, revistas y otras publicaciones que tratan sobre la teoría de la misiología misma.[37] No obstante, ni a la misiología ni a la teología de la misión se les puede permitir restringirse a sí mismas solo a la reflexión. Tal como Johannes Verkuyl lo ha afirmado:

> La misiología nunca puede llegar a ser un sustituto para la acción y la participación. Dios llama a participantes y voluntarios en su misión. En parte, la meta de la misiología es transformarse en una 'estación de servicio' a lo largo del camino. Si el estudio no conduce a la participación, ya sea en casa o afuera, la misiología ha perdido su humilde llamado … Cualquier buena misiología es también una *missiologia viatorum*: 'misiología peregrina' (1978, pp. 6, 18).

Entonces, la teología de la misión eventualmente debe resultar en acción misional que es bíblicamente informada y contextualmente apropiada. Si nuestra teología de la misión no deviene en una acción informada, somos meramente 'como metal que resuena o címbalo que retiñe' (1 Co. 13.1, RV 1960). La conexión íntima de la reflexión con la acción es absolutamente esencial para la misiología. Al mismo tiempo, si nuestra acción misiológica misma no transforma nuestra reflexión, nuestras grandes ideas pueden resultar inútiles y algunas veces incluso destructivas o contraproducentes.

---

[36] Vea, por ejemplo, McGavran (1972a,1972b, 1984), Johnston (1974), Hoekstra (1979), Hedlund (1981) y Hesselgrave (1988). Una de las compilaciones recientes más sútiles de tales documentos es Scherer y Bevans (1992).

[37] Ejemplos de algunos trabajos al alcance inmediato de todos en inglés incluyen Sundkler (1965), J. H. Bavinck (1977), Verkuyl (1978), Bosch (1980, 1991), Padilla (1985), Scherer (1987), Verstraelen (1988), Phillips y Coote (1993) y Van Engen, *et ál.* (1993a). Claramente, la obra más comprehensiva, la cual será considerada fundacional para la misiología en las próximas décadas es Bosch (1991; en español, 2000).

La praxis

Otra manera de relacionar la reflexión con la acción es por medio del proceso conocido como la 'praxis'. Entre las diferentes comprensiones de este proceso,[38] la formulación de Orlando Costas es una de las más constructivas:

La misiología es fundamentalmente un fenómeno praxiológico. Es una reflexión crítica que tiene lugar en la praxis de la misión … [Ocurre] en la situación misionera concreta, como parte de la obediencia misionera de la iglesia a la misión de Dios y su participación en ella, y es en sí misma actualizada en esa situación … Su objeto es siempre el mundo, … hombres y mujeres en sus múltiples situaciones de vida … Con referencia a esta acción de testimonio saturada y conducida por la acción soberana y redentora del Espíritu Santo … se usa el concepto de praxis misionera. La misiología surge como parte de un compromiso de testimonio con el evangelio en las múltiples situaciones de la vida (1976, p. 8).

El concepto de praxis nos ayuda a entender que no solo la reflexión, sino que también la acción en forma profunda, es parte de una teología en el camino que procura descubrir la manera en que la iglesia puede participar en la misión de Dios en el mundo creado y amado por Dios. La acción es teológica en sí misma y sirve para informar a la reflexión, la cual a su vez interpreta, evalúa, critica y proyecta la nueva comprensión en una acción transformada. Así es que el entretejido de la reflexión y la acción, en un peregrinaje constante que sigue un curso en forma de espiral, ofrece una transformación de todos los aspectos de nuestro compromiso misiológico con nuestros múltiples contextos.

Tal como lo ha dicho Johannes Verkuyl, es igualmente cierto que 'si el estudio no conduce a la participación … la misiología ha perdido su humilde llamado' (1978, p. 6). De ahí que encontramos que la teología de la misión es un proceso de reflexión y de acción que involucra un movimiento que va del *texto bíblico* hacia la *comunidad de fe* y se convierte en acción misional en su *contexto*. Al enfocar nuestra atención sobre un tema integrador, descubrimos nuevas percepciones, a medida que releemos las Escrituras desde el punto de vista de una hermenéutica contextual. Luego, estas nuevas percepciones pueden afirmarse y vivirse

---

[38] Vea, e.g., Robert McAfee Brown (1978, pp. 50–51), Vidales (1979, pp. 34–57), Spykman *et ál.* (1988, pp. xiv, 226–231), Schreiter (1985, pp. 17, 91–93), Costas (1976, pp. 8–9), Boff y Boff (1987, pp. 8–9), Scout (1980, pp. xv, Leonardo Boff:1979, 3; Ferm:1986, 15; Padilla:1985, 83; Chopp:1986, 36–37, 115–17, 120–21; Gutiérrez:1984a, 19–32; 1984b, pp. vii–viii, 50–60) y Clodovis Boff (1987, pp. xxi–xxx).

como acciones misionales de la comunidad de fe, bíblicamente informadas y contextualmente apropiadas, dentro de las particularidades del tiempo, la cosmovisión y el espacio de cada contexto en el cual tiene lugar la misión de Dios.

El proceso praxiológico de hacer teología de la misión surgió del deseo alrededor del globo por descubrir nuevas formas de contextualizar el evangelio en distintos contextos culturales. Escribe J. Andrew Kirk:

> La contextualización reconoce la influencia recíproca entre la cultura y la vida socioeconómica. Así que, al relacionar el evangelio con la cultura, la contextualización toma a menudo una postura crítica hacia la cultura. Se busca tomar el concepto de la contextualización muy en serio como una metodología teológica que se deriva de un compromiso ideológico específico de querer transformar las situaciones de injusticia social, marginación política y el abuso de los derechos humanos (1999, p. 91).[39]

El ejemplo de Hechos 15

En Hechos 15, Lucas enfatiza una metodología praxiológica de hacer teología de la misión, en la forma en que él relata la historia de la decisión hecha de parte de los líderes de la iglesia arameo-parlante, en Jerusalén, de permitir que los gentiles seguidores de Jesucristo permaneciesen esencialmente gentil, con algunos cambios menores en su forma de actuar. El fundamento teológico de esa decisión trascendental fue el evento mismo de la venida del Espíritu Santo en un nuevo pentecostés en la casa de Cornelio, el centurión romano y gentil. Ese evento se cuenta en Hechos 10, se relata por segunda vez en Hechos 11, y Lucas lo menciona dos veces más en labios de Pedro (Hch. 15.7–11) y Santiago (Hch. 15.13). El punto está en que el evento mismo de la venida del Espíritu Santo fue la base teológica para esta decisión sin precedente de parte de la iglesia en Jerusalén.

Claro está que necesitamos evitar hasta donde sea posible sobreponer nuestras propias agendas por encima de las Escrituras. Esto fue el error de los teólogos de la liberación de las décadas de los 1970 y 1980, del cual no pudieron recuperarse. Al contrario, se busca traer un nuevo conjunto de preguntas y cuestionamientos al texto de la Biblia, interrogatorios que nos ayuden a percibir en las Escrituras lo que no habíamos visto antes. David Bosch denominó este acercamiento a las Escrituras una 'hermenéutica crítica' (1978; 1991, pp. 20–24; y 1993).

La construcción de paradigmas

En forma conceptual este proceso praxiológico nos involucra en lo que la filosofía de la ciencia llama la 'construcción de paradigma' o un 'cambio

---

[39] Vea también David Bosch (1991, pp. 420–432).

de paradigma. Un paradigma es una herramienta conceptual utilizada para percibir la realidad y prestar orden a esa percepción en una forma entendible, explicable y hasta cierto punto predecible. Un paradigma consiste en un conjunto de valores, cosmovisión, prioridades, y conocimiento que influyen en la forma en que una persona, un grupo de personas o una cultura perciba su realidad. David Bosch nos ayudó a entender cómo una hermenéutica de cambio de paradigmas nos ofrece una nueva forma eficaz para repensar nuestras perspectivas de la misión de Dios en distintas comunidades y diferentes contextos.[40]

Así que la teología de la misión es un proceso continuo de reflexión-en-acción que dirige hacia la reflexión, y culmina en la acción misional. Dicho proceso nos involucra en un desarrollo conceptual que comienza con el texto de la Biblia, procede por medio de la comunidad de fe de los seguidores de Jesucristo, y continúa hacia la acción misional en el contexto. Al enfocar nuestra atención en el tema o concepto integrador encontramos nuevas perspectivas misiológicas por medio de una relectura de las Escrituras desde el punto de vista de una hermenéutica misional y contextual. La misión de Dios ocurre, entonces, cuando estas nuevas perspectivas se expresan concretamente en una nueva acción misionera de parte de la comunidad de fe, basada en la Biblia, contextualmente apropiada, en un tiempo, una cosmovisión y un espacio específicos.

La teología de la misión es definitiva

La teología de la misión involucra un quehacer teológico. Tiene que ver con una reflexión acerca de Dios. Busca entender su misión: sus propósitos y sus intenciones. Trata de conocer más a fondo las formas en que Dios usa instrumentos humanos, su creación y el pueblo de Dios en el ejercicio de su misión en los diversos contextos del mundo creado por Dios y el cual él ama tanto que hasta dio su unigénito hijo (Jn. 3.16).[41]

La teología de la misión estudia todos los temas tradicionales de la teología sistemática, pero los examina en una forma distinta a la metodología utilizada por los teólogos sistemáticos de siglos pasados. La diferencia surge por la orientación multidisciplinaria que la misiología necesita seguir en su quehacer teológico. La teología de la misión es distinta a esas otras disciplinas porque se concentra en hacer reflexión sobre los asuntos particulares que tiene que ver con la misión de la iglesia en contextos específicos. En *Mission as Transformation* (*Misión como transformación*) Vinay Samuel y Chris Sugden abogan por:

---

[40] Vea también Bevans y Schroeder (2004).
[41] Vea, por ejemplo, Daniel T. Niles (1962), Georg F. Vicedom (1965), John V. Taylor (1972), Johannes Verkuyl (1978, pp. 163–204), John Stott (1979) y Marc Spindler (1988).

Hacer teología en transformación. Primero, la misión es la madre de la teología y la reflexión teológica y bíblica emerge de un encuentro con el contexto, de la experiencia y de preguntas acerca de la misión. Segundo, la teología y el estudio bíblico son un ejercicio inherentemente transcultural e intercultural porque en ello personas de diferentes culturas comparten sus perspectivas del texto bíblico. Tercero, la teología es un quehacer compartido en equipo que se desarrolla como hierro que afila a hierro, luchando con cuestiones que surgen del llamado a la obediencia de la fe (1999, pp. XIII–XIV).

La teología de la misión toma su carácter encarnacional del ministerio de Jesús y siempre ocurre en un tiempo y un espacio específicos. Ni la misiología ni la teología de la misión pueden restringirse a la reflexión únicamente o al repaso de acontecimientos históricos interesantes derivados del pasado.

Una de las tareas interesantes, significativas y difíciles de la teología de la misión es definir los términos que se usan en la misiología. Y dentro de esta labor, una de las cuestiones más fundamentales es definir el concepto mismo de 'misión'. ¿Qué es la misión? ¿Qué no es misión? A lo largo de los pasados 50 años ha surgido una discusión fuerte entre las diversas tradiciones cristianas en cuanto a una definición aceptable de lo que es la 'misión'. Sigue elevándose el humo producido por el fuego de estas discusiones apasionadas.

En vía de brevedad, permítaseme ofrecer, como ilustración, la forma en que yo defino la 'misión'.

Una definición preliminar de la misión desde el punto de vista de la relación del reino, la iglesia y el mundo

La misión de Dios (*missio Dei*) ocurre principalmente cuando la iglesia intencionalmente (y a veces sin intención) cruza las barreras que existen entre iglesia y no iglesia, fe y no fe (dentro de la iglesia) para proclamar en palabra y hecho la venida del reino de Dios en Jesucristo, por medio de la participación de la iglesia en la misión de Dios de reconciliar a personas a Dios, a sí mismos, uno hacia otro, y hacia el mundo, uniéndolos en la iglesia por medio del arrepentimiento y por fe en Jesucristo por la obra del Espíritu Santo con miras hacia la transformación del mundo como señal de la venida del reino de Dios en Jesucristo.

(Vea Deiros, 1997, pp. 285–286.)

La teología de la misión es analítica

La empresa misiológica es compleja tanto en su teoría como también en su práctica. Se hace aun más complicada cuando se examinan las presuposiciones, los significados, las definiciones, y las relaciones conceptuales y praxiológicas de la práctica de la misión. Por esta razón los teólogos de la misión han buscado la forma de subdividir la tarea en partes más pequeñas y manejables. Vimos anteriormente que Gerald Anderson ofreció una definición de la misión en términos de 'la fe, las motivaciones, el mensaje, los métodos, las estrategias y las metas' de la misión, junto con su base, su enfoque y su tarea. Jim Stamoolis siguió una metodología similar en Eastern Orthodox Mission Theology Today (La teología de la misión de los ortodoxos orientales), organizando su investigación alrededor de preguntas acerca del trasfondo histórico, la aspiración, el método, las motivaciones y la liturgia de la misión tal como tomó forma en la acción misionera de la iglesia ortodoxa oriental.

Siguiendo el mismo hilo, al sumar sus interrogantes los teólogos de la misión utilizan una serie de frases en latín que ayudan a organizar y aclarar los diversos conceptos de la misiología. En primer lugar, los teólogos de la misión reconocen que la misión es fundamentalmente 'missio Dei'. La misión es misión de Dios; se deriva de la naturaleza de Dios y proviene de los propósitos y la intención de Dios. Georg Vicedom fue uno de los principales misiólogos en enfatizar esta perspectiva y llamarla a la atención de la iglesia mundial durante la reunión de la Comisión de Misión Mundial y Evangelismo (CMME) del Concilio Mundial de Iglesias (CME) en la ciudad de México en 1963. El libro que él escribió fue publicado en inglés en 1965 como The Mission of God. Hace más de treinta años, H. H. Rosin ofreció un resumen de la historia de la frase missio Dei (1972).

En segundo lugar los misiólogos han aprendido que rara vez actúa Dios a solas, y son pocas las veces cuando la misión de Dios ocurre en un vacío. Al contrario, comenzando con Noé y Abraham y sus familias, y continuando hasta hoy en día, la misión de Dios toma lugar y ocurre concretamente por medio de la instrumentalidad de seres humanos (missio hominum). En tercer lugar, la misión de Dios a lo largo de la historia ha tomado diversas formas y distintas metodologías de acuerdo a las diferentes agrupaciones y estructuras sociales creadas por el pueblo de Dios en las culturas que lo rodean (missiones ecclesiarum). La missio Dei es singular, es pura en su motivación, sus medios y sus metas porque se deriva de la naturaleza de Dios. Pero la decisión de Dios de usar instrumentos humanos (missio hominum) involucra obrar por medio de seres humanos caídos que son simultáneamente justos y pecadores, como observara Martín Lutero. Missio hominum es siempre una labor mixta en cuanto a sus motivaciones, medios y metas. En su gracia, parece que Dios goza en llevar a cabo su misión por medio de seres humanos y organizaciones sociales humanas. Así que las *missiones ecclesiarum* son muchas (aparecen en forma plural) por la multiplicidad de las actividades de las iglesias tanto centrípetas como también centrífugas. Estas múltiples actividades de misión (o misiones) prestan sus formas de lo que ocurre en las iglesias y en las culturas de su entorno.

Finalmente, la misión de Dios interactúa con, y ejerce influencia en, las civilizaciones humanas alrededor del globo terrestre, *missio politica oecumenica.*[42] La m*issio politica oecumenica* tiene que ver con la preocupación de Dios por las 'naciones' tanto en sentido bíblico (las *naciones* como grupos étnicos que aún no eran parte del pueblo de Dios: los *goyim* en hebreo; los *ethne* en griego) como también en sentido político de civilizaciones y entidades políticas, culturas, y estructuras sociales humanas de este mundo. El reinado de Jesucristo, es decir, el reino de Dios, siempre cuestiona, critica, busca transformar, e interactúa en relación a los reinos de este mundo.

Estas son distinciones importantes. Hay una última que merece hacerse. La misión es tanto *missio futurum* como también *missio adventus*. *Missio futurum* tiene que ver con el futuro predecible, lo que se puede ver proseguir desde el presente hacia el futuro en cuanto a la misión de Dios en la historia humana. Así que *futurum* es el movimiento hacia el futuro que se deriva por medio de una extrapolación desde el presente hacia el futuro en las actividades misionales de las iglesias. Pero la historia de la misión se hace incompleta si no se incluye también la *missio adventus*. Este *adventus* es la irrupción de Dios por medio de la encarnación de Jesucristo el Hijo de Dios, en la venida del Espíritu Santo en el Pentecostés por medio de la iglesia. Cuando en su misión Dios irrumpe en la historia humana, esa *missio Dei* siempre trae sorpresas, cambios radicales, nuevas direcciones y una transformación casi inconcebible en medio de la vida humana en lo personal, lo social y lo estructural. Dios obra en misión en el mundo tanto en sentido de *futurum* como también en forma de *adventus*. Los teólogos de la misión siempre necesitan estar conscientes de la diferencia y la interacción entre *futurum* y *adventus*, buscando entender lo que ello implica para la teología de la misión.

---

[42] Vea, por ejemplo, J. Verkuyl (1978, pp. 394–402).

Categorías fundamentales de la misión						
Aspectos	*Missio Dei* La misión de Dios	*Missio Hominum* El uso por Dios de instrumentos humanos	*Missiones clesiarum* Dios obra por varios medios a través del pueblo de Dios	*Missio Politica oecumenica* La acción misionera de Dios en medio de la civilizaciones del globo terrestre	*Missio Christi* La misión mesiánica de Dios a través de Jesucristo	*Missio futurom / Adventus* La misión del reino de Dios hacia el futuro a través del advenimiento en la obra del Espíritu Santo
El Espíritu Santo						
El contexto						
Los agentes						
Las motivaciones						
Los medios						
Los métodos						
Las metas						
Los resultados						
La esperanza / utopía						
La oración						
La guerra espiritual						
Estructuras						
Otros						

Habiendo visto dos formas explicadas arriba de organizar nuestra reflexión en la teología de la misión, podemos unir los dos tipos de preguntas. Yo he tratado de hacerlo por medio de la cuadrícula anterior, en la cual trato de representar en forma de diagrama la interacción de las diversas categorías de la teoría de la misión con varios aspectos ilustrativos de la acción misionera. La interrelación de las categorías de la teoría de la misiología (localizados en ejes verticales) con los aspectos de la acción misionera (localizados en ejes horizontales) nos rinde una serie de nuevos interrogantes en la teología de la misión. Cada cuadro de la cuadrícula constituye una pregunta específica para esta teología.

Nótese en el diagrama arriba que cada nivel horizontal (por ejemplo, la cuestión de 'Las Motivaciones de la Misión' provee por lo menos seis diferentes tipos de preguntas: la motivación de Dios en su misión, las motivaciones humanas, las motivaciones de las organizaciones eclesiales, las motivaciones por la misión en relación a las civilizaciones humanas, y las motivaciones hacia la misión en el sentido de *futurum* distinguido de *adventus*. Nótese también que en cada columna vertical, se pregunta acerca de una categoría de la teoría misiológica. Por ejemplo, una pregunta acerca de la *missio Dei*, puede informarnos acerca de las motivaciones, los medios, los agentes, las metas, de ella.

Queda claro que no es posible que un misiólogo a solas pueda abarcar la teología de la misión representada en la cuadrícula que aparece arriba. Y tampoco es necesario. Es posible que sólo uno o dos de los cuadros sean contextualmente apropiados para la reflexión misiológica en un momento dado y en relación a ciertas acciones misionales específicas. Sin embargo, he descubierto que la cuadrícula nos puede ofrecer tanto (1) una simplificación de nuestro análisis en separar nuestras preguntas, como también (2) una representación de lo complejo que es la empresa de la misiología. Mis estudiantes y yo hemos comenzado a ver que casi toda tesis de maestría o doctorado en la misiología cae dentro de uno o dos de los cuadros. Sin embargo, cuando el misiólogo hace teología de la misión acerca de la pregunta de algún cuadro, su investigación necesariamente se interrelaciona con todos los demás aspectos de la misiología representados en toda la cuadrícula.

La relación de un cuadro (de acción misionera) a la cuadrícula entera (que representa toda la teoría de la misiología) se ve ilustrada en la discusión extensa que ocurrió a fines de la década de 1960 en el Concilio Mundial de Iglesias (CMI) alrededor del cambio de la palabra 'misiones' a la palabra 'mission' en el título de su revista *International Review of Mission(s)*. Esa conversación tuvo que ver con la distinción entre la misión de Dios que es una, y las empresas de las iglesias vistas como múltiples 'misiones'. Así que en abril de 1969, la revista más antigua de la misiología quitó la 's' de su nombre y llegó a llamarse *International Review of Mission*. En el número de ese mes en el 'Editorial', escrito por William Crane, dice:

Las misiones en plural tienen cierta justificación en círculos diplomáticos, políticos y económicos en relaciones internacionales donde su naturaleza, su enfoque, y su autoridad se definen por los intereses tanto de los que los inician como los que los reciben. Pero la misión de la iglesia es singular porque se deriva de un Dios trino y su intención por la salvación de todos (los seres humanos). Su comisión a la iglesia es una, aunque sean muchos los ministerios dados a la iglesia para su misión, y varias las respuestas a dicha comisión en acciones concretas de iglesias específicas en situaciones particulares ...

Los diversos estudios y programas emprendidos por la División de Misión Mundial y Evangelismo durante los pasados años desde que fue integrada (la División) dentro de la vida del CMI también refleja esta preocupación por la singular misión de la iglesia en seis continentes en lugar de la perspectiva tradicional de las misiones desde tres continentes hacia los otros tres (Crane, 1969, pp. 141–144).

La teología de la misión busca ser confiable y veraz

En las ciencias sociales como también en la teología, una de las preguntas más importantes tiene que ver con la base sobre la cual podemos determinar la validez, la confiabilidad y la veracidad de nuestra investigación. En las ciencias sociales que han tenido un fuerte impacto en la misiología, normalmente el concepto de validez están relacionado con la pregunta: '¿Cómo podemos estar seguros de que se están recogiendo los datos correctos de la manera correcta?'. Por otro lado, se supone que el concepto de confiabilidad trata la pregunta: '¿Cómo podemos estar seguros de que si se usara otra vez el mismo abordaje y la misma metodología sobre las mismas presuposiciones, se producirían los mismos resultados?'.

No obstante, en la teología de la misión estas preguntas no son las apropiadas, porque el teólogo de la misión no está particularmente preocupado (como lo están los científicos sociales) por la calidad de los datos empíricos, ni por el carácter repetitivo del proceso, como para dar resultados idénticos. En realidad, lo cierto pueda ser lo opuesto al repetible. Dado que el teólogo de la misión estudia la misión de Dios, en un sentido, los datos debieran ser siempre nuevos (y algunas veces cuestionarán información anterior), y los resultados frecuentemente debieran ser sorprendentes.

Por lo tanto, la teología de la misión ofrece una manera especial de reconocer la investigación aceptable. La cuestión de la validez debe ser transformada en un asunto de confianza, y el tema de la confiabilidad debe ser visto como una cuestión de verdad. Así es que estos son los dos grupos más importantes de preguntas metodológicas que enfrenta el teólogo de la misión:

Confianza

- ¿Leyó el/la investigador/a a los autores correctos, las fuentes aceptadas?

- ¿Leyó el/la investigador/a lo suficiente como para ganar una amplitud de perspectivas sobre el tema?

- ¿Leyó el/la investigador/a otros puntos de vista correctamente?

- ¿Entendió el/la investigador/a lo que leía?

- ¿Hay contradicciones internas ya sea en el uso (y comprensión) de los autores, o en su aplicación del asunto entre manos?

Verdad

- ¿Hay un adecuado fundamento bíblico para las declaraciones expresadas?

- ¿Hay una continuidad apropiada entre las declaraciones del/la investigador/a y las afirmaciones teológicas hechas por otros/as pensadores/as a través de la historia de la iglesia?

- Cuando surgen contradicciones o calificaciones de pensamiento, ¿respalda el trabajo del/la teólogo/a de la misión de manera adecuada las orientaciones teológicas particulares defendidas en el estudio?

- ¿Está permitido que las tensiones dialécticas y las contradicciones aparentes permanezcan en pie como debieran, dado lo que sabemos y lo que no sabemos del misterio de la revelación de Dios, en cuanto esta influye nuestra comprensión de la missio Dei?

Estas preguntas metodológicas conducen a criterios específicos para evaluar si es aceptable —o no— el resultado de la obra de la teología de la misión, al relacionarse con la misiología.

Criterios de evaluación

Reveladora. La teología de la misión aceptable está afirmada sobre las Escrituras.

Coherente. Se mantiene unida; está construida alrededor de una idea integradora.

Consistente. No tiene contradicciones deslumbrantes insuperables, y es consistente con otras verdades conocidas acerca de Dios, de la misión de Dios y de la voluntad revelada de Dios.

Simple. Ha sido reducida a los componentes más básicos de la misión de Dios, en términos de las cuestiones específicas que tiene entre manos.

Sustentable. Está afirmada y respaldada lógica, histórica, experimental y praxiológicamente.

Confirmable externamente. Otros pensadores significativos, otras comunidades teológicas u otras tradiciones prestan respaldo a la tesis que se ofrece.

Contextual. Se relaciona en forma apropiada con el contexto.

Factible. Sus conceptos pueden ser traducidos en una acción misional que a su vez es consistente con las motivaciones y metas de la teología de la misión que se está desarrollando.

Transformacional. Llevar a cabo la acción misional propuesta resultaría en cambios apropiados en el status quo que refleja elementos bíblicos de la missio Dei.

Productora de consecuencias adecuadas. Los resultados de traducir los conceptos en acción misional serían consistentes con el empuje de los conceptos mismos, y con la naturaleza y la misión de Dios, tal como están reveladas en las Escrituras.

Conclusión

La teología de la misión es tanto prescriptiva como descriptiva. Es sintética (produce síntesis) e integradora. Busca percepciones confiables y verdaderas concernientes a la misión de la iglesia basadas en una reflexión bíblica y teológica. Procura interconectar la acción misional apropiada con una nueva serie de valores y prioridades que reflejen tan claramente como sea posible las maneras en que la iglesia puede participar en la misión de Dios, en un contexto específico, en un tiempo particular. Cuando la teología de la misión es abstraída de la práctica de la misión, parece extraña y demasiado alejada de los lugares concretos y las personas específicas que se encuentran en el corazón de la misión de Dios. La teología de la misión muestra lo mejor de sí cuando está íntimamente comprometida con el corazón, la cabeza, la mano y el servicio (ser, conocer, hacer y servir) de la misión de la iglesia. Es una búsqueda personal, cooperativa, comprometida y profundamente transformacional. Es una comprensión siempre nueva y más profunda de las maneras en que el pueblo de Dios puede participar más fiel y eficazmente en la misión de Dios en el mundo amado por Dios.

Obras citadas

Anderson, G. H., ed. (1961). *The Theology of Christian Mission*. Nueva York: Abingdon.

Anderson, G. H. (1971). 'Theology of Mission' en Neill, S., Anderson, G. H. y Goodwin, J., eds. *A Concise Dictionary of the World Mission*, p. 594. London: Lutterworth.

Anderson, R. (1993). *Ministry on the Fireline*. Downers Grove, Illinois, EE.UU.: IVP.

Barbour, I. (1974). *Myths, Models, and Paradigms*. Nueva York: Harper & Row.

Barrett Montgomery, H. (2000). *The Bible and Missions*. Ed. Rev. por S. B. Redford. Pasadena, California, EE.UU.: Fuller Theological Seminary. (1st Edition, The Central Committee on the United Study of Foreign Missions, 1920.)

Bassham, R. (1979). *Mission Theology: 1948-1975, Years of Worldwide Creative Tension. Ecumenical, Evangelical and Roman Catholic*. South Pasadena, California, EE.UU.: WCL.

Bavinck, J. H. (1977). *An Introduction to the Science of Missions*. Nutley, Nueva Jersey, EE.UU.: *Presbyterian and Reformed*.

Berkhof, H. y Potter, P. (1964). *Key Words of the Gospel.* Londres: SCM.

Bevans, S. (1992). *Models of Contextual Theology.* Maryknoll, Nueva York, EE.UU.: Orbis.

Bevans, S. (2004). 'The Biblical Basis of the Mission of the Church in Redemptoris Mission'. En C. Van Engen, *et ál.*, eds. *The Good News of the Kingdom*, pp. 37-44. Maryknoll, Nueva York, EE.UU.: *Orbis.*

Bevans, S. y Schroeder, R. P. (2004). *Constants in Context: A Theology of Mission for Today.* Maryknoll, Nueva York, EE.UU.: Orbis.

Blauw, J. (1962). *The Missionary Nature of the Church.* Grand Rapids, Míchigan, EE.UU.: Eerdmans.

Boer, H. (1961). *Pentecost and Missions.* Grand Rapids, Míchigan, EE.UU.: Eerdmans.

Boff, C. (1987). *Theology and Praxis: Epistemological Foundations.* Maryknoll, Nueva York, EE.UU.: Orbis.

Boff, L. (1979). *Liberating Grace.* Maryknoll, Nueva York, EE.UU.: Orbis.

Boff, L. y Boff, C. (1987). *Introducing Liberation Theology.* Maryknoll, Nueva York, EE.UU.: Orbis.

Bosch, D. J. (1978). 'The Why and How of a True Biblical Foundation of Mission'. En J. D. Gort, ed. *Zending op weg naar de toekomst: Essays aangeboden aan Prof. Dr. J. Verkuyl*, pp. 33-45. Kampen: J. H. Kok.

Bosch, D. J. (1980). *Witness to the World: The Christian Mission in Theological Perspective.* Londres: Marshall, Morgan & Scott.

Bosch, D. J. (1991). *Transforming Mission: Paradigm Shifts in Theology of Mission.* Maryknoll, Nueva York, EE.UU.: Orbis.

Bosch, D. J. (1993). 'Reflections on Biblical Models of Mission'. En J. M. Phillips y R. T. Coote, eds., *Toward the 21st Century in Christian Mission*, pp. 175-192. Grand Rapids, Míchigan, Eerdmans.

Branson, M. y Padilla, C. R., eds. (1986). *Conflict and Context: Hermeneutics in the Americas.* Grand Rapids, Míchigan, EE.UU.: Eerdmans.

Carriker, T. (1992). *Missão integral: uma teologia bíblica.* San Pablo: Editorial Sepal.

Chopp, R. (1986). *The Praxis of Suffering: An Interpretation of Liberation and Political Theologies.* Maryknoll, Nueva York, EE.UU.: Orbis.

Chukwuma Okoye, J. (2006). *Israel and the Nations: A Mission Theology of the Old Testament.* Maryknoll, Nueva York, EE.UU.: Orbis.

Coe, S. (1976). 'Contextualizing Theology'. En G. H. Anderson y T. F. Stransky, eds. *Mission Trends, No. 3*, pp. 19-24. Grand Rapids, Míchigan, EE.UU.: Eerdmans.

Conn, H. (1978). 'Contextualization: A New Dimension for Cross-cultural Hermeneutics'. *Evangelical Missions Quarterly* XIV, #1, pp. 39–46.

Conn, H. (1984) *Eternal Word and Changing Worlds: Theology, Anthropology and Mission in Trialogue.* Grand Rapids, Míchigan, EE.UU.: Zondervan.

Conn, H. (1993a). 'A Contextual Theology of Mission for the City'. En C. Van Engen, *et ál.*, eds. *The Good News of the Kingdom.* Maryknoll, Nueva York, EE.UU.: Orbis.

Conn, H. (1993b). 'Urban Mission'. En J. M. Phillips y R. T. Coote, eds. *Toward the 21st Century in Christian Mission.* Grand Rapids, Míchigan, EE.UU.: Eerdmans.

Cook, G. (1985). *The Expectation of the Poor: Latin American Base Ecclesial Communities in Protestant Perspective.* Maryknoll, Nueva York, EE.UU.: Orbis.

Coote, R. T y Stott, J., eds. *Down to Earth: Studies in Christianity and Culture.* Grand Rapids, Míchigan, EE.UU.: Eerdmans.

Corrie, J., ed. (2007). *Dictionary of Mission Theology: Evangelical Foundation.* Downers Grove, Illinois, EE.UU.: InterVarsity Press.

Costas, O. (1974). *The Church and its Mission: A Shattering Critique from the Third World.* Wheaton, Illinois, EE.UU.: Tyndale.

Costas, O. (1976). *Theology of the Crossroads in Contemporary Latin America: Missiology in Mainline Protestantism, 1969–1974.* Amsterdam: Rodopi.

Costas, O. (1982). *Christ Outside the Gate: Mission Beyond Christendom.* Maryknoll, Nueva York, EE.UU.: Orbis.

Crane, W. H. (1969). 'Editorial'. En *International Review of Mission*, 58, pp. 141–144.

De Groot, A. (1966). *The Bible on the Salvation of Nations.* De Pere, Wisconsin, EE.UU.: St. Norbert Abbey.

De Ridder, R. (1975). *Discipling the Nations.* Grand Rapids, Míchigan, EE.UU.: Baker.

Deiros, P. (1997). *Diccionario hispano-americano de la misión.* Miami: Comibam Internacional.

Du Plessis, J. G. (1990). 'For Reasons of the Heart: A Critical Appraisal of David J. Bosch's Use of Scripture in the Foundations of Christian Mission'. *Missionalia*, XVIII, #1, pp. 75–85.

Dyrness, W. A. (1990). *Learning About Theology from the Third World.* Grand Rapids, Míchigan, EE.UU.: Zondervan.

Escobar, S. (1987). *La fe evangélica y las teologías de la liberación.* El Paso, Texas, EE.UU.: Casa Bautista.

Escobar, S. (1998). 'Pablo y la misión a los gentiles'. En C. R. Padilla, ed. *Bases bíblicas de la misión: perspectivas latinoamericanas*. Grand Rapids, Míchigan , EE.UU.: Nueva Creación.

Escobar, S. (2001). *Missiologia evangélica: olhando para o futuro na virada do século*. En W. Taylor, org. *Missiologia global para o século XXI: a consulta de Foz de Iguaçu*, pp. 145–172. Londrina: Descoberta Editora.

Firm, D. W. (1986). *Third World Liberation Theologies: An Introductory Survey*. Maryknoll, Nueva York, EE.UU.: Orbis.

Flannery, A. P., ed. (1975). *Documents of Vatican II*. Grand Rapids, Míchigan, EE.UU.: Eerdmans.

Fleming, B. (1980). *The Contextualization of Theology*. Pasadena, California, EE.UU.: William Carey Library.

Gilliland, D. (1983). *Pauline Theology and Mission Practice*. Grand Rapids, Míchigan, EE.UU.: Baker.

Gilliland, D., ed. (1989). *The Word Among Us: Contextualizing Theology for Mission Today*. Waco, Texas, EE.UU.: Word.

Glasser, A. (1979). *Help From an Unexpected Quarter or, the Old Testament and Contextualization*. Missiology, *VII*, #4, pp. 401–410.

Glasser, A. (1985). 'The Evolution of Evangelical Mission Theology Since World War II'. *International Bulletin of Missionary Research*, 9, #1, pp. 9–13.

Glasser, A. (1992). *Kingdom and Mission: A Biblical Study of the Kingdom of God and the World Mission of his People*. Sílabo no publicado, Fuller Theological Seminary, Pasadena, California, EE.UU.

Glasser, A., con C. E. Van Engen, D. S. Gilliland and S. B. Redford. (2003). *Announcing the Kingdom: The Story of God's Mission in the Bible*. Grand Rapids, Míchigan, EE.UU.: Baker.

Glasser, A. y McGavran, D. (1983). *Contemporary Theologies of Mission*. Grand Rapids, Míchigan, EE.UU.: Baker.

Glover, R. (1946). *The Bible Basis of Mission*. Los Angeles: Bible House of Los Angeles.

Gnanakan, K. R. (1989). *Kingdom Concerns: A biblical Exploration Towards a Theology of Mission*. Bangalore: Theological Book Trust.

Gutiérrez, G. (1974). *A Theology of Liberation*. Maryknoll, Nueva York, EE.UU.: Orbis.

Gutiérrez, G. (1984a). *The Power of the Poor in History*. Maryknoll, Nueva York, EE.UU.: Orbis.

Gutiérrez, G. (1984b). *We Drink from Our Own Wells*. Maryknoll, Nueva York, EE.UU.: Orbis.

Haight, R. (1985). *An Alternative Vision: An Interpretation of Liberation Theology*. Nueva York: Paulist.

Hedlund, R. E., ed. (1981). *Roots of the Great Debate in Mission*. Madras: Evangelical Literature Service.

Hesselgrave, D. (1988). *Today's Choices for Tomorrow's Mission: An Evangelical Perspective on Trends and Issues in Missions*. Grand Rapids, Míchigan, EE.UU.: Zondervan.

Hesselgrave, D. y Rommen, E. (1989). *Contextualization: Meanings, Methods, and Models*. Grand Rapids, Míchigan, EE.UU.: Baker.

Hiebert, P. G. (1978). 'Conversion, Culture and Cognitive Categories'. *Gospel in Context I*, #3, pp. 24–29.

Hiebert, P. G. (1987). 'Critical Contextualization'. *International Bulletin of Missionary Research XI*, #3, pp. 104–111.

Hiebert, P. G. (1989). 'Form and Meaning in Contextualization of the Gospel'. En D. Gilliland, ed. *The Word Among Us*, pp. 101–120. Waco, Texas, EE.UU.: Word.

Hiebert, P. G. (1993). 'Evangelism, Church and Kingdom'. En C. Van Engen, et ál., eds. *The Good News of the Kingdom*, pp. 153–161. Maryknoll, Nueva York, EE.UU.: Orbis.

Hoekstra, H. (1979). *The World Council of Churches and the Demise of Evangelism*. Wheaton, Ilinois, EE.UU.: Tyndale.

Jacobs, D. R. (1993). 'Contextualization in Mission'. En J. M. Phillips y R. T. Coote, eds. *Toward the 21st Century in Christian Mission*, pp. 235–244. Grand Rapids, Míchigan, EE.UU.: Eerdmans.

Johnston, A. P. (1974). *World Evangelism and the Word of God*. Minneapolis, Minnesota: Bethany Fellowship.

Kaiser, W. C. (2000). *Mission in the Old Testament*. Grand Rapids, Ilinois, EE.UU.: Baker.

Kirk, J. A. (1999). *The Mission of Theology and Theology as Mission*. Valley Forge, Pensilvania: Trinity Press.

Köstenberger, A. J. y O'Brien, P. T. (2001). *Salvation to the Ends of the Earth: A Biblical Theology of Mission*. Downers Grove, Ilinois, EE.UU.: InterVarsity Press.

Kraft, C. H. (1979). *Christianity in Culture: A Study in Dynamic Biblical Theologizing in Cross-cultural Perspective*. Maryknoll, Nueva York, EE.UU.: Orbis.

Kraft, C. H. (1983). *Communication Theory for Christian Witness*. Nashville, Tennessee, EE.UU.: Abingdon.

Kraft, C. H. y Wisley, T., eds. (1979). *Readings in Dynamic Indegeneity.* Pasadena, California, EE.UU.: William Carey Library.

Kuhn, T. (1962). *The Structure of Scientific Revolutions.* Chicago: University of Chicago Press.

Kuhn, T. (1977). *The Essential Tension: Selected Studies in Scientific Tradition and Change.* Chicago: University of Chicago Press.

Küng, H. y Tracy, D., eds. (1989). *Paradigm Change in Theology: A Symposium for the Future.* Nueva York: Crossroad.

Lakatos, I. (1978). 'Falsification and the Methodology of Scientific Research Programmes'. J. Worrall y G. Currie, eds. *The Methodology of Scientific Research Programmes,* pp. 8–101. Cambridge: Cambridge University Press.

Luzbetack, L. (1988). *The Church and Cultures.* Maryknoll, Nueva York, EE.UU.: Orbis.

McAfee Brown, R. (1978). *Theology in a New Key: Responding to Liberation Themes.* Filadelfia, Pensilvania, EE.UU.: Westminster.

McGavran, D. (1984). *Momentous Decisions in Missions Today.* Grand Rapids, Míchigan, EE.UU.: Baker.

McGavran, D., ed. (1972a). *Crucial Issues in Missions Tomorrow.* Chicago: Moody.

McGavran, D., ed. (1972b). *Eye of the Storm: The Great Debate in Missions.* Waco, Texas, EE.UU.: Word.

Míguez Bonino, J. (1975). *Doing Theology in a Revolutionary Situation.* Filadelfia, Pensilvania, EE.UU.: Fortress.

Mueller-Vollmer, K., ed. (1989). *The Hermeneutics Reader.* Nueva York: Continuum.

Muller, R. A. (1991). *The Study of Theology: From Biblical Interpretation to Contemporary Formulation.* Grand Rapids, Míchigan, EE.UU.: Zondervan.

Murphy, N. (1990). *Theology in the Eve of Scientific Reasoning.* Ithaca, Nueva York, EE.UU.: Cornell University Press.

Neill, S., Anderson, G. H. y Goodwin, J., eds. (1971). *A Concise Dictionary of the World Mission.* Londres: Lutterworth.

Newbigin, L. (1986). *Foolishness to the Greeks: The Gospel and Western Culture.* Grand Rapids, Míchigan, EE.UU.: Eerdmans.

Newbigin, L. (1989). *The Gospel in a Pluralist Society.* Grand Rapids, Míchigan, EE.UU.: Eerdmans.

Nida, E. A. (1960). *Message and Mission.* Nueva York: Harper.

Niles, D. T. (1962). *Upon the Earth: The Mission of God and the Missionary Enterprise of the Churches.* Londres: Lutterworth.

Nissen, J. (1999). *New Testament and Mission: Historical and Hermeneutical Perspectives.* Nueva York: Peter Lang.

Nuñez, E. A. (1997). *Hacia una misionología evangélica latinoamericana.* Miami: UNILIT.

Orchard, R. K., ed. (1964). *Witness in Six Continents.* Londres: Edinburgo.

Padilla, C. R. (1980). 'Hermeneutics and Culture: A Theological Perspective'. En R. T. Coote y J. Stott, eds. *Down to Earth,* pp. 63–78. Grand Rapids, Míchigan, EE.UU.: Eerdmans.

Padilla, C. R. (1985). *Mission Between the Times: Essays on the Kingdom of God.* Grand Rapids, Míchigan, EE.UU.: Eerdmans.

Padilla, C. R. ed. (1998). *Bases bíblicas de la misión: Perspectivas latinoamericanas.* Buenos Aires: Nueva Creación.

Phillips, J. M. y R. T. Coote, eds. (1993). *Toward the 21st Century in Christian Mission.* Grand Rapids, Míchigan, EE.UU.: Eerdmans.

Piper, J. (1993). *Let the Nations be Glad! The Supremacy of God in Missions.* Grand Rapids, Míchigan, EE.UU.: Baker, 1993.

Rooy, S. (1998). 'La búsqueda histórica de las bases bíblicas de la misión'. En C. R. Padilla, ed. *Bases bíblicas de la misión: Perspectivas latinoamericanas,* pp. 3–33. Grand Rapids, Míchigan, EE.UU.: Nueva Creación.

Rosin, H. H. (1972). *Missio Dei: An Examination of the Origin, Contents and Function of the Term in Protestant Missiological Discussion.* Leiden: Interuniversity Institute for Missiological and Ecumenical Research.

Rowley, H. H. (1955). *The Missionary Message of the Old Testament.* Londres: Carey Kingsgate.

Samuel, V. y Sugden, C. (1999). *Mission as Transformation: A Theology of the Whole Gospel.* Oxford: Regnum.

Sanneh, L. (1989). *Translating the Message: The missionary Impact on Culture.* Maryknoll, Nueva York, EE.UU.: Orbis.

Santos, A. (1991). *Teología sistemática de la misión.* España: Editorial Verbo Divino.

Scherer, J. (1987). *Gospel, Church and Kingdom: Comparative Studies in World Mission Theology.* Minneapolis, Míchigan, EE.UU.: Augsburg.

Scherer, J. (1993a). 'Church, kingdom, and *missio Dei*: Lutheran and Orthodox Correctives to Recent Ecumenical Mission Theology'. En C. Van Engen, *et ál.*, eds. *The Good News of the Kingdom,* pp. 82–88. Maryknoll, Nueva York, EE.UU.: Orbis.

La formación teológica al servicio de la iglesia | 96

Scherer, J. (1993b). 'Mission Theology'. En J. Phillips y R. Coote, eds. *Toward the 21st Century in Christian Mission*, pp. 193–202. Grand Rapids, Míchigan, EE.UU.: Eerdmans.

Scherer, J. y Bevans, S. B., eds. (1992). *New Directions in Mission and Evangelization: Basic Statements, 1974–1991*. Maryknoll, Nueva York, EE.UU.: Orbis.

Schreiter, R. (1985). *Constructing Local Theologies*. Maryknoll, Nueva York, EE.UU.: Orbis.

Scott, W. (1980). *Bring Forth Justice: A Contemporary Perspective on Mission*. Grand Rapids, Míchigan, EE.UU.: Eerdmans.

Segundo, J. L. (1976). *The Liberation of Theology*. Maryknoll, Nueva York, EE.UU.: Orbis.

Senior, D. y Stuhlmueller, C. (1983). *The Biblical Foundations for Mission*. Maryknoll, Nueva York, EE.UU.: Orbis.

Shaw, R. D. (1988). *Transculturation: The Cultural Factor in Translation and Other Communication Tasks*. Pasadena, California, EE.UU.: William Carey Library.

Spindler, M. R. (1988). 'Bijbelse fundering en oriëntatie van zending'. En A. Camps, L. A. Hoedemaker, M. R.Spindler, and F. J. Verstraelen, eds. *Oecumenische inleiding in de missiologie. Teksten en konteksten van het wereldchristendom*, pp. 132–154. Kampen: Kok.

Spykeman, G., et ál. (1988). *Let my People Live: Faith and Struggle in Central America*. Grand Rapids, Míchigan, EE.UU.: Eerdmans.

Stamoolis, J. (2001). *Eastern Orthodox Mission Theology Today*. Eugene, Oregón, EE.UU.: Wipf and Stock.

Stott, J. (1975). *Christian Mission in the Modern World*. Downers Grove, Illinois, EE.UU.: InterVarsity Press.

Stott, J. (1979). 'The Living God is a Missionary God'. En J. E. Berney, ed. *You Can Tell the World*. Downers Grove, Illinois, EE.UU.: InterVarsity Press.

Sundkler, B. (1965). *The World of Mission*. Grand Rapids, Míchigan, EE.UU.: Eerdmans.

Taylor, J. V. (1972). *The Go-Between God: The Holy Spirit and the Christian Mission*. Londres: Student Christian Movement.

Taylor, W. D. (2001). *Missiología global para o século XXI: A consulta de Foz de Iguaçu*. Londrina, Brazil: Descoberta Editora.

Tippett, A. R. (1987). *Introduction to Missiology*. Pasadena, California, EE.UU.: William Carey Library.

Toulmin, S. (1972). 'Human Understanding', *Vol. 1: The Collective Use and Evolution of Concepts*. Princeton, Nueva Jersey, EE.UU.: Princeton University Press.

Utuk, E. S. (1986). 'From Wheaton to Lausanne: The Road to Modification of Contemporary Evangelical Mission Theology'. *Misssiology*, XIV, #2, pp. 205-218.

Van Engen, C. (1981). *The Growth of the True Church*. Amsterdam: Rodopi.

Van Engen, C. (1987). 'Responses to James Scherer's Paper from Different Disciplinary Perspectives: Systematic Theology'. *Missiology*, XV, #4, pp. 524-525.

Van Engen, C. (1990). 'A Broadening Vision: Forty Years of Evangelical Theology of Mission', 1946-1986. En J. A. Carpenter y W. R. Shenk, eds. *Earthen Vessels*, pp. 203-232. Grand Rapids, Illinois, EE.UU.: Eerdmans.

Van Engen, C. (1991). *God's Missionary People: Rethinking the Purpose of the Local Church*. Grand Rapids, Míchigan, EE.UU.: Eerdmans.

Van Engen, C. (1993). 'The Relation of Bible and Mission in Mission Theology'. En Van Engen, Gilliland, y Pierson, eds. *The Good News of the Kingdom: Mission Theology for the Third Millennium*, pp. 27-36. Maryknoll, Nueva York, EE.UU.: Orbis.

Van Engen, C. (1996). *Mission on the Way: Issues in Mission Theology*. Grand Rapids, Míchigan, EE.UU.: Baker. (En español, *Misión en el camino: Reflexiones sobre la teología de la misión*, 2007.)

Van Engen, C., Gilliland, D. y Pierson, P., eds. (1993). *The Good News of the Kingdom: Mission Theology for the Third Millennium*. Maryknoll, Nueva York, EE.UU.: Orbis.

Verkuyl, J. (1978). *Contemporary Missiology: An Introduction*. Grand Rapids, Míchigan, EE.UU.: Eerdmans.

Verstraelen, F. J., ed. (1988). *Oecumenische inleiding in de missiologia: Teksten en konteksten van het wereldchristendom*. Kampen: J. H. Kok.

Vicedom, G. F. (1965). *The Mission of God: An Introduction to a Theology of Mission*. A. A. Thiele y D. Higendorf, trans. St. Louis, Misuri, EE.UU.: Concordia. (Original en alemán, 1957.)

Vidales, R. (1979). 'Methodological Issues in Liberation Theology'. En R. Gibellini, ed. *Frontiers of Theology in Latin America*, pp. 34-57. Maryknoll, Nueva York, EE.UU.: Orbis.

Wielenga, B. (2003). 'Hermeneutics and Mission'. *Missionalia*, XX, #1, pp. 28-37.

Wright, C. (2003). *The Mission of God: Unlocking the Bible's Grand Narrative*. Downers Grove, Ilinois, EE.UU.: InterVarsity Press.

4

La investigación como parte de la vocación pastoral

Sonia Abarca[43]

Estas son unas reflexiones surgidas de la preocupación ante las paradojas y dilemas que nos confronta la sociedad actual. Vivimos una época signada por las contradicciones, oportunidades y desafíos.

Es el tiempo de las tecnologías de la información y comunicación (TICS) que invaden nuestras familias, espacios de recreación, las organizaciones laborales y aun las instituciones religiosas. Estas facilitan la búsqueda de la información, permiten a las personas comunicarse sin importar tiempo o espacio, tener acceso a datos y a fenómenos en el momento mismo que ocurren. La guerra, el despojo, las buenas nuevas, la miseria humana conjuntamente con la alegría y la esperanza conviven con nosotros por medio de las TICS.

No obstante, las tecnologías no han facilitado la comunicación humana y la interacción sana en las familias, entre los pueblos, en los ámbitos laborales. No han promovido las oportunidades para aquellos que menos tienen, ya que la brecha entre los que pueden acceder a la información y los que carecen de ella ha producido nuevas desigualdades.

---

[43] Sonia Abarca es costarricense, psicóloga educativa con su doctorado en educación de la Universidad Estatal a Distancia en San José. Fue catedrática en la Escuela de Psicología de la Universidad Nacional de Costa Rica por muchos años, también sirviendo como directora de la Escuela por 11 años. Algunas publicaciones selectas incluyen *Psicología del niño en edad escolar* y *Psicología de la motivación*. En PRODOLA, Abarca enseña el curso 'Metodología pedagógica de la teología' y sirve como mentora a los estudiantes en el diseño de sus proyectos de investigación. Tiene una hija adulta y una nieta.

Las familias emplean menos tiempo en la búsqueda de significados comunes, en la articulación de un proyecto familiar que le dé coherencia y sentido a la vida de todos. Estamos consumidos por los ordenadores, por la televisión, por el envío de mensajes mediante los teléfonos móviles, por la sobredosis de emociones vía la televisión, por la contaminación visual y sónica, olvidando la construcción de una subjetividad integral y el desarrollo pleno de los talentos y las bendiciones que derivan de valores más trascendentales.

Los nuevos tiempos se caracterizan por la incertidumbre en lo familiar, laboral, cultural y aun espiritual. Y no es que esta condición del siglo XXI sea negativa, pero lo peligroso es estar en un estado de vulnerabilidad o de tener pocos recursos emocionales y espirituales que les impidan a las personas enfrentarse con seguridad a todos los dilemas y tener la conciencia para discriminar los mejores caminos o acciones a seguir.

En su famoso libro *La cultura depredadora*, el pensador y pedagogo crítico Peter McLaren señala los peligros de ciertas prácticas culturales y de patrones de convivencia humana que degradan a las personas, que les impiden ser. Cuestiona esta cultura del tener, la cosificación o sea la conversión de las personas en objetos, el materialismo que invade todas las esferas y el comercio que se ha entronizado en muchas instituciones, la identificación con símbolos y modelos ajenos o extraños a la idiosincrasia nacional y el desprecio por lo autóctono.

Afortunadamente, en medio de esta cultura depredadora surgen voces y líderes que desean rescatar lo verdaderamente humano, que valoran a las personas como sujetos de la creación de Dios, que defienden la armonía con la naturaleza y que predican o enseñan aquellos valores universales y trascendentes.

La escuela como institución formadora no encuentra su rumbo; debe competir en desigualdad de condiciones con otros organismos o fuentes de aprendizaje. En muchas ocasiones pierde la batalla dando paso a la desmotivación y la deserción escolar que es un grave problema en América Latina.

En el ámbito religioso las aguas no están tan claras ni tan serenas. La diversidad de credos y confesiones religiosas no necesariamente es un buen augurio. La emergencia de nuevas prácticas religiosas y la pluralidad de doctrinas invitan a la reflexión.

Si bien es cierto que hay crecimientos numéricos impresionantes en muchos grupos religiosos y se notan avivamientos interesantes, vale la pena preguntarse el impacto que están teniendo en la sociedad en su conjunto y la influencia a largo plazo en las desgarradas sociedades latinoamericanas.

He delineado algunos elementos y señalado ciertas paradojas, pero no están agotadas ni mucho menos. Surgen preguntas que requieren respuesta, no como ejercicios intelectuales, sino como actos de responsabilidad cristiana. ¿Cuál es el papel profético de la iglesia en tiempos difíciles?

¿Cómo predicar a las nuevas generaciones que viven en la inmediatez y en el presente sin mucha proyección en el futuro? ¿Cómo ayudar a construir una fe que dé solidez a la vida de cada persona? ¿Cómo traer esperanza en medio del desempleo o del hambre de tantas personas? ¿Cómo prevenir la violencia familiar y social? ¿Cómo usar los recursos de todo tipo en formas responsables? ¿Cuáles medios debemos usar como cristianos para ser la luz del mundo y la sal de la Tierra?

Para los líderes espirituales, los educadores cristianos y seculares, esta época presenta muchos desafíos, y trae consigo tremendas oportunidades que obligan a responder con mejores y mayores herramientas.

Los desafíos que nos convocan

Para aquellos que hemos pasado gran parte de nuestra vida en labores educativas, hoy más que nunca resultan insuficientes la vocación y el amor. Pasaron los tiempos en que tener ciertos saberes y amar el oficio bastaban. Hoy existen nuevos problemas y los viejos problemas se resisten a ser resueltos en las formas convencionales o simples que tuvieron efecto en otros momentos. Por ejemplo, la autoridad de los padres o de los maestros no se ponía en duda en décadas atrás mientras que hoy, tanto los padres como los educadores tienen serias dificultades para cumplir con su encargo social.

Los hogares, aun los cristianos, no están vacunados contra la violencia intrafamiliar, el embarazo adolescente, las drogas y la exclusión social. Las crisis de sentido y pertenencia traen consigo perplejidad y asombro muchas veces a los pastores, orientadores y consejeros espirituales, educadores y otros que se dedican a tareas de servicio.

Si bien es cierto, como muchos de ustedes pensarán, que tenemos el recurso de la oración y la fe para lidiar con estas vicisitudes, condiciones de las que no dudamos, también es verdadero que las personas depositan en los líderes una carga alta de responsabilidad y desean respuestas precisas que obligan a investigar, estudiar y pensar, para no caer en posturas simplistas e insuficientes a las exigencias del cargo o tarea que se desempeña.

Me imagino que estarán pensando: '¡Qué pesimismo, qué poca fe!'. Al contrario, la esperanza y la fe han permeado nuestra vida siempre. He creído en las bondades de un Dios amoroso, he sido bendecida con muchas oportunidades y he encontrado mucha generosidad en personas de distintos pueblos y culturas. Pero… mi vocación de científica social y educadora me obliga a pensar seriamente en la forma en que llevo a cabo mi trabajo y en el testimonio que doy como una cristiana y ciudadana.

Dicho lo anterior, deseo puntualizar algunos desafíos así como ofrecer unas palabras que entusiasmen a los pastores y líderes para ver los procesos de investigación y los instrumentos que la investigación en ciencias sociales nos ofrecen como herramientas valiosas en el quehacer cotidiano.

No es posible poner en pocas páginas toda una serie de fenómenos que requieren ser investigados al interior de las congregaciones así como en el contexto social en el cual las iglesias están sirviendo, pero me atreveré a enunciar algunas.

1. En primer lugar, las congregaciones necesitan conocer cómo son percibidas en el entorno en el cual están. Este es un gran desafío el cual implica preguntarse cómo nos ven, cuál es el impacto, cómo son afectadas las vidas de los que no vienen a la iglesia, y cuál es el testimonio de los miembros en los espacios en donde trabajan o estudian. Ya no es posible hacer actividades sin una evaluación del trabajo y sin claridad de la influencia del mismo con el propósito de mejorar y optimizar los recursos que una congregación tiene.

En mi camino de educadora y profesora universitaria he escuchado en innumerables ocasiones hijos, hijas de pastores, miembros de las iglesias relatar sus temores, sus culpas, sus preocupaciones, pues no han encontrado eco o escucha atenta en sus líderes o poca comprensión ante la complejidad de la situación personal y de las demandas del diario vivir.

Tal vez esta poca escucha o incomprensión no se deba a un acto expreso o despreocupación de los pastores o líderes, sino más bien a un alejamiento o desvinculación con los problemas cotidianos o a carencia de herramientas que les imposibilitan acercarse a los fenómenos sociales y humanos desde su historicidad y contextualidad.

2. En segundo lugar, otro gran desafío que deviene de la diversidad de prácticas religiosas y la emergencia de nuevos grupos que han provocado rupturas con formas históricas o convencionales, es analizar la coherencia y claridad bíblica/teológica de los practicantes o miembros de una congregación.

A lo mejor a muchos no les preocupa conocer qué piensan las personas realmente, en qué creen, cuáles son sus fundamentos bíblico/teológicos. Pero a los que observamos con detenimiento algunas prácticas y estilos de vida religiosa nos preocupa el movimiento que palpamos en muchas personas que cambian de congregación o de iglesia con gran frecuencia. Son personas que andan en la búsqueda de 'lo verdadero', que descalifican a los que no practican la fe en la misma forma que ellos, que ponen más énfasis en la apariencia o en las formas de adoración que en el fondo y profundidad de las convicciones.

Por otro lado, unido a esto, aparecen en el escenario muchos pastores autoproclamados, independientes, sin estudios formales, algunos con gran éxito en términos de número de participantes en una congregación y otros con pequeñas células que demuestran liderazgos autoritarios.

Las reflexiones en torno a la formación y capacitación de los miembros de las iglesias que han ido de congregación en congregación, que han abrazado distintas confesiones y han aprendido unos dogmas que luego tienen que desaprender, nos preocupan. Así como los casos de aquellas personas que están sometidas al poder y la autoridad de unos líderes que imponen sus puntos de vista sin posibilidad de cuestionamiento, nos inquietan y nos convocan a investigar o a estudiar en forma más sistemática lo que está ocurriendo, y las implicaciones de ello.

3. Un tercer desafío, que en mi opinión no puede ignorarse, refiere a la misión de la iglesia y a las formas de hacer realidad el poder transformador del evangelio en una sociedad caracterizada por grandes contradicciones pero deseosa de buenas nuevas.

Surgen dilemas, preguntas, necesidad de analizar los escenarios en donde el evangelio debe predicarse y adquirir sentido. También es importante conocer los perfiles sociodemográficos de las comunidades para encontrar lenguajes comunes y comprender tradiciones y patrones culturales que en ocasiones hacen ruido al mensaje que desea comunicarse.

El movimiento, el cambio y la resistencia al cambio caracterizan a las sociedades y personas del siglo xxi. Sincronías y asincronías conviven con nosotros. Nuevas demandas sociales imponen restricciones a la acción individual. La gente está preocupada por el trabajo, la vivienda, la salud y necesita tener esperanza.

Este parece ser un desafío permanente, una constante, y subyace al enunciarlo un deseo de escuchar a una iglesia evangélica con voz más potente, con mayor presencia en las discusiones de los grandes dilemas que aquejan a la humanidad, con mayor liderazgo y con acciones proactivas y no reactivas. Exige una praxis dirigida a la prevención y no al asistencialismo. Es muy difícil atender a jóvenes drogadictos o a la niñez olvidada y maltratada. Sería más fácil prevenir para que los niños y adolescentes tuviesen hogares sanos y una sociedad que les diera abrigo y protección.

4. Un cuarto desafío remite a la formación de los líderes y pastores, no solo en términos de educación formal sino también en programas de educación continua. Es imperativo preguntarse cuáles herramientas bíblico/teológicas poseen para dar respuestas más integrales a las personas y a los pueblos. ¿Cómo podemos crear espacios de reflexión que permitan a todos apoyarse y acompañarse para hacer una labor más eficiente?

El tema de la capacitación del liderazgo ocupa un lugar importante en los ámbitos empresariales. Docenas de libros y tratados se han escrito al respecto, y una cantidad de seminarios y talleres se ofrecen con el fin de equipar mejor a los que tienen cargos de responsabilidad . Si esto es una certeza en el mundo secular, no tenemos por qué menospreciar su importancia en los ámbitos religiosos y en las tareas que tienen que ver con la espiritualidad.

No pretendemos que todos los pastores o líderes se incluyan en programas de licenciaturas o doctorados, pero, sí, llamamos la atención en la necesidad de capacitación continua para dar respuestas complejas a problemas complejos.

Nuevas áreas de investigación surgen en los ámbitos académicos que pueden ser trasladados a otros espacios. Algunos de los siguientes parecen tener importancia: ¿Cuál es el perfil del líder o pastor en nuestros días? ¿Cuáles son sus necesidades de capacitación más urgentes? ¿Cómo están integrando los equipos de trabajo para atender las demandas y necesidades de las congregaciones? ¿Cuáles son los principales obstáculos que encuentran en su tarea pastoral? ¿Cómo deben articularse los equipos de apoyo para acompañarlos en su ministerio y obviar a veces la soledad que acompaña a todos los liderazgos?

El proceso de investigación

Es fácil, cuando se piensa en investigación, caer en la tentación de verla como algo ajeno o no necesario, como un requisito de graduación en un programa académico formal. Se tiende a pensarla en términos de una tarea que hacen ciertos intelectuales, pero nunca como una responsabilidad cotidiana.

Realmente, investigar incluye pensar sistemáticamente, con rigurosidad. Significa plantearse preguntas que surgen de la vida cotidiana y que requieren comprensiones. Implica ir más allá de las expresiones o periferias de los fenómenos y entender el núcleo y las vinculaciones de los eventos.

Invertimos mucho tiempo resolviendo problemas que no comprendemos, contestando preguntas que no han sido formuladas, definiendo respuestas sin mucho pensamiento. Solemos irnos por las primeras impresiones o nos dejamos llevar por los prejuicios o juicios de valor sin detenernos en el análisis serio de un fenómeno o un evento.

La negligencia o la improvisación en el enfrentamiento o comprensión de los fenómenos y de las personas nos pueden llevar a cometer graves injusticias o a crear mayores problemas. De ahí que como educadores, líderes, pastores, o padres de familia, podemos aprovechar las herramientas que nos ofrece la investigación social para hacer mejor el trabajo e imprimirle un sello de calidad a las decisiones que hay que tomar.

Esto nos lleva a sugerir que ningún problema o situación tiene una sola cara, ni una única causa. Al contrario, los fenómenos, los eventos familiares o personales son multicausales. Se articulan con otros, ocurren en contextos y espacios sociales, y tienen un origen y fuente. Expresan la historia de las personas y no se pueden entender al margen de la historia social de cada uno.

Es difícil, por ejemplo, entender la violencia sin ver su origen, sin explicar las relaciones sociales de poder, sin comprender las características personales de los que ejercen la violencia. Tampoco podemos comprenderla sin valorar las estructuras sociales que promueven diversos tipos de dominio y control, sin desnudar los mecanismos políticos y personales que mantienen las estructuras de dominación de los fuertes sobre los débiles, y sin develar las injusticias o las relaciones de subordinación de los dominados, sean estos niños, jóvenes o mujeres.

El caso de violencia intrafamiliar

Deseo exponer un caso en que la investigación social ha sido fuente de apoyo para mejorar los programas e impactar más positivamente a las comunidades y las congregaciones.

Los líderes de una iglesia local, incluido principalmente el pastor, tenían indicios de que en la congregación se daban casos de violencia intrafamiliar. La composición de los miembros es muy heterogénea; provienen de distintos lugares y experiencias religiosas, mayormente población de clase media baja y baja, con una buena dosis de personas migrantes, algunos con serios problemas económicos y también familias llamadas 'reensambladas'. Estos son hogares en que existieron matrimonios previos, volvieron a casarse, con nuevos hijos y otros provenientes de uniones anteriores.

La sospecha no es suficiente para iniciar un proceso de trabajo con las familias. El problema de la violencia en la familia, especialmente ejercida en este caso por los hombres contra las mujeres así como de los padres contra los niños y niñas, debe entenderse en términos del problema del poder y de la autoimagen de cada uno de los miembros. Así que el pastor pidió asesoría y con el apoyo de unos estudiantes de psicología iniciaron el proceso de investigación.

En primer lugar el equipo constituido por el pastor y unos miembros así como dos estudiantes discutieron aspectos teóricos del fenómeno de la violencia intrafamiliar.

Una vez hecho esto, decidieron con qué población empezar. Dado que había signos dados por niños, niñas y jóvenes decidieron tomar unos casos definiendo un porcentaje de un 15% del total de la población.

Conversaron con los participantes y se dieron a la tarea de elaborar instrumentos para las distintas poblaciones. Escogieron el cuento para empezar, una técnica libre que permite a cada uno expresar lo que sienten. Se les dio a los niños y jóvenes la siguiente consigna: 'Hagamos un cuento acerca de la familia; podemos escoger animales, flores, plantas, árboles u otros personajes y pongámoslos a hablar todo lo que ellos deseen'. Una de las personas del equipo iría escribiendo el cuento.

Una vez recogido el cuento, que se hizo en grupos de cinco personas, el equipo comenzó a analizar las imágenes acerca de la familia, lo que la gente pensaba y sentía. Esta es una técnica llamada proyectiva y es muy adecuada para el trabajo hermenéutico.

Con las tendencias y patrones que surgieron, se procedió a pensar en el instrumento que se usaría con los hombres y las mujeres. Se escogió una imagen. Es decir, una foto en que aparecía un cuadro familiar.

Se le dijo a los hombres y mujeres que se deseaba conocer las ideas, sentimientos y creencias que tenían las personas que estaban en la foto acerca de la familia. La primera consigna fue: 'Hablemos de esta familia, de sus sentimientos, de lo que hacen los hombres y las mujeres, de cómo se sienten, de qué problemas tienen'. Es también una técnica libre y permite que todo lo no consciente salga fácilmente. El equipo fue escribiendo lo que decían y se hizo en grupos de tres parejas.

Durante el proceso de hablar sobre la imagen, las personas preguntaban, reflexionaban, dudaban, y se contradecían.

El proceso continuó con el análisis de los datos para obtener tendencias.

Se procedió luego a tener cuatro conversaciones con cuatro adultos que se ofrecieron libremente a conversar sobre el tema de la familia.

Para resumir el proceso basta decir que salieron muchos datos preocupantes, pero también grandes deseos de las personas de encarar las dificultades y de hablar sobre ello. Efectivamente había casos de violencia alarmantes, tremendas inseguridades de hombres y mujeres y temor en los niños y niñas.

Con los datos obtenidos el equipo logró planificar todo un proceso de rehabilitación, de intervención y de consejería para aquellas familias en situación de riesgo. Además se organizó un plan de prevención e información para la congregación y las personas de la comunidad que deseaban consejo.

Este proceso, que se hizo con la rigurosidad de una investigación social de tipo cualitativa, fue llevado a cabo en una congregación en las afueras de San José, la capital de Costa Rica, en un ambiente de colaboración entre una iglesia local y una institución universitaria. Es un ejemplo, como otros muchos que podemos citar, de que cuando se juntan los esfuerzos y los líderes están dispuestos a buscar nuevos y mejores caminos para resolver los problemas, la congregación se mueve con pasos firmes y puede ser una luz no solo para sus miembros, sino también para la comunidad en la que está inserta.

Está en mi mente otro caso del pastor de una congregación urbana quien hizo un trabajo de investigación hermenéutica con hombres que habían perdido el empleo y que enfrentaban grandes problemas de autoestima y desesperación por la situación en que estaban. Para él no fue suficiente la consejería pastoral, sino que inició un proceso ordenado de recolectar datos vía entrevistas y relatos de vida.

El proceso dio pie a un programa de ayuda y acompañamiento de la iglesia en estos casos, no solo al interior de la congregación sino de la comunidad.

Consideraciones finales

Afortunadamente, en el campo de la investigación han surgido nuevos caminos que dan acceso a todas las personas, aun con escasos estudios formales, posibilidades de aprender métodos y técnicas que les ayuden en la comprensión de los desafíos de la vida cotidiana.

América Latina está dando un ejemplo al poner al alcance de las comunidades, grupos culturales y religiosos, instituciones educativas y familiares, distintas formas de llevar a cabo investigación rigurosa sin caer en los dogmatismos del pasado.

Los procesos de investigación participativa, de investigación-acción, de estudios etnográficos, hermenéutica, historias de vida y relatos personales, de indagaciones fenomenológicas, el empleo de la narrativa y las caricaturas, el etno-psicoanálisis en la acción comunitaria, el psicodrama y el sociodrama, entre otros métodos y técnicas, nos aportan valiosos recursos para hacer investigación diagnóstica y evaluativa así como oportunidades de resolver problemas y comprender fenómenos.

También, los nuevos métodos de investigación nos compelen a comprender mejor los problemas y nos guían en los procesos de toma de decisiones. Sin duda alguna, una de las características del líder eficaz es la necesidad de actuar, de llevar a cabo una praxis transformadora, que no es ni más ni menos, como decía el educador brasileño Paulo Freire, 'acción pensada' (1993).

Queremos terminar invitándolos a incluir la investigación en sus agendas. Les animamos a buscar el apoyo de aquellos que tienen habilidades y conocimiento en métodos y técnicas de investigación para que acompañen los procesos de reflexión y de análisis en sus congregaciones con el fin de mostrar un evangelio vivo y pertinente a las necesidades de las personas y los pueblos.

Bibliografía recomendada

Esta es una sugerencia de libros que les pueden brindar alguna orientación, pero realmente en este campo hay muchas fuentes y en cada uno de los países de ustedes estoy segura de que encontrarán suficientes recursos para mejorar sus habilidades de investigación.

Cerda Gutiérrez, H. (1994). *Investigación total*. Santa Fe de Bogotá: Magisterio.

Freire, P. (1993). *Pedagogía de la esperanza*. Madrid: Siglo xxi.

Latorre, A. (2005). *La investigación –acción*. España: Graó.

Paz Sandín, M. (2003). *Investigación cualitativa en educación*. México: McGraw-Hill.

Martínez, M. (1996). *Comportamiento humano*. México: Trillas.

Pérez Serrano, G. (coordinadora) (2004). *Modelos de investigación cualitativa en educación social y animación sociocultural*. Madrid: Narcea Ediciones.

II

La eclesiologia al servicio de la iglesia

5 Pastoral latinoamericana: desafíos y tentaciones

Norberto Saracco[44]

Los cristianos evangélicos que vivimos en este tiempo en América Latina tenemos el privilegio de ver a la iglesia de este continente con una vitalidad, desarrollo y empuje cual nunca antes en su historia. Nunca se ha orado tanto, como ahora; nunca ha habido tanta renovación litúrgica, como ahora; nunca se han vendido tantas Biblias, como ahora; nunca ha crecido la iglesia, como ahora; nunca la iglesia ha tenido tantos recursos humanos y económicos, como ahora; nunca ha habido tanta diversidad de ministerios, como ahora; nunca se han enviado tantos misioneros, como ahora; nunca la iglesia ha estado a la vanguardia en el uso de tecnologías y estrategias, como ahora; nunca se ha evangelizado, como ahora; nunca se ha hecho tanto trabajo social, como ahora; y nunca ha habido tanta unidad en la iglesia, como ahora. Podríamos seguir en nuestra lista de situaciones únicas, que hacen de la iglesia latinoamericana contemporánea un fenómeno religioso con el que ni se atrevieron a soñar los más visionarios de

---

[44] Norberto Saracco es argentino, pentecostal. Recibió su Ph.D. de la Universidad de Birmingham, Inglaterra. Es fundador y director de la Facultad Internacional de Educación Teológica, un seminario no denominacional con sede en Buenos Aires y presencia en 26 países. Es pastor de la Iglesia Buenas Nuevas y miembro del directorio de la Comunidad Renovada de Evangélicos y Católicos en el Espíritu Santo. También es director para América Latina del Movimiento de Lausana. Es autor de la única historia, escrita hasta el presente, sobre el Pentecostalismo argentino. Enseña en PRODOLA el curso 'Pastoral contextual'. Norberto y su esposa Carmen tiene tres hijos, todos ellos casados, y tres nietos.

nuestros abuelos. Solo en 25 años se pasó de un promedio del 3% de la población a más del 10%, 25% o 45%, según el país.

Es cierto que en el otro platillo de la balanza podemos poner que nunca ha habido tanta distancia entre lo que las personas creen y cómo viven; ni tanta decadencia moral dentro de la iglesia; ni tanto manejo discrecional y abusivo del poder; ni tanta distorsión de los dones y ministerios; ni tan poca influencia en la sociedad, a pesar de la creciente proporción evangélica de los habitantes. También aquí podríamos seguir con una lista interminable.

En este contexto, tanto el ministerio pastoral como la misión pastoral de la iglesia enfrentan profundos desafíos y tremendas tentaciones. Uno y otro van juntos como las dos caras de una misma moneda. Nos proponemos en este breve trabajo sólo mencionar a algunos, para estimular el dialogo y la reflexión, porque creemos que, a pesar de todo, otra iglesia es posible.

El desafío de ser siervos: La tentación de ser líderes

En el año 2001 tuve la oportunidad de participar de una experiencia sumamente interesante. Para entonces era miembro del directorio de un ministerio internacional y, para mejorar nuestra participación como equipo, decidimos someternos a un estudio científico de nuestras personalidades con el fin de descubrir el potencial de cada uno y cómo relacionarnos de una manera productiva y estimulante (Birkman, 1996). El resultado fue sorprendente, al menos para quienes no estamos acostumbrados a manejar este tipo de herramientas. Allí supimos quiénes tenían una personalidad más orientada a las tareas que a la gente, o si su estilo de comunicación era directo o indirecto. También quiénes tenían la capacidad de soñar y quiénes la de implementar. ¡Qué casualidad! Resultó que mis principales áreas de interés eran la clerical y literaria. Cada una de nuestras fortalezas y debilidades quedaron expuestas allí. Es cierto, esto no era una revelación divina inapelable, pero me hizo recordar el texto bíblico que no hay nadie que por más esmero, trabajo y preocupación que ponga, podrá agregarle a su estatura 'un codo'. No es una visión fatalista sino realista, aunque muchas veces la realidad tiene visos de fatalidad.

No pude evitar llevar estas conclusiones al terreno de la pastoral. Pensé cuántas veces se le promete a los pastores que si siguen determinadas reglas de liderazgo y mercadeo lograrán cierto éxito ministerial, sin reparar que eso sólo será posible si su personalidad tiene los rasgos necesarios para tal fin. Muchos ministerios quedan truncos por la frustración de no poder responder a la presión de las expectativas y no dar la talla de lo que debería ser un ministerio exitoso, según los parámetros contemporáneos de éxito.

Recién cumplí 40 años de haber sido ordenado como pastor. Ejercí el ministerio pastoral en la provincia de Buenos Aires, en Costa Rica y actualmente en la ciudad de Buenos Aires. Es apasionante observar cuánto ha cambiado la tarea pastoral en los últimos años en consonancia con los cambios que se han dado en las maneras de ser iglesia y en las formas en que la misma iglesia desarrolla su pastoral en la sociedad.

Es cierto que uno de los fenómenos más visible es el crecimiento que han experimentado las iglesias evangélicas en América Latina. La complejidad que implica el pastoreo de una congregación superior a los 500 miembros y en crecimiento, no tiene nada que ver con el cuidado casi personalizado y paternal que prodigaba el pastor a sus fieles. Por supuesto que la problemática se potencia cuando hablamos de miles y decenas de miles de miembros. Ya no basta con un llamado a cuidar de las personas, predicar y enseñar, sino que además se necesitan cualidades administrativas y de liderazgo institucional que no todos tienen.

Por otro lado, la complejidad de la vida cotidiana y su impacto sobre las personas exige multiplicar los ministerios que ofrece la iglesia casi al infinito. Tradicionalmente el ministerio pastoral implicaba estar presente en los momentos trascendentales de la existencia, como son el nacimiento, casamiento y muerte; o dispensar los sacramentos; o acompañar en las situaciones de crisis y enfermedad. Por supuesto también, la predicación de la Palabra. Hoy, más que la participación presencial del pastor, se requiere de este que coordine la infinidad de ministerios con los que la iglesia trata de servir.

Debemos levantar aquí algunas preguntas. Si las demandas del ministerio pastoral han cambiado, ¿podemos mantener un perfil de pastor que no responda a estas demandas? ¿No deberíamos pensar en distintos tipos de pastores para diferentes tipos de iglesias? ¿No sería saludable aceptar que si bien el llamado al ministerio pastoral es uno, los modelos de trabajo pastoral son variados y que, por lo tanto, no todos los llamados al pastorado deben tener el mismo perfil? Planteadas así las cosas la respuesta es obvia. Sin embargo, en la realidad se niega tal diversidad y se ponen expectativas sobre los hombros pastorales que mucho/as de ellos/as no pueden cumplir. Seamos claros: más allá del llamado de Dios a cada uno/a hay pastores/as cuyo ministerio tendrá un perfil más personal, afectivo y amoroso y otros/as más gerencial y complejo. Esto no depende de la profundidad de su llamado sino de las cualidades de su personalidad que podrá mejorar y pulir pero nunca cambiar. Presentar uno u otro perfil como 'el modelo' a alcanzar distorsiona la realidad y crea una presión insoportable sobre quienes han respondido al llamado del Señor con integridad y dedicación.

Hoy abunda la literatura cristiana sobre liderazgo, lo mismo que talleres y seminarios sobre este tema. Elocuentes escritores y oradores transmiten las leyes, principios y valores del liderazgo a una audiencia extasiada ante la promesa de ser lo que le dicen que pueden llegar a ser. Todos quisieran ser pastores, líderes juveniles o directores de adoración con las cualidades de liderazgo que les inculcan con entusiasmo. Para quienes potencialmente tienen en su personalidad esos rasgos, estos desafíos serán un detonador para su desarrollo. Pero ¿qué de los otros? En el mundo de los deportes y los negocios, desde donde se toman los ejemplos, la respuesta es sencilla: llegan los que reúnen las condiciones, los otros quedan en el camino. Ninguna empresa importante contrataría entre sus gerentes a quien no reúna los requisitos mínimos de liderazgo. Es lógico que así sea, y no debería ser de otra forma si esa empresa se ha propuesto crecer y ser exitosa.

    ¿Podemos usar el mismo criterio cuando hablamos de los ministerios? El ministerio tiene tres elementos esenciales: llamado, unción y envío. Siempre es una iniciativa divina. Dios es el que llama a quien quiere y como quiere. Es tal la fuerza y dimensión del llamado que quienes lo reciben sienten su pequeñez e incapacidad para la tarea que se les propone. El llamado no es una consecuencia lógica de sus condiciones naturales. Responde a los designios de Dios sin más justificación que su soberana voluntad. La fuente de la capacidad para la tarea encomendada tampoco tiene que ver con habilidades personales, sino con una intervención sobrenatural que a veces se llama 'unción' y otras 'plenitud' del Espíritu.

    Nos encontramos, entonces, frente a dos perfiles de ministerio: uno que intenta responder a una iniciativa divina, de la que deviene tanto el llamado como la capacidad para ejecutarlo. El otro que, aunque pueda tener su punto de partida en una experiencia personal espiritual, se construye sobre modelos empresariales de liderazgo. En el primero, la puerta está abierta para todos los que el Señor llama. En el segundo, solo hay lugar para los que tienen los dones naturales de liderazgo. Lo ideal sería que ambos perfiles confluyan en una persona, pero no siempre se da así. El *Diccionario de ciencias de la conducta* define al liderazgo como: 'Las cualidades de personalidad y capacidad que favorecen la guía y el control de otros individuos' (Wolman, 1987, p. 89). Muchos de los que el Señor llama al pastorado no necesariamente reúnen estas cualidades. El énfasis en la pastoral latinoamericana contemporánea en los modelos ministeriales de tipo gerencial y de liderazgo empresarial ha servido para que algunos en el ministerio descubran sus potencialidades en esta área, pero también ha ocasionado una deformación del perfil pastoral con graves consecuencias para el ministerio y la misión de la iglesia. Estas formas de liderazgo introducen, como veremos más adelante, categorías de éxito ajenas a un sano ministerio. El 'liderazgo' es, en sí mismo, amoral. Es decir, no se rige ni toma en cuenta necesariamente cuestiones morales. Una persona puede no tener la estatura ética y moral que Dios exige para quienes le sirven y ser, al mismo tiempo, un excelente líder. Un líder exitoso puede ser adúltero, violento con sus hijos, mentiroso, mal hablado, fornicario y aun, ateo.

    John Maxwell, acertadamente, dice en uno de sus libros que 'el potencial de una organización está directamente relacionado al potencial de su personal' (Maxwell, 1996, p.10). Pasa a describir, luego, su experiencia ministerial en la iglesia Skyline Wesleyan, de San Diego. Da el ejemplo de cómo desafió al liderazgo local para romper la inercia de una congregación que por años se mantenía alrededor de 1000 miembros y llevarla a más de 4000. Luego dice: 'Mi responsabilidad sería prepararlos y ayudarlos a lograr los cambios necesarios para alcanzar nuestra meta. Ahora, tendría que ayudarlos a cambiar o *sabía que literalmente tendría que reemplazarlos*' (p.11, el énfasis es mío). Este argumento contiene una gran verdad: para que algo se logre debemos contar con las personas adecuadas. El problema es que tanto en la literatura de Maxwell, como en la de otros 'motivadores' similares, esta verdad se relaciona a lo cuantitativo. ¿Qué pasa cuando un pastor o responsable ministerial tiene las cualidades morales y espirituales para su ministerio, pero no las necesarias para el crecimiento numérico? ¿Lo remplazamos? ¿Bajo qué criterio? ¿El de la multiplicación?

Una vez más, ¿cuál debería ser el perfil contemporáneo de un ministro del evangelio? La respuesta es que no hay 'un perfil' sino varios. Pero, más allá de las características propias, hay un núcleo 'no negociable' que tiene que ver con su consagración al que lo llamó, un estilo de vida que refleje los valores del reino de Dios y un servicio de acuerdo a los dones que el Señor le ha conferido en su soberana voluntad.

El desafío de extender el reino:
La tentación de un ministerio exitoso

Muy relacionado al argumento anterior están los criterios que se usan para hablar de un ministerio de éxito. Es obvio que cada uno en el área en que se desarrolla en la vida desea alcanzar el éxito. El empresario se desvela por ver crecer su negocio, el estudiante por aprobar los exámenes, el padre por ver el desarrollo físico, mental y espiritual de sus hijos o el artista con la aceptación y trascendencia de sus obras. Pero ¿qué es un ministerio de éxito? El problema que tenemos en la iglesia de América Latina, aunque no solo en ella, es que se han adoptado patrones de éxito ministerial que han logrado distorsionar los ministerios y la vida de la iglesia.

A partir de los años '80 el crecimiento numérico de las iglesias evangélicas ha sido el dato religioso más importante del continente. Solo en dos décadas el movimiento evangélico creció hasta 10 veces más de lo que lo había hecho en los últimos 100 años. Junto a este crecimiento, y como parte del mismo, hemos visto también, al igual que en otras regiones del mundo, el nacimiento de megaiglesias con miles de miembros y asistentes. Las razones de este fenómeno son múltiples y escapan a los límites de este trabajo. De todos modos, esto ha introducido un concepto de éxito ministerial ligado al tamaño numérico del ministerio. Es cierto que sin este crecimiento numérico las iglesias evangélicas continuarían siendo una minoría imperceptible. Pero también es cierto que el énfasis en la expansión numérica ha derivado en modelos ministeriales de dudosa aprobación y ha aportado una imagen ministerial distorsionada. El uso de la variable numérica como criterio de éxito ha afectado el desarrollo de la pastoral.

Al poner el crecimiento como un fin en sí mismo, se apela a estructuras de culto, modelos pastorales y metodologías que no tienen mucho que ver con los valores del reino de Dios.

En el altar del dios de los números se sacrifican principios, testimonios, valores éticos y el contenido del evangelio. Por esta razón no sorprende hoy que ministros con escasos o nulos valores morales tengan ministerios ampliamente reconocidos y apreciados por la sola razón de su poder de convocatoria.

Pero, el problema trasciende las cuestiones personales y afecta, también, a las estructuras y programas. Algunos de los métodos de evangelización y conservación de resultados responden más a cuestiones de mercadeo y técnicas de fidelidad del cliente que al poder del Espíritu Santo. Es decir, funcionarían igual con Espíritu o sin Espíritu, con unción o sin unción.

La alternativa no es 'pocos y buenos'. Tampoco el trabajo desorganizado ni la pereza que ha llevado a algunos líderes a confundir desorganización e improvisación con espiritualidad. No es la mentalidad de gueto ni la de un 'pequeño pueblo muy feliz' la opción. La iglesia en América Latina necesita poner en el centro de su agenda la extensión del reino de Dios. El crecimiento de la iglesia, que todos deseamos y por lo que oramos, debería ser la consecuencia de la extensión del reino de Dios y no el resultado de técnicas efectivas pero vacías de su gracia y poder. Necesitamos una revalorización de los ministerios acorde a su compromiso con la extensión del reino. A partir de este hecho el ministerio verdaderamente exitoso será el de aquellos que al final de cada día y de su carrera puedan decir con Jesús: 'Padre, yo te he glorificado en la tierra, y he llevado a cabo la obra que me encomendaste' (Jn. 17.4). A veces esto significará ministrar a multitudes, y otras hacerlo casi en soledad. A veces veremos la conversión de miles, y en otras, al igual que le pasó a Jesús, deberemos alejarnos del pueblo sin que haya ocurrido un solo milagro.

Sobre la base de un ministerio dedicado a la extensión del reino de Dios y dependiente de la gracia y unción del Espíritu, entran a valer otras consideraciones, tales como las habilidades naturales y destrezas adquiridas. Estas últimas jamás deben ser confundidas con las primeras. Así podremos valorar en su justa medida tanto el ministerio de aquel que pastorea a un puñado de personas como del que lo hace con miles.

El desafío del ministerio:
La tentación del poder

El manejo del poder es una de las cuestiones más difíciles de controlar en la naturaleza humana. Una de las tres tentaciones a las que fue sometido Jesús por Satanás tenía que ver con el poder: 'Todo esto te daré, si postrado me adoras' (Mt. 4.9). Como ocurre siempre, el acceso al poder tiene un alto precio. Jacobo y Juan, dos discípulos de Jesús, que luego serían importantes apóstoles, no pudieron resistir el aroma dulce del poder cuando avizoraban la instauración del reino del mesías (Mt. 20.20-28).

En el caso de la iglesia latinoamericana contemporánea se conjugan dos factores que favorecen la construcción de poder de sus líderes: el crecimiento de las iglesias y el debilitamiento de los órganos de gobierno de las instituciones. A las iglesias no se las conoce por su denominación de origen sino por el nombre de su pastor. En las últimas dos décadas hemos visto un trasvasamiento de autoridad de la institución a la persona. Al menos en las iglesias con un desarrollo más dinámico esto es un hecho incontrastable. El fenómeno tiene su razón, ya que por muchos años las estructuras eclesiásticas en lugar de ser odres renovados, listos para contener el 'vino nuevo' del Señor, han sido 'máquinas de impedir', sin visión y lejos de los propósitos de Dios. Una vez más se cumplió lo anunciado en Ezequiel 47. Mientras los 'adoradores' del dios tradición se quedan en el templo, la gloria del Señor se escapa por debajo de sus puertas y forma un río caudaloso. Este río tiene su origen en el templo, pero no queda encerrado en él. Al igual que lo ocurrido en el libro profético la vida está junto al río o en el río pero no en la estructura. El rio de Dios ha estado corriendo por toda América Latina y quienes se acercaron a él encontraron vida. Sin embargo, y como ocurre siempre, aparecen los que se creen 'dueños' del río. Los que cobran peaje para nadar por él. Los que creen que tienen las llaves de las compuertas. Ha nacido una casta sacerdotal ávida de poder o, para decirlo de otra forma, quienes intentan adueñarse del poder y hacer uso discrecional de él.

Primero, en los años '80, cuando sobresalen ministerios como los de Omar Cabrera, Yiye Ávila o Carlos Annacondia, la moda era hacerse llamar 'evangelista'. Era la manera. de estar por encima del liderazgo promedio. Luego, vino el ministerio profético, y aparecieron los que antes eran evangelistas ahora como profetas. Empezamos el siglo xxi con el redescubrimiento del ministerio apostólico, y ahora los viejos evangelistas transformados en profetas se reciclan como apóstoles. La omnipresente ansia de poder desacredita lo genuino de los ministerios como, por ejemplo, el ministerio apostólico.

Hemos experimentado una centralización del poder que nos acerca a la iglesia católica y nos aleja de la tradición protestante. El 'sacerdocio' está cada vez más en las manos de unos pocos iluminados.

Este proceso no ha sido casual ni azaroso. En la cultura posmoderna donde no hay absolutos y toda institución, por el solo hecho de ser institución, está desacreditada, la iglesia no podía ser una excepción. La búsqueda de nuevas maneras de ser iglesia, con un rostro 'más humano' ha llevado a la formación de comunidades alternativas, como las denominadas iglesias emergentes y, por otro lado, el nacimiento de liderazgos de fuerte impronta personalista que encarnan en sí mismos los atributos de la institución.

La tentación del poder es muy difícil de resistir y suele venir bajo un sutil disfraz. Vale entonces recordar el consejo de Pablo a quienes en la iglesia de Filipos peleaban por cuotas de poder. A ellos les dijo: 'Cada uno no debe velar por sus propios intereses sino por los intereses de los demás. La actitud de ustedes debe ser como la de Cristo Jesús, quien ... no consideró el ser igual a Dios como algo a qué aferrarse. Por el contrario, se rebajó voluntariamente haciéndose como siervo, ... semejante a los seres humanos ... Por eso Dios lo exaltó hasta lo sumo' (Fil. 2.4–11).

El desafío de la transformación social: La tentación del poder político

A medida de que la iglesia evangélica latinoamericana se transformó de una minoría imperceptible en una minoría perceptible creció la conciencia sobre las posibilidades que la iglesia tendría para la transformación social. La idea no es nueva en el continente; lo que sí es nuevo es la matriz ideológica de esta actitud.

Desde los años '70 a los '80, lo que llamamos el 'protestantismo histórico' tuvo una activa participación política. Fueron los años en los que la pobreza e injusticias de nuestras tierras dejaron de explicarse como caras del subdesarrollo y se comprendieron como consecuencias de la dependencia. Frente a la dependencia la opción era 'liberación', y en esta aventura se embarcaron algunos cristianos protestantes y sus iglesias. El mundo de las iglesias evangélicas no entendió este fenómeno, abogó por la abstención de los cristianos de cualquier participación política, e influenciados por la derecha norteamericana acusó de comunistas a quienes lo hacían. En ese tiempo la participación política de los cristianos fue la línea divisoria entre las iglesias.

En los años '80 comenzaron a fructificar, dentro del liderazgo evangélico, las ideas del 'evangelio integral'. Desde la Fraternidad Teológica Latinoamericana (FTL) se trabajó para que el pueblo evangélico, que tenía una visión distorsionada de la realidad política y de su participación en ella, se abriera a la dimensión integral del evangelio. Es decir que, por fidelidad al evangelio, la vivencia de nuestra fe en Jesucristo debería afectar todas las áreas de la vida: personal, familiar y social. Una parte del liderazgo evangélico se abrió a pensar la eficacia de la fe en todos los órdenes y el compromiso que conlleva la extensión del reino de Dios (FTL, 1993).

A partir de los años '90, y a medida que las iglesias crecían, comenzó a desarrollarse la idea de que la participación política de la iglesia podría tener un efecto decisivo en la transformación de la sociedad (Caballeros, 2002). Por un lado, esta idea estuvo abonada desde una perspectiva que podríamos llamar espiritualista. Dentro de la teología de espíritus territoriales y guerra espiritual se pensó que una sociedad podría ser transformada si se llevaban a cabo los pasos estratégicos, tácticos y espirituales que dieran la victoria (Wagner, 1995). Esta acción espiritual, que en términos militares ocuparía el papel de la aviación, debía completarse con la toma de posesión efectiva del territorio. Es decir, era necesario que los crisitanos se prepararan para ocupar los sitios de gobierno y poder. Harold Caballeros, abogado y pastor de una megaiglesia en Guatemala, avanzó un paso más y popularizó entre los evangélicos la idea de que al fin y al cabo las grandes diferencias sociales entre los pueblos y el acceso o no a las riquezas está determinado por la cultura. En esto seguía las ideas de libros tales como *La cultura es lo que importa* (Harrison & Huntignton, 2000) y *Las condiciones culturales del desarrollo económico* (Grondona, 1999). Caballeros trató de unir la corriente de 'guerra espiritual' con la de 'transformación de la cultura' y escribió sobre *Los poderes, la cosmovisión y el desarrollo de los pueblos* (Caballeros, 2002, pp. 137–144).

Por otro lado, y en paralelo a las justificaciones espirituales y filosóficas, están quienes se lanzaron a la búsqueda del poder político como tal, argumentando que sólo desde la política se pueden cambiar la sociedad y lograr su transformación. Al final también Caballeros sucumbió a esta tentación e intentó presentarse como candidato presidencial de su país.

Un primer intento de esta corriente fue la creación de partidos políticos evangélicos. Hubo varios intentos en diferentes países, pero fracasaron al punto tal que ni siquiera lograban sumar los votos de los miembros de la iglesia del candidato.

Sin embargo, la idea central de lograr la transformación social a través de la participación política partidaria de los cristianos evangélicos no ha cesado. En el fondo encierra una verdad, cual es que si ciudadanos honestos y con principios morales acceden al poder esto redundará para el bien de todos. El problema es que el solo hecho de ser evangélico hoy no es garantía de honestidad, moralidad y consagración por la justicia. El ejemplo más contundente es que a pesar del crecimiento del número de evangélicos en todos los países de América Latina no ha habido ninguna influencia visible. Hay países donde la proporción de evangélicos llega a casi el 50% de la población y, sin embargo, siguen en aumento los índices de violencia, criminalidad, pobreza y corrupción.

Es cierto que personas íntegras y probadas en espacios de poder contribuirían a una sociedad diferente. Pero, el acceso a esos espacios no puede darse por la simple pertenencia a una concepción religiosa. La persona debe vivir coherentemente con lo que dice creer y además debe tener la preparación y capacidad necesarias para el cargo que pretende ocupar. Debemos animar a nuestros hermanos y hermanas a estar presentes en todos los ámbitos de la sociedad con excelencia, entrega y santidad. Esto incluye también el ámbito de la política. Las iglesias evangélicas no han alentado suficientemente a sus miembros a una participación política comprometida y responsable. Por diferentes razones históricas y teológicas, en los medios evangélicos latinoamericanos siempre se vio el ámbito de la participación política como algo sucio que debía evitarse. Las iglesias evangélicas tienen una amplia experiencia en la participación en situaciones de crisis sociales, educación, adicciones, pobreza, marginalidad y defensa de la vida.

El problema se complica cuando un evangélico intenta participar en política asumiendo la representatividad del conjunto haciendo un grave daño a toda la iglesia. Desafiados por la transformación social muchos caen bajo la seducción del poder. En tiempos electorales se escuchan ofrecimientos de candidaturas o espacios que los partidos políticos hacen a líderes evangélicos, o de candidatos que buscan el apoyo de los evangélicos. Algunos pastores procuran sumar adhesiones a ciertos candidatos o partidos, ya sea porque les han prometido beneficios para los evangélicos o alguna cuota de poder. Podemos otorgar el beneficio de la duda y suponer que, tanto los políticos que hacen los ofrecimientos como los pastores que los aceptan, tienen las mejores intenciones y buscan solo la purificación de la política y el bien común. Tanto unos como otros se equivocan y en el caso de los pastores este error tiene consecuencias fatales para la iglesia y el evangelio. Los políticos se equivocan cuando entusiasmados por el creciente número de evangélicos creen que si logran sumar a su causa a alguno o algunos de sus líderes detrás de ellos vendrá 'el voto evangélico'. No entienden lo que es la iglesia evangélica y cómo funciona. Este pensamiento responde a la idea de ver a las iglesias evangélicas como sectas y pensar que sus miembros son seguidores dóciles de sus líderes. No existe tal relación de influencia directa entre los líderes y el pueblo evangélico.

Pretender participar en la lucha política como iglesia o 'pueblo evangélico' es una distorsión de la misión de la iglesia. Es misión de la iglesia defender valores como los de la vida, la justicia, la verdad, la igualdad, la dignidad humana o la santidad de la creación, por mencionar solo algunos. Cuando lo ha hecho ha afectado verdaderamente a la sociedad y más de una vez ha tenido que pagar el alto precio del sacrificio. La lógica de la política es contraria a la lógica del reino de Dios. La política se construye con poder; el reino de Dios se extiende con servicio. La transformación social jamás se hará desde el poder político. Quien quiera afectar a la sociedad en nombre de Jesucristo lo hará desde el servicio y no desde el poder.

Podemos recordar algunos ejemplos de la historia reciente: ¿Quién afectó más la historia de los Estados Unidos en el siglo xx? ¿Los políticos evangélicos, algunos de ellos racistas, defensores de la pena de muerte y la guerra; o el pastor negro Martin Luther King, con su prédica que lo llevó al martirio? ¿Quién afectó más la situación en Sudáfrica? ¿Los políticos, muchos de ellos evangélicos reformados sostenedores del apartheid, o el obispo Desmond Tutu? Por supuesto que lo que estos hombres hicieron tuvo consecuencias políticas, pero obraron no desde el poder político sino desde la 'debilidad' de la entrega, la coherencia y la fe.

Es un error si se piensa que el solo hecho de ser evangélico es suficiente. Lo que se necesita en la política son hombres y mujeres preparados, capaces, íntegros, honestos, eficientes, con los mismos valores que defendemos, y si tienen una fe en Jesucristo, mucho mejor. Es lamentable ver líderes evangé- licos que caen bajo la seducción del poder y aceptan candidaturas políticas sin más antecedentes que su ministerio. Debemos preguntar: ¿Cuál ha sido su militancia? ¿Cuál ha sido su preparación? ¿Cuál es su ideología para la transformación social? El valor de su credibilidad, el respeto y aprecio de sus fieles y la rica experiencia ministerial no es un capital que le pertenece y, por lo tanto, no lo puede negociar. Todo ello es pura gracia de Dios derramada sobre su vida para el servicio al prójimo y la extensión del reino de Dios.

La iglesia siempre 'trastorna al mundo' (Hch. 17.6) pero no cuando intenta hacerlo desde el estrado del poder sino cuando encarna con humil- dad y pasión su ministerio profético. Como dice Harold Segura: 'La iglesia ha sido llamada para cumplir el papel profético de dinamizar, liberar y renovar' (Segura, 2002, p. 88).

El desafío de la formación ministerial: La tentación de la ignorancia ungida

El obispo Edir Macedo, fundador y presidente de la Iglesia Universal del Reino de Dios, escribió: 'Los dogmas establecidos a partir de la teología anulan la espontaneidad de la fe impidiendo su manifestación milagrosa' (Macedo, 1990, p. 67). Este líder del movimiento religioso que más ha cre- cido en los últimos años expresa de manera cruda lo que muchos pastores y líderes evangélicos creen: la teología mata la fe e impide los milagros. Quizás lo que se quiere manifestar es la preocupación de las iglesias al observar que las instituciones teológicas y sus programas de formación ministerial no están a la altura de lo que Dios está haciendo, sino que llegan a ser un impedimento u obstáculo al mover de Dios. Desde otro ángulo podríamos decir, y con razón, que para muchos la reflexión teológica y un pensamiento crítico a partir de la fe les son peligrosos y amenazantes para sus prácticas y enseñanzas. Sea cual fuere la motivación última, el hecho es que hoy la formación ministerial y la reflexión teológica van por caminos paralelos a la vida y misión de las iglesias.

Conocemos la anécdota de aquella persona que al pasar por la puerta de una iglesia vio un gran cartel que decía: 'Jesucristo es la respuesta'. Movido por su curiosidad entró al templo y tímidamente le dijo al portero: 'Disculpe, ¿cuál es la pregunta?'. Muchas veces desde las instituciones teológicas se ofrecen respuestas a preguntas que la iglesia no hace. Los seminarios producen graduados para una iglesia que no existe.

La sociedad ha cambiado. El 75% de la población latinoamericana vive en las grandes ciudades y sus periferias. Más del 35% de los matrimonios terminan en divorcio y la cantidad de hijos criados por uno solo de los padres ha aumentado el 300% en los últimos 20 años. El problema no es una mera cuestión demográfica. Esta realidad afecta las relaciones laborales, la estructura familiar, el hábitat y la manera de ser iglesia. Es en este contexto en el que la iglesia ha construido su nueva identidad. Las estructuras sociales, las relaciones económicas, los modelos familiares, y los valores morales han cambiado. Sin embargo, la educación teológica no.

Una de las primeras consecuencias de este divorcio entre iglesia y educación teológica fue que ambas se encerraron en sí mismas, trataron de sobrevivir la una sin la otra y buscaron argumentos para justificar este camino de vidas paralelas. Los seminarios trataron de contar con un cuerpo docente cada vez más autóctono y mejor preparado. El nivel académico se elevó. Pero, paradójicamente, la distancia con la iglesia fue mayor. Se puso como parámetro a lograr el modelo de los centros de estudios europeos o norteamericanos y el objetivo fue la formación de teólogos al estilo de esas instituciones. Es suficiente ver los requisitos de acreditación de algunas instituciones para entender la profunda brecha entre el graduado que la iglesia pretende y lo que el seminario quiere lograr. La iglesia envía a sus candidatos para que sean pastores o líderes de ministerios y el seminario intenta devolvérselos teólogos profesionales.

El modelo, especialmente europeo, de teólogo/pastor fracasó. Si ese tipo de ministerio dio como resultado la muerte de la iglesia en Europa, ¿por qué querer imponerlo en el contexto de una iglesia viva y dinámica como la de América Latina?

No queremos decir que no haya espacio para la formación de teólogos profesionales. Al contrario, afirmamos que como nunca antes se necesita esta clase de ministerio. El error estratégico de las instituciones teológicas es desperdiciar recursos humanos y materiales creyendo que quien entra a un seminario es de por sí un teólogo en potencia. El mensaje implícito para el estudiante es: 'Si tú eres una persona inteligente y capaz dedícate a la teología y olvídate de otro ministerio'.

Poner en las instituciones teológicas todo el peso del divorcio con la iglesia sería injusto e incorrecto. Las iglesias intencionalmente han buscado alejarse de los seminarios por el riesgo que significa un espacio con cierto grado de libertad para ver y pensar desde una perspectiva distinta. La conocida frase repetida mil veces desde los púlpitos, 'aquí no hacemos teología', no ha sido más que un intento perverso para justificar cualquier ideología o creencia que se ha querido imponer sin aceptar objeciones. Los criterios de verdad y fidelidad se miden con parámetros que no son los que enseñan las Escrituras.

En una investigación sobre las iglesias, realizada en la ciudad de Buenos Aires en 1993, uno de los datos mostró que en las tres iglesias más grandes de la ciudad sus pastores no tenían ninguna preparación teológica (FIET, 1993). La conclusión cínica sería: 'Si quiere que su iglesia crezca no vaya al seminario'.

El pastor César Castellano, creador e inspirador del sistema celular G12, suele argumentar que los sistemas de enseñanza de los seminarios no contribuyen a la visión de multiplicación y además son lentos en la formación de líderes (Castellanos, 2000). La solución propuesta es enseñar unos conceptos básicos con el fin de tener en nueve meses los líderes formados. No hay en el sistema ningún espacio para la reflexión teológica ni el estudio profundo de la Palabra de Dios. El resultado ha sido que cientos de iglesias que han tratado de adoptar este modelo en América Latina han cerrado sus programas de educación teológica. Se está levantando una generación de líderes instantáneos, ignorantes de las cuestiones teológicas fundamentales y sin herramientas para discernir lo verdadero de lo falso. Lo que estamos viviendo es una degradación del oficio pastoral. La consecuencia más directa es el analfabetismo bíblico de los evangélicos contemporáneos y una fe vacía de contenido.

La iglesia del siglo XXI deberá pensar seriamente qué clase de ministerio va a formar. Es imprescindible entrar en una etapa de revalorización del ministerio pastoral y del sacerdocio de todos los creyentes. Esto exige una apertura al funcionamiento de todos los dones y ministerios y a la preparación no solo de los pastores, según el modelo tradicional, sino de todos aquellos llamados a servir. Una vez más la misión será el punto de encuentro entre las iglesias y la educación teológica (Gibbs, 2005, pp. 101–130).

Proponemos tres aspectos a tomar en cuenta. En primer lugar, es necesaria una *formación ministerial teológicamente sólida*. El saber y la reflexión teológica son la columna vertebral de todo proceso de formación ministerial. El problema ha sido que en las escuelas de teología se hace reflexión teológica con los ojos en la espalda. Se supone que la calidad y profundidad teológica puede medirse de acuerdo a la habilidad que podemos desarrollar para el manejo de nombres, tendencias y corrientes teológicas. Es una teología arqueológica que se goza en descubrir y redescubrir elementos de la tradición. Desde la perspectiva de una iglesia viva y contemporánea si este saber no está vinculado a la misión es una pérdida de tiempo. Una formación ministerial teológicamente sólida tendrá sus raíces en el pasado, su pertinencia en el presente y sus ojos en el futuro. Una formación ministerial teológicamente sólida será aquella capaz de articular la Palabra de Dios, la reflexión teológica y la *missio Dei*.

En segundo lugar, *la educación teológica debe ser ministerialmente útil*. Es decir, desarrollará los contenidos y aplicará su metodología de acuerdo a la situación de la iglesia y de quienes sirven en ella. No son los ministerios de la iglesia los que deben adaptarse al molde de los seminarios, sino los seminarios los que deben adaptarse a ellos. Una educación ministerialmente útil hoy debe ser pensada para personas bi-vocacionales y con un contenido que abarque la complejidad y pluralidad de los ministerios. El currículo debería incluir bioética, ciencias sociales (política, economía, pensamiento contemporáneo, etc.), liderazgo, mundo globalizado, nuevas tecnologías, familias no tradicionales, iglesia posmoderna, nueva religiosidad, etc. Pero también necesitamos teólogos. La iglesia debe estar dispuesta a invertir tiempo y recursos en la formación de los doctores de la fe. Hoy sufrimos la invasión de toda clase de doctrinas y modas teológicas. No solo falta profundidad en el pensamiento de la iglesia sino también discernimiento. La iglesia latinoamericana está pagando un alto precio por haber renunciado a la formación de sus teólogos y haberse contentado con un activismo superficial. Invertir en teólogos no es un lujo sino una necesidad impostergable. Al mismo tiempo las instituciones teológicas deben saber que las iglesias apoyarán la formación de teólogos cuando descubran que lo que ellos/ellas producen tiene que ver con la vida y misión de la iglesia. Los teólogos hoy no pueden ser arqueólogos de una iglesia muerta, sino visionarios de una iglesia viva.

Por último, *la educación teológica debe ser contextualmente relevante*. Esta debe ser pensada desde un contexto determinado para un contexto determinado. La teología llega a ser verdaderamente universal cuando es profundamente contextual. Hay dos cuestiones clave que debe responder toda institución teológica que pretenda ser contextualmente relevante: ¿Está ayudando a entender el mundo y, como consecuencia, transformarlo? ¿Está ayudando a entender la iglesia y, como consecuencia, afectar su misión y ministerio?

Transformando las tentaciones en desafíos

Cuando en la tarea ministerial los problemas se multiplican y parecen abrumar, suelo usar esta expresión: 'es más fácil corregir a un vivo que resucitar a un muerto'. Es verdad que la pastoral latinoamericana se enfrenta, y a veces ha sucumbido, ante múltiples tentaciones. Solo algunas hemos tratado en este capítulo y las hemos abordado haciéndonos cargo de nuestra propia responsabilidad, pues somos parte de esta iglesia. Cada tentación se transforma en un nuevo desafío, en el contenido de una nueva agenda. Como es una iglesia viva y apasionada ya se están gestando modelos alternativos, comunidades de fe más 'abiertas', ministerios más plurales y una fuerte convicción de la unidad de la iglesia. Son tiempos nuevos que exigen respuestas nuevas, no carentes de debilidades y contradicciones, pero con la convicción de que 'el que comenzó tan buena obra … la irá perfeccionando hasta el día de Cristo Jesús' (Fil. 1.6).

Obras citadas

Birkman, R. W. (1996). *The Birkman Method*. Houston, Texas, EE.UU.: Birkman International.

Caballeros, H. (2002). *El poder transformador del evangelio de Jesucristo*. Guatemala: Publicaciones El Shaddai.

Castellanos, C. (2000). *El liderazgo de éxito a través de los 12*. Bogotá: Editorial Vilit & Cia. Ltda.

FIET. (1993). *Directorio y censo de iglesias de Buenos Aires*. Buenos Aires: FIET.

Fraternidad Teológica Latinoamericana (1993). CLADE III, *Tercer Congreso Latinoamericano de Evangelización*. Quito, Ecuador.

Gibbs, E. (2005). *La iglesia del futuro*. Buenos Aires: Editorial Peniel.

Grondona, M. (1999). *Las condiciones culturales del desarrollo económico*. Buenos Aires: Ariel Planeta.

Harrison, L. E., & Huntington, S. P. (2000). *La cultura es lo que importa*. Buenos Aires: Ariel Planeta.

Macedo, E. (1990.). *A libertacao da teologia (7a. ed.)*. Rio de Janeiro: Editorial Gráfica Universal.

Maxwell, J. C. (1996). *Desarrolle los líderes que están alrededor de usted*. Nashville, Tennessee, EE.UU.: *Editorial Caribe*.

Segura, H. (2002). *Hacia una espiritualidad evangélica comprometida*. Buenos Aires: Ediciones Kairos.

Wagner, P. (1995). *Espíritus territoriales*. Miami, Florida, EE.UU.: *Carisma*.

Wolman, B. B. (1987). *Diccionario de ciencias de la conducta*. México, DF:. México, DF: Trillas.

6

La elección del pastor como factor para un liderazgo transformador[45]

Antonio Carlos Barro[46]

Pocos han percibido cuán ingrata y tremendamente frustrante es la manera como las iglesias eligen a sus pastores y, a su vez, cómo los pastores eligen sus iglesias. No existe ningún estudio preliminar sobre las posibilidades de éxito o de error en la elección a ser realizada. Todo es realizado más o menos en la penumbra, 'orando' para que las cosas armonicen en sus debidos lugares y la felicidad ocurra para ambos lados: pastor e iglesia. ¿Por qué este modelo de elección pastoral ha fallado en el Brasil? Porque la mayoría de las veces el único criterio utilizado por las iglesias para la elección de pastores es convidar a algunos candidatos para predicar en un culto dominical. Dependiendo de la predicación, si es buena o es mala,

---

[45] Texto original: 'A escolha do pastor como fator para uma liderança transformadora', Manfred Waldemar Kohl-Antonio Carlos Barro (organizadores), *Liderança cristã transformadora* (2006), Londrina: Descoberta, pp. 81–108 (Alberto F. Roldán, traductor, Buenos Aires, 2009).

[46] Antonio Carlos Barro, un teólogo y misiólogo brasileño, recibió su Ph.D. en misiología de *Fuller Theological Seminary*. Es fundador y sirvió como presidente de la Associação Cristã Evangélica Sul Americana. También es fundador y por muchos años fue rector de la *Faculdade Teológica Sul Americana* (FTSA) en Londrina, Brasil; sigue en la FTSA como profesor de teología. Ha servido como pastor de la *Igreja Presbiteriana* en Londrina y en la región. Entre los libros que ha publicado, es coeditor con Manfred Kohl de una serie de cinco libros sobre la formación de líderes para la iglesia brasilera (*Ações transformadoras*). Enseña el curso 'Liderazgo en la iglesia' en PRODOLA, parte de la especialización de eclesiología. Antonio y su esposa Priscila tienen dos hijos adultos.

se convida o no a tal pastor. Este método es subjetivo. El pastor puede elegir su mejor mensaje y predicarlo muy bien y, después, no tener más el mismo desempeño. A algunos miembros les puede gustar y a otros no, y el liderazgo queda en dudas.

Me gustaría presentar algunas sugerencias, tanto para pastores como para iglesias, de cómo mejorar el proceso de elección pastoral. Los beneficios serán muchos y habrá un 'casamiento feliz' y duradero entre la iglesia y su pastor con vistas a un liderazgo transformador.

Lo que el pastor debe hacer para elegir bien una iglesia

Al elegir una iglesia donde el pastor espera ejercer su ministerio, es importante tomar en cuenta los siguientes asuntos.

Filosofía del ministerio

Pocos son los pastores que tienen una filosofía del ministerio. ¿Qué significa tal filosofía? Podemos definirla como un conjunto de directivas y postulados básicos, tanto para la iglesia, como para el pastor que debe servir de orientación en el desarrollo de la iglesia y del ministerio.

La filosofía del ministerio debe ser el primer ítem a ser consultado por el pastor cuando recibe la invitación para una determinada iglesia.

Conocimiento previo de la iglesia

Al recibir una invitación, el pastor debería gastar un poco de tiempo para conocer la iglesia que le invitó. Aceptar la primera invitación que aparece es más o menos semejante a un juego de adivinación. Nunca se sabe con seguridad cuáles son las posibilidades de un ministerio exitoso. ¿Cómo podría un pastor conocer mejor a la iglesia que lo invitó? Veamos algunas ideas.

Primero, sería bueno llamar por teléfono a algún colega que vive en la ciudad donde está localizada la iglesia. Las buenas informaciones podrán ser reunidas también con los colegas de otras denominaciones que están en la ciudad hace algunos años. Usted podrá preguntar sobre el concepto de aquella iglesia en la ciudad, entre los miembros del consejo pastoral. Use su buen sentido para filtrar las informaciones de los colegas a quienes les gustaría pastorear esa iglesia pero que no tuvieron oportunidad para eso, o todavía guardan algún tipo de rencor contra sus líderes.

Visitar la iglesia en uno de sus trabajos también sería una buena idea. Sería algo complicado si usted tiene parientes o conocidos en aquella iglesia, pero no cuesta nada hacer el intento. No avise a nadie de su visita y no se presente oficialmente a los líderes de la iglesia. Observe cómo es la liturgia, cómo los creyentes participan del culto, cómo son recibidas las visitas.

Anuencia de la familia

La familia del pastor es, por increíble que pueda parecer, la clave tanto del fracaso como del éxito ministerial. El pastor generalmente no presta mucha atención en lo que su familia está intentando comunicarle. Él está tan absorbido en su trabajo y en las oportunidades que surgen que se torna insensible a los sentimientos de su esposa e hijos. Dos cosas yo aprendí con amigos y he procurado poner en práctica.

En primer lugar, todas las puertas abiertas no son invitaciones para entrar. El pastor gusta de 'espiritualizar' muchas cosas, principalmente las oportunidades de trabajo. Generalmente oímos la famosa frase: 'Dios me está abriendo una puerta en tal lugar'. El ministro debería recordar lo que Lucas describe en Hechos 16.6–9 cuando el gran apóstol Pablo fue impedido por el Espíritu Santo de realizar un ministerio que aparentemente era o debería ser realizado. Dios tenía algo mejor para Pablo y para el avance del cristianismo. Si usted está con alguna puerta abierta, ore mucho para ver si Dios quiere que usted entre por ella o si debe esperar hasta que él muestre otra opción.

En segundo lugar, no vaya a una ciudad o iglesia a la cual su familia no quisiera ir. Esta regla es fundamental para un buen ministerio. Aquellos pastores que han desafiado a sus familias y aceptado pastorados en lugares donde los hijos y principalmente su esposa no quieren vivir, han derramado muchas lágrimas en la soledad de sus oficinas pastorales. Los pastores deberían tomar más en serio los sentimientos de sus familias. Muchas veces los hijos están acostumbrados a sus escuelas y amigos con los cuales juegan todos los días; la esposa tiene amigas en la ciudad. Hasta a veces tiene un empleo que ayuda mucho en el presupuesto familiar. Desestructurar toda la familia es un precio muy alto a ser pagado por el pastor.

Entrevista con el liderazgo

Tales entrevistas generalmente están más limitadas al grupo de presbíteros o directores de la iglesia. Son las personas que están en el liderazgo y que fueron elegidas para tales cargos. El problema de la entrevista es que, generalmente, ni el liderazgo ni el pastor saben qué preguntar unos a otros. La conversación es vaga y no produce resultados efectivos. Al terminarse la entrevista, la mayoría de las preguntas no han sido respondidas. Por lo tanto, pida que formen parte de esa entrevista otras personas líderes de la iglesia: jóvenes adolescentes, hombres y mujeres.

Antes de ir a la entrevista, haga una lista de todas las cosas que usted quisiera preguntar, inclusive las cosas que más preocupan al pastor y que generalmente no se preguntan para mostrar un 'aire de espiritualidad'. Preguntas tales como: salario, aguinaldo, vacaciones, fondo de garantía (8% debe ser depositado en una cuenta de ahorros), casa, escuela para los hijos, agua, luz, teléfono, auto y mantenimiento mecánico y combustible.

Es mejor aclarar lo que la iglesia ofrece para que después no se dé lugar a resentimientos de ambas partes.

Se debe preguntar aun lo que el liderazgo espera de su pastorado. ¿Cuáles son las expectativas en cuanto a su venida (lo que ellos quieren que sea cambiado, lo que debe ser dejado como está)? ¿Cuál es el compromiso de los líderes en el día a día de la iglesia? ¿Ellos ayudan en el cuidado de los creyentes? Preguntar para aclarar es mejor que comenzar todo en la oscuridad y tantear para encontrar las soluciones más tarde.

Finalmente, sería muy bueno que la esposa estuviera presente en la entrevista. Muchas veces las iglesias no están solo contratando al pastor, sino también a su esposa. La iglesia quiere que ella dirija el grupo de señoras, lidere las reuniones de oración, cante en el coro, toque el piano y otras cosas más. Debe quedar bien claro desde el comienzo de su pastorado que la iglesia está contratando a usted y no a su familia.

Renovación del compromiso

Hago un desafío a los pastores colegas del mismo ministerio: no acepten cualquier invitación sin antes pensar y orar sobre la misma. Una experiencia frustrada aquí y otra allá, son cosas que van contribuyendo a matar su vocación. Usted se va desacreditando en la iglesia y entre sus líderes. Usted no confía más en los creyentes y está desilusionado inclusive de los mensajes que usted predica, porque ellos no son más verdades para su propia vida y para su ministerio. Es hora de dar un ¡basta a todo esto! Renueve su compromiso con el Señor que lo llamó y espere por la puerta que él seguramente abrirá para usted y entonces podrá experimentar la misma sensación agradable de Pablo: 'Después de que Pablo tuvo la visión, en seguida nos preparamos para partir hacia Macedonia, convencidos de que Dios nos había llamado a anunciar el evangelio a los macedonios' (Hch. 16.10 NVI).

Lo que la iglesia debe hacer para elegir bien a su pastor

Al elegir su pastor, la iglesia debe tomar en cuenta lo siguiente.

Sus necesidades reales

El liderazgo oficial, en conjunto con algunas otras personas representativas de varios grupos de la iglesia, debería estudiar con más cuidado lo que la iglesia realmente precisa del nuevo pastor. Las iglesias a veces son tan inocentes en esa elección, que piensan que el pastor puede realizar bien todos los ministerios. Esto es un contrasentido y no es bíblico. Los pastores también tienen dones y ministerios. Unos son evangelistas, otros predicadores, otros consejeros, otros visitadores, y algunos administradores. Si una iglesia quiere expandirse y crecer en número, lo más lógico sería contratar un pastor evangelista; si ella quiere ser un buen centro de aconsejamiento familiar, debería contratar a un pastor a quien le guste ese ministerio. Lamentablemente no es así el proceso de elección porque los líderes muchas veces no saben las necesidades del rebaño. Contratan un buen visitador cuando les gustaría tener un maestro de la Palabra o contratan un maestro de la Palabra cuando les gustaría tener un evangelista. Lo que más me impresiona en el liderazgo de las iglesias, es que en la mayoría de las veces está compuesto por hombres y mujeres exitosos en la sociedad. Son microempresarios, profesionales liberales, personas emprendedoras que ponen buenos criterios en todo lo que realizan para sí mismas. Sin embargo, cuando se trata de contratar a un pastor para la iglesia, no usan buen criterio. Eso es difícil de entender.

Comisión pastoral

En Brasil, generalmente, quien entrevista a los pastores es el liderazgo oficial de la iglesia. Este liderazgo oye poco a la iglesia en el proceso de contratar y hacer dimitir a un pastor. Sería muy bueno que comenzáramos a promover en nuestras iglesias lo que en otros países ya se tornó en una realidad: constituir una comisión que tendría representantes de varios grupos de la iglesia (hombres, mujeres, jóvenes, adolescentes, oficiales) para que elijan a un pastor adecuado a las necesidades de la congregación. Esta comisión debe estar compuesta por la asamblea de la iglesia y a ella se debe informar. Ella no debería ser independiente para realizar su trabajo y presentar el resultado final en la asamblea.

Filosofía del ministerio

Habiendo determinado las reales necesidades de la iglesia y constituido una comisión que ya fue debidamente instruida sobre el asunto, se debe buscar en el mercado aquel pastor que completa los requisitos ya formulados anteriormente. Se pide de cada pastor interesado en la iglesia su curriculum y también su filosofía de ministerio. Solamente así la comisión podrá determinar qué pastor será más adecuado a sus necesidades.

Entrevista con el pastor

La misma línea de conducta establecida arriba para el pastor deberá también orientar a la iglesia. Debe quedar bien en claro lo que la iglesia espera del pastor, cuáles son las expectativas en relación con él, cuáles son los programas que ella tiene y que le gustaría mantener. También hay que determinar claramente cuáles son los beneficios financieros y qué ofrece la iglesia además del salario.

Es posible que después de pasar por tales baterías de tests, la iglesia llegue a contratar a un pastor que realmente va a hacer una gran diferencia y que va a marcar la vida de esa iglesia positivamente. Es verdad que los pasos descritos darán trabajo y que muchas veces es más fácil pasar por arriba de ellos, pues, al final, tenemos prisa en la obra del Señor. ¿No es cierto? Sin embargo, los pastores y las iglesias deberían mirar hacia el pasado y ver a dónde esa prisa les ha conducido. Hemos visto iglesias y más iglesias que entre año y año continúan exactamente como siempre estuvieron: estancadas y con pocos miembros. Ellas no van ni para adelante ni para atrás. Son comunidades frustradas y frustrantes, portadoras de un mensaje que no produce más vibraciones en los corazones sedientos de agua viva. Es siempre la misma cosa.

Entonces, vale la pena tomar todo el tiempo necesario para escuchar y dialogar bien con los candidatos y elegir con criterio el pastor futuro de la congregación.

En el próximo ítem, yo quiero mostrar la importancia de conocer bien la cultura eclesiástica de una iglesia y así prepararse mejor para el choque cultural y evitar que el mismo venga a 'matar' en el mismo inicio un ministerio pastoral.

Cultura eclesiástica y formación pastoral

Una de las grandes fallas en la educación teológica es que los pastores no reciben entrenamiento en el área de antropología cultural. Esta laguna ha sido completada en los cursos de misiología que han surgido en varias escuelas de misiones en Brasil. La falta de estos recursos ha sido la causa de muchos pastorados infelices y, consecuentemente, de alta rotatividad encontrada en el ministerio.

Al entrar en una nueva cultura ha de tenerse en mente las etapas por las cuales pasará la persona que se está iniciando en la cultura hospedadora, en nuestro caso el pastor y la iglesia. En primer lugar, existe una fase *turística*. En este inicio todo es deslumbrante. La iglesia es buena, los creyentes son sensacionales, la ciudad es maravillosa. Esta es la fase de los descubrimientos, y es semejante a alguien que sale para un paseo turístico donde todo es maravilloso. En segundo lugar, viene la fase de *despertar a la realidad*. Esto ocurre después de un tiempo de aquella maravilla y el pastor cae en la cuenta de que la iglesia no es tan buena, los departamentos tienen fallas internas, los presbíteros no son tan simpáticos como parecían, y la escuela de los hijos presenta una serie de defectos. Es en este período que comienzan las comparaciones con otras iglesias y generalmente la congregación actual pierde en esas comparaciones. El pastor ahora está entrando en la tercera fase: la del *choque cultural*. En este momento, él está frente a una encrucijada. Tiene dos opciones: luchar contra el sentimiento de rechazo y aceptar el nuevo desafío que se le presenta, o ceder a los pensamientos negativos y preparar las valijas para la próxima iglesia.

El conocimiento de estos detalles ayudará al pastor a prepararse mejor para enfrentar la batalla de la transición pastoral. Él haría muy bien en compartir esto en un lenguaje apropiado con sus hijos y esposa. La transición continúa siendo una cosa complicada, pero ciertamente será más amena y el pastor sabrá luchar contra los problemas que ello acarrea.

Uno de los problemas de transición es el uso adecuado del tiempo, principalmente el tiempo para los nuevos cambios que el pastor quiere implantar. A continuación me gustaría delinear algunos aspectos que envuelven los cambios en la vida de la iglesia.

Recientemente he pensado e intentado desarrollar lo que llamo 'cultura eclesiástica'. Esto podría ser definido como: el conjunto de normas y conductas que determinan el modo de ser de una iglesia. Cada iglesia tiene sus características y, por lo tanto, seríamos inocentes en pensar que las iglesias son iguales, que algo que fue hecho en una comunidad también podrá ser realizado en otra. Partiendo de este razonamiento erróneo, el pastor asume la iglesia con mil ideas en su cabeza y cree en su ser íntimo que es exactamente lo mismo que la iglesia precisa y que recibirá las innovaciones con los brazos abiertos. Nada más lejos de la realidad que tal pensamiento. Veamos algunos detalles que contribuyen a que las nuevas ideas del pastor no produzcan los resultados esperados.

Falta de confianza

Todo cambio de pastor automáticamente genera en el medio de la comunidad un cierto desánimo. Muchas veces es difícil de percibirlo porque el mismo está encubierto por la expectativa de la llegada del nuevo pastor. Los creyentes que están en la iglesia hace mucho ya experimentaron casi todas las ideas que conducirían al pueblo a un entusiasmo creciente para con las cosas de Dios. Los últimos pastores hicieron desafíos, cambiaron el horario de los cultos, introdujeron células familiares, grupos de oración en los hogares, evangelismo de casa en casa y tantas otras cosas. Ahora llegó la hora de traer innovaciones. ¿Por qué usted piensa que el pueblo recibirá todas sus ideas con brazos abiertos? ¡Piense por un instante! ¿Por qué debería un creyente pasar por todo el trabajo de cambiar esto, de integrar aquello, si una vez que usted salga de aquella iglesia el nuevo pastor cambiará todo de una vez? ¿No es exactamente lo que usted está haciendo ahora? ¿No está usted desmantelando todo lo que su antecesor hizo?

La confianza en el ministerio pastoral no es adquirida por causa de la posición en que el mismo ocupa sino que se consigue lenta y gradualmente. El pueblo quiere ver el compromiso de aquel pastor con la comunidad, quiere ver si al final del año él no irá a abandonarla por otra iglesia que paga más de lo que él recibe hoy. Quiere ver su compromiso con los programas que aparentemente están yendo bien y ver si él los abandona en la primera dificultad.

Falta de conocimiento histórico

Sería muy bueno asumir una iglesia de la cual el pastor pudiera leer las actas del directorio de los últimos diez años. Descubrirá todos los proyectos soñados: aquello que fue realizado, y aquello que fue abandonado en medio del camino. Otra fuente segura para conocer la iglesia es leer los boletines dominicales de algunos años pasados. Esos boletines son fuentes históricas de cómo la comunidad se desarrolló en los pastorados anteriores. Es interesante notar que muchas de las ideas brillantes del nuevo pastor ya fueron probadas. Una que ya fue probada varias veces es lo que llamamos 'células familiares' o 'grupos pequeños'. Este programa es muy difícil de implantar y la comunidad ya no tiene más entusiasmo para una nueva tentativa.

No estamos aquí sugiriendo que no se haga más nada de nuevo en las iglesias, que programas que no fueron exitosos no pueden ser intentados nuevamente. Muchos pueden y podrán dar sus frutos, pero estamos sugiriendo que el pastor sepa lo que ya sucedió en la iglesia antes de su llegada para evitar problemas de proponer algo que fue tremendamente frustrante para el pueblo y que todavía está en su memoria.

Falta de humildad

La falta de humildad de muchos pastores también es factor contribuyente para el fracaso pastoral. Ellos mantienen una actitud distante del pueblo y, por lo tanto, no consiguen oír los anhelos de la comunidad. Sugerencias para la mejoría o nuevas ideas no llegan al oído del pastor que 'sabe todo'. No es de admirarse cuando los problemas ocurran, este pastor quedará solo, pues no tendrá nadie a su lado, a no ser dos o tres dirigentes de la iglesia que tienen el mismo estilo de mando y dominio parecido al pastor.

Esta epidemia generalmente se encuentra, por más increíble que pueda parecer, en los pastores nuevos. Se trata de quienes recientemente fueron formados en nuestros seminarios. El individuo sale de la escuela de teología con la cabeza llena de un academicismo arcaico, de una teología importada de los Estados Unidos desde el inicio del siglo xx, que no tiene absolutamente nada que ver con la realidad de nuestro pueblo, y llega a la iglesia como 'señor' del saber. Cambia esto, cambia aquello, no respeta la liturgia que le gusta al pueblo, predica cosas que el pueblo no entiende, acaba con la vida de cualquier iglesia. No es de admirarse que más o menos a la mitad del año la mayoría de las iglesias ya está pensando en otro pastor para sustituir a aquel que acabó de salir del seminario.

Falta de conocimientos bíblicoteológicos

La falta de conocimiento bíblico, principalmente teológico, de la mayoría de los pastores es alarmante. Esta práctica difundida por muchas iglesias de 'formar' pastores con un curso de tres meses ha contribuido con esta pobreza que hemos visto en las predicaciones. En las iglesias donde la Biblia no es predicada con profundidad tendremos una gran cantidad de creyentes inmaduros pues ellos no saben relacionar la fe con el mundo, y no saben cómo proceder cuando los problemas comienzan a ocurrir en sus vidas. Una de las consecuencias de falta de Biblia es la gran cantidad de aconsejamiento pastoral que el pastor está obligado a dar. Creyentes que precisan del pastor para tomar cualquier tipo de decisión, desde las más simples hasta las más complejas. Cuando esto ocurre, el pastor puede ser tentado a pensar que él está siendo muy útil para su comunidad. Otros llevan a la comunidad a una dependencia exagerada de su presencia. Algunos caen en la tentación de sobredimensionar su lugar en la vida de la iglesia.

Podemos tener la más absoluta certeza de que donde la Biblia es estudiada, y no solamente leída como pretexto para lo que se va a hablar, el pueblo ha de oír. Los pastores que quieren ver crecer a la iglesia, deben cumplir bien esta función que les cabe que es estudiar la Biblia para después enseñar al pueblo. Pastores que no estudian, no leen, no hacen algún curso extra de actualización, no participan de congresos, con seguridad estarán poco tiempo en sus iglesias. Si ellos continúan en las iglesias, entonces son los creyentes quienes cambian de iglesia. La vida para este pastor comienza a estar complicada. Él pasa a ser conocido por causa de esto o aquello y a poco tiempo queda sin iglesia en su región, no restándole otra alternativa que sea mudar para otro estado o provincia o para algún lugar lejos de donde está actualmente. Comienza allí su peregrinación de iglesia en iglesia.

¿Qué puede hacerse para mejorar la transición pastoral?

Me gustaría sugerir algunos pasos que podrán ser dados para ayudar en la transición pastoral. No es posible, naturalmente, agotar aquí el asunto, pero creo que las ideas relacionadas a continuación podrán ser de ayuda inestimable para todos nuestros pastores.

Desarrollar el modelo pastoral de Cristo

La humildad es una de las virtudes más apreciadas en el ser humano. Ser humilde es seguir los pasos de Jesucristo, vivir como él vivió, ser lo que él fue. En materia de ministerio, el ejemplo de Cristo nos sirve de plataforma de trabajo. En Filipenses 2.5–8 el apóstol Pablo nos enseña el secreto de nuestro Señor.

Jesús era muy rico y como tenía una misión a cumplir, un mensaje a ser comunicado a la raza humana, él se hizo pobre asumiendo la forma de hombre y entre los humanos se tornó siervo. ¿Cuál era su propósito al actuar de ese modo? Pablo responde en una de sus cartas respecto al propósito de Cristo con su iglesia: 'presentársela a sí mismo como una iglesia radiante, sin mancha ni arruga ni ninguna otra imperfección, sino santa e intachable' (Ef. 5.27). Cristo sabía que no podría alcanzar el corazón de la humanidad si él no se encarnase en su medio. Él descendió, se horizontalizó, para después subir y, en su elevación, llevó a la iglesia a lograr el estado planeado por el Padre.

De modo semejante deben ser los pastores. No vamos a negar que el pastor, de una manera general, conoce más que la mayoría de los creyentes. Él estudió, leyó, escribió teología. Está actualizado con el mundo eclesiástico, conoce autores y todo lo demás. Debe, por lo tanto, tener como objetivo en su pastorado llevar a la iglesia a conocer lo que él conoce, llevar a la iglesia a alcanzar el nivel en el que él está. Para que esto acontezca, debe seguir el modelo de Cristo. Inicialmente debe descender al nivel del pueblo. Predicar mensajes que el pueblo entienda, realizar programas más simples. Caminar horizontalmente con el pueblo y al poco tiempo, iniciar la etapa de elevación, el estado de crecimiento del nivel de conocimiento bíblico. Haciendo así, el ministro crece junto con la iglesia, gana su respeto, no por causa de su autoridad formal, o por la posición que ocupa, sino por causa de su amor por el pueblo y su compromiso con ellos.

No desarrollar el 'síndrome del llanero solitario'

Un estilo de película que a mí me gusta es el *western*, principalmente aquellos filmes antiguos. Un día un profesor que yo tenía, el Dr. Paul Hiebert, nos advirtió sobre el final de esas películas. 'Note', dijo él, 'que el héroe del filme siempre queda solo. Después de cumplir con su misión, deja la muchacha en el rancho y parte para una nueva aventura. Él tiene miedo de relacionarse, de permanecer en la amistad con otros.' Muchos pastores son jinetes solitarios en sus pastorados. Son almas infelices que pueden ayudar a todos en la iglesia, resolver el problema amoroso de un matrimonio que está por separarse, ayudan a alguien a conseguir un empleo, aconsejan a la muchacha que se quiere casar. Ayudan a todos, pero no tienen a nadie quien les ayude. Cuando comencé en el ministerio yo escuchaba decir que el pastor no puede tener amigos en la iglesia, pues esto podría comprometerlo un día.

En una nueva iglesia, el pastor debe tener amigos. Su familia debe tener una o más familias para convivir, para tener juntos momentos de esparcimiento. Los primeros amigos del pastor deberían ser sus líderes de la iglesia. La gente nota si existe un distanciamiento muy grande entre el pastor y sus presbíteros o diáconos. Procure, por lo tanto, una aproximación con sus líderes. Tenga momentos en que la discusión no sea algún problema de la iglesia. Tenga momentos para frecuentar una pizzería para desarrollar juntos una relación amigable y cristiana. Recuerde: Jesús anduvo con sus discípulos.

No desarrollar el 'síndrome de Júpiter y Mercurio'

Cuando Pablo y Bernabé llegaron a la ciudad de Listra, ellos encontraron un hombre que nunca había caminado. Aquel hombre fue curado por el apóstol Pablo, incidente que causó gran tumulto entre el pueblo, que gritaba en lengua licaónica: '¡Los dioses han tomado forma humana y han venido a visitarnos!' (Hch. 14.11b). Llamaban Júpiter a Bernabé y Mercurio a Pablo. Y todavía más: el sacerdote de Júpiter quería ofrecer sacrificios a estos dos misioneros de Dios.

Pablo y Bernabé tenían aquí una gran oportunidad de recibir un tipo de adoración. Es un hecho que al ser humano, caído en el pecado, le agrada recibir la adulación de otros. Vibra cuando las personas necesitan de sus méritos, va a las alturas cuando le es requerido un favor y está en sus manos decir sí o no. En estas horas el ser humano alcanza el pico de su ignorancia, colocándose en el lugar del creador. Para evitar el síndrome de Júpiter y Mercurio debemos hacer lo siguiente.

1. Practicar la indignación: Pablo y Bernabé rasgaron sus vestiduras. Este gesto significa que ellos no eran superiores a nadie. Ellos eran hombres sujetos a las mismas pasiones que aquellas personas de Listra. Es ridículo ser servido cuando Jesús, el Señor, no lo fue.

2. Reconocer la vanidad: Es una vanidad recibir la adulación de otro ser humano. Esto no trae ninguna dignidad, antes es lo contrario, pues deshumaniza al ser humano creado a la imagen y semejanza de Dios.

3. Pasar por la experiencia de conversión: Creer que Dios es soberano y creador de todas las cosas. Cuando Dios es colocado como el Señor de la vida y la persona experimenta realmente ese señorío, ella pasa a ver a los otros como Jesús veía: con compasión.

Sin estos tres ingredientes, la persona queda sujeta a gustar de la adulación y de los honores. Vivirá en un pedestal de gloria y de satisfacción del ego que contribuirá mucho con la falta de madurez en la iglesia.

Valorizar el ministerio de otros

No existe algo que desanime tanto a una comunidad que tener un pastor que no da espacio para que el pueblo coloque sus dones y ministerios en acción. Hay muchos pastores que son tremendamente frustrados en sus realizaciones y que desarrollan un sentimiento de baja estima que no tiene fin. Son inseguros al extremo y piensan que todos están queriendo robar su 'gloria' del ministerio. Si alguien en la iglesia realiza algo que es un éxito, aquel pastor encuentra que los otros van a ver que él no es tan importante como parecía. Las personas no lo van a elogiar. Su 'gloria' será repartida con el resto de la comunidad.

El pastor tiene que entender que el éxito de toda la comunidad está en directa proporción al éxito de su ministerio y, consecuentemente, a su permanencia en aquella iglesia. Siendo así, cortar o limitar el ministerio de otros es un suicidio ministerial tan cierto como la salida del sol cada día. El profeta Elías tenía esta tendencia a creer que solo él permanecía fiel al Señor y fue preciso que Dios le abriese los ojos para ver a otros siete mil que también estaban en pie en el compromiso asumido de andar al lado de Dios.

Encontrar agentes de cambio

Cada iglesia, independientemente del tamaño, tiene aquellas personas que llamamos agentes de cambio. Estas son aquellas personas que ya están bien integradas en la comunidad, son del medio, pertenecen a aquel pueblo y por lo tanto son oídas y respetadas por lo que dicen. La tarea del pastor es descubrir quiénes son los agentes de cambio en su nueva iglesia y a través de ellos implantar una nueva filosofía de ministerio, una idea más avanzada, un programa esencial de evangelismo.

La gran ventaja de tener estos agentes de cambio al lado del pastor es inmensurable. Esos agentes no precisan probar a la comunidad que ellos son confiables, no precisan de tiempo para probar el compromiso de ellos con la iglesia. El pastor haría muy bien en gastar un tiempo para descubrir quién en la comunidad ejerce tal papel y realizar con esas personas un programa de discipulado y ganarlas para su causa. Ocurre lo contrario cuando esas personas no son oídas o respetadas. El pastor puede tener la más absoluta certeza de qué pasará cuando esto ocurra.

La cultura eclesiástica es mucho más importante de lo que pensamos. Debemos gastar tiempo estudiando nuestras iglesias, conociendo su historia, no solo de su denominación, sino principalmente de la iglesia local. Un día oí una historia sobre un pastor que, al asumir el pastorado de una iglesia, el colega que había salido le entregó tres sobres cerrados. Dijo que el nuevo pastor debería abrirlos cuando ocurriera la primera crisis. Los primeros meses de pastorado fueron una belleza: el pastor era bueno, predicaba bien, visitaba y todo lo demás. Surgió entonces la primera crisis. Él recordó la recomendación del pastor anterior y abrió el primer sobre en el que estaba escrita la siguiente orientación: 'Coloque la culpa de la crisis que la iglesia pasa en el pastor anterior'. De ese modo, él lo hizo, y todo se normalizó. No demoró mucho tiempo y vino la segunda crisis. Él abrió el segundo sobre y leyó: 'Invente un programa nuevo y genere entusiasmo.' A eso siguió un período de tranquilidad. Inevitablemente, surgió la tercera crisis y allá fue nuestro pastor a abrir el tercer sobre para, consternado, leer: 'Prepare otros tres sobres y entrégueselos al próximo pastor'. O sea: la iglesia siempre queda y el pastor siempre parte.

Las expectativas de la iglesia y del pastor

No es fácil asumir una iglesia para pastorear. Son tantas las expectativas del pastor y también de la iglesia. El pastor sueña con tener una iglesia grande, de llevarla a ser conocida en la ciudad, de ser respetado como pastor de una buena iglesia. La iglesia sueña con salir de su estancamiento, de ver nuevas congregaciones que surgen, de tener una juventud vibrante. Naturalmente, las tensiones mayores están sobre los hombros del pastor que está llegando, porque al final de cuentas él está siendo contratado para solucionar problemas que el anterior no solucionó. Normalmente, una iglesia cambia de pastores porque juzga que su pastor actual no es suficientemente bueno para ella. De lo contrario, ¿por qué cambiaría?

Siendo así, no se entusiasme con los elogios que comienza a recibir en los primeros meses de pastorado. Recuerde que su antecesor también los recibió. No se entusiasme aun cuando fuere comparado con el anterior y reciba mayores elogios. 'Ahora, sí, tenemos un pastor que predica bien'. 'Este, sí, que es visitador'. Luego, la iglesia estará 'descubriendo' sus defectos, y usted ya no será tan bueno. ¿Estoy diciendo que todos los elogios son falsos? Naturalmente que esta no puede ser una afirmación absoluta, pero tenga mucho cuidado, porque en la mayoría de las veces las mismas personas que estarán hablando mal del otro pastor serán las que van a hablar mal de su ministerio. Son personas entrenadas en esta misión de derrumbar pastores. No haga nada contra ellas, pero esté atento en cuanto a lo que están haciendo en la iglesia.

Cómo evitar algunas tensiones y mantener su integridad pastoral

Hay algunos consejos que la iglesia ha de tomar en cuenta si desea evitar algunas tensiones para poder reforzar la integridad de su pastor.

Los ítems no negociables

Ya mencioné anteriormente sobre la filosofía bíblica del ministerio. Todo pastor, viejo o nuevo en el pastorado, debería formular una filosofía bíblica del ministerio. Ella será una brújula para usted que lo orientará en momentos de crisis. Usted será presionado para abandonar sus ideas, sus convicciones, aquello que usted cree como importante para el ministerio. Usted debe oír todas las propuestas (al final usted es educado), usted debe analizar las presiones de los otros (usted es inteligente), y finalmente usted debe saber lo que puede o no puede negociar (usted es sabio). En cierto sentido, 'no venda su alma al diablo', comprometiéndose hoy aquí, mañana allí. Así su ministerio estará totalmente descalificado, sin carácter y al final de cuentas usted será el perdedor. No piense que las personas que lo presionaron para abandonar sus principios van a quedarse con usted. Usted será visto como fracasado y, por lo tanto, no apto para pastorear la iglesia de estas 'fieras'.

Creer en la soberanía de Dios

Si hay alguien en la iglesia que debe creer en la soberanía de Dios más que en cualquier otra persona, ese debe ser el pastor. Obligado en cierto sentido a no tener una 'profesión' reconocida, la única cosa que sabe hacer es pastorear la iglesia. Por causa de esto, muchas veces el liderazgo aprovecha esta aparente 'flaqueza' del pastor para sacar algún provecho. El pastor, por otro lado, está tentado a pensar en el sostén de su familia, en la leche para los niños, en el alquiler de la casa y todo lo demás. Él sabe que no tiene muchas alternativas como tiene un médico, un ingeniero, un dentista. Por eso, se somete a ciertos caprichos del liderazgo. El pastor tiene que tener coraje para decir no, para enfrentar a los dueños de la iglesia y no permitir que las circunstancias momentáneas de la vida permitan que él abandone sus principios. Sería bueno recordar aquí las palabras de aquel a quien Jesús pidió que pastoreara sus ovejas, el apóstol Pedro, cuando dice: '¿Es justo delante de Dios obedecerlos a ustedes en vez de obedecerlo a él?' (Hch. 4.19b). ¡Sí, es mucho más importante obedecer a Dios!

Ser fabricante de tiendas

Si es posible, desarrolle una actividad en la que usted llegue a ser en poco tiempo un fabricante de tiendas como lo fue el gran apóstol Pablo. Por muchos años oímos sobre la cuestión de tiempo completo o tiempo parcial. Eso es un anzuelo. No existe pastor integral o pastor parcial. Hay muchos pastores integrales en tiempo y que son totalmente parciales en su ministerio. No realizan casi nada. No tienen entusiasmo para leer un nuevo libro o para realizar un curso de actualización teológica. Están parados en el tiempo y espacio. Hay pastores que son abogados, médicos, propietarios de librería, escritores y profesores. Estas actividades, al contrario de servir de tropiezo, sirven de puentes para el mundo. Ellos están en contacto con personas reales, pecadores que precisan de la gracia de Dios. Si usted tiene condiciones de volver a estudiar, hágalo. Los pastores generalmente son las personas más alienadas dentro de sus comunidades. Ellos solamente conversan con creyentes, visitan los creyentes, aconsejan a creyentes. No es sorpresa observar, por lo tanto, el retroceso de sus ministerios. Nosotros los pastores debemos estar en el mundo. Ser sal de la tierra y luz del mundo debe ser nuestro objetivo.

El pastor y sus finanzas

Todos sabemos que los pastores, en su gran mayoría, reciben muy poco salario. Lo que todavía salva al pastor es que las iglesias tienen una casa, a veces que se cae a pedazos, mal cuidada, pero tienen, y eso ayuda mucho en el presupuesto.

Por mucho tiempo ha estado en la mente del pueblo creyente que el pastor es un sujeto abnegado, llamado por Dios para pasar hambre por causa del Maestro. Este pensamiento no sólo es ridículo sino también antibíblico, formulado en las entrañas del infierno para aniquilar el entusiasmo de los siervos de Dios y desviarlos de la misión confiada a ellos por el Señor Jesús. Me gustaría sugerir a los pastores y a las iglesias que coloquen en práctica algunas de las ideas que ofreceré a continuación con el fin de proporcionar un salario más digno a su pastor y así cumplir bien la ley de Cristo.

Buen sentido

El buen sentido es una de las cualidades que ningún pastor debería dejar de tener. Siendo así, una de las primeras disposiciones del pastor cuando está todavía soltero y, principalmente, cuando se acerca su casamiento, es formular una teología bíblica del dinero. Cuál será su relación con el dinero, cuánto va a gastar y cómo, y si va a ayudar a alguien más allá del diezmo. Usted será invitado a salir como garante para algún creyente. ¿Cuál será su respuesta? Alguien podrá pedir prestado al pastor. Son cosas que pueden ocurrir y usted tiene que estar preparado para ellas.

Comprar algún inmueble

El pastor debe aprovechar los primeros años de pastorado para intentar comprar alguna cosa para su familia. En su ciudad, busque un lugar donde se vendan lotes y compre uno. No importa lo lejos que esté del centro. Compre algo que usted pueda pagar por mes. Yo he aconsejado a los pastores nuevos a hacer esto después de la ordenación. Usted podrá demorar dos o tres años para pagar, pero estará pagando algo que es suyo y que en el futuro podrá dejar a sus hijos. Piense también que cuando usted se jubile, precisará de una casa para vivir, y entonces, mi querido pastor, deberá olvidar la casa pastoral.

Yo siempre recuerdo una vez en que estaba por dejar una iglesia que pastoreaba y traje un joven pastor para ser entrevistado por el comité. Después de un tiempo de reunión él vino a verme y me dijo sobre la expectativa que tenía el comité y que realmente la iglesia estaba buscando un pastor dinámico, que fuese joven. Cuando el comité le dijo eso, él se quedó pensando en cuando fuese viejo. ¿Qué comité de la iglesia lo querría como pastor? La frase de aquel joven pastor quedó grabada en mi mente hasta hoy. Yo siempre pienso en la situación del pastor cuando se vuelve viejo. Conocí otro pastor que no murió en un asilo porque una hermana de la iglesia se casó con él para cuidarlo en su ancianidad.

Pastor bueno es el pastor joven y en actividad. El pastor jubilado trabaja en 'tierra de nadie'. Por eso, él tiene que tener una casa para morar en su tiempo de jubilación. No importa la ciudad. Importa tener algún lugar. Por lo tanto, querido pastor, luche con todas sus fuerzas para tener alguna cosa. Cualquier cosa es mejor que nada. ¿No es así?

Ahorrar para el futuro

Lamentablemente, el pastor no recibe todos los beneficios que un trabajador común recibe de sus empresas. Esto quiere decir que él no tiene un fondo de garantía para comprar una casa; no tiene una jubilación privada digna cuando envejece. El pastor debería leer más sobre la economía de su país y buscar algún tipo de inversión para su vejez. Es una ilusión pensar que lo que proviene del instituto de jubilaciones será suficiente para su tiempo de retiro. Si usted está en condiciones de tener algún ahorro mensual en un fondo de inversiones, hágalo y tendrá sus recursos de jubilación para vivir un poco más dignamente. Un buen gerente bancario podrá ayudarlo en estas cuestiones de inversiones.

Vivir de acuerdo con su salario

Muchos pastores son completamente descontrolados en materia de dinero. Gastan más de lo que ganan y están siempre con las cuentas bancarias y las tarjetas de crédito en rojo. En materia de dinero el descontrol es fatal para disminuir cualquier pastorado. Esto también debe ser conversado en casa con la esposa y principalmente con los hijos, que muchas veces no entienden por qué ellos no pueden tener ropa de moda, el juguete del momento o pasear en la playa durante las vacaciones.

Consideraciones finales

Podemos añadir algunas consideraciones adicionales.

Cómo tener un pastor feliz

Una cosa es cierta: nuestras iglesias están completamente sin preparación en materia de proveer un sustento digno para sus pastores. Las iglesias que están encuadradas en el grupo de excepciones son pocas, pero deben ser reconocidas por el empeño y amor que demuestran a sus ministros. A continuación, ofrezco algunas ideas sobre cómo tener un pastor competente y comprometido con la iglesia por un buen tiempo.

Desarrollar una política salarial: Así como en las empresas privadas, la iglesia debería tener una política salarial más equilibrada y justa. Muchas veces la iglesia sigue la orientación de la denominación al pie de la letra y, aunque tenga condiciones, no consigue proporcionar un salario más elevado para sus obreros. Sugiero que cada iglesia en su contexto ajuste los honorarios del pastor.

¿Cómo puede hacerse esto?

Calcule como base el salario medio del directorio de la iglesia. ¿No es increíble que muchas veces una iglesia compuesta de personas con salarios buenos tenga capacidad solo para pagar el salario mínimo al pastor? Tienen algunos dirigentes en la iglesia que piensan que el pastor tiene realmente que ganar poco. ¿Por qué este tipo de pensamiento? Creo que una de las respuestas es aquella de la 'falsa humildad' del pastor. Él nunca quiere tratar el asunto, deja todo a cargo del comité o directorio y después queda resentido con lo poco que gana.

Ser justa: La iglesia no debe pagar solamente el salario del pastor. Debe también depositar el 8% de su salario en una cuenta de ahorros y cuando el pastor salga de esa iglesia tendrá un recurso para ayudarle en su nueva ciudad de residencia.

Ser generosa: La iglesia debe incentivar a su pastor a hacer por lo menos un curso de actualización por año y pagar los gastos del mismo. Debería tener también una beca para compra de libros e incentivar a su pastor a actualizarse con el desarrollo de la teología. Muchos pastores no compran libros porque tienen que escoger entre los mismos o la leche y la ropa de sus hijos. Se pide que el pastor use traje y, muchas veces, es el único que se viste de ese modo, pero no se lo auxilia en la compra del mismo. Son cosas que una buena iglesia debe estar atenta y, si la iglesia de la cual usted forma parte no realizara nada de estas cosas, puede tener la certeza de que ella no es una buena iglesia.

La responsabilidad de educar a la iglesia en estas cuestiones cabe al pastor que tiene un poco más de conciencia respecto a sí mismo y su ministerio. Si esto no acontece en su pastorado, por lo menos usted preparará un camino mejor para aquel que irá a substituirlo y tendrá esperanzas de que su nueva iglesia será mejor que la actual.

.

7 Hacia una hermenéutica bíblica de la pareja humana

Enrique Guang Tapia[47]

Los arquitectos, antes de construir un edificio, primero conciben en su mundo interior la forma, tamaño, belleza, propósitos, materiales, costos y otros detalles del mismo. Esta concepción del arquitecto se llama *diseño*, el cual lleva las marcas del diseñador, según sea su personalidad y trasfondo cultural. El arquitecto materializa esa concepción en un plano, antes de convertirla en realidad. En este proceso, ocurre que el arquitecto deja en sus obras una parte de sí, de suerte que es posible deducir quién fue el que diseñó el edificio, con solo mirar la construcción terminada.

Hemos elegido intencionalmente el concepto de diseño porque este revela, desde lo más profundo del ser del arquitecto, su forma particular de ver el universo, la vida, el ser; revela cómo el arquitecto concibe los fines y naturaleza de lo que se propone crear.

Siguiendo la analogía anterior, tenemos un interés especial en rastrear la historia de la creación de la pareja humana en las Sagradas Escrituras,

---

[47] Enrique Guang Tapia viene de Ecuador y vive en Costa Rica. Recibió su Ph.D. en el área de psicología de la familia de la Universidad de Barcelona en España. Ha servido en varios roles en Ecuador y Costa Rica: psicoterapeuta de pareja y familia, psicólogo clínico, pastor y profesor de antropología y psicología en la Universidad Católica de Santiago (Guayaquil, Ecuador) y la Universidad Nacional de Costa Rica (Heredia). Es rector fundador de la Universidad Evangélica de las Américas en San José. Sus publicaciones incluyen *El enfoque sistémico-comunicacional de la familia* y *Tecnología educativa y educación teológica popular*. Enseña dos cursos en PRODOLA: el curso troncal, 'Metodología de la investigación doctoral,' y un curso en la especialidad de eclesiología, 'Psicología de la experiencia religiosa'. Enrique está casado con Tatiana Anderson, y tiene tres hijos mayores y tres nietas.

para relacionarla con el Arquitecto que la diseñó. Deseamos identificar la naturaleza y las características fundamentales de la pareja, según el diseño original. Intentaremos conocer, hasta donde sea posible, cuáles fueron los propósitos primarios del Arquitecto, al crear a la pareja humana. Y, por último, necesitamos saber cuáles son los vínculos resultantes entre el Creador y la pareja humana.

La hermenéutica misógina de la mujer en la pareja humana y la necesidad de una hermenéutica bíblica

Más que en cualquier otro ámbito, es en el de la pareja humana donde se requiere con urgencia construir una ciencia de la interpretación o hermenéutica que presente a la mujer desde los significados primarios de la creación, liberada al máximo de los condicionantes culturales. Por demasiados siglos Israel y la iglesia han sustentado algunas posiciones hermenéuticas elaboradas sobre los patrones y filosofías paganos, que manifiestan un claro menosprecio por el género femenino, a lo que se denomina *misoginia*. Así, el menosprecio del cual por muchos siglos las mujeres habían sido objeto en las culturas paganas se trasplantó hacia el pueblo de Israel y a la iglesia, validándose aun más dicha hermenéutica con el uso de apoyo de algunos pasajes bíblicos conflictivos o interpretados inadecuadamente.

Como resultado de lo anterior, la diferencia de los géneros masculino y femenino diseñados originalmente por Dios para el emparejamiento y la felicidad del 'adam (humano) se ha convertido en la base del distanciamiento entre estos, condición tal que, consecuentemente, condujo al estilo de vida matrimonial dispar. La simetría, en el sentido de la igualdad de naturaleza de la pareja por ser de la misma especie se cambió por la complementariedad unilateral o dependencia no mutua. Este es el origen de la forma jerarquizada de convivencia, con pocas excepciones, con el varón como dominante y la mujer dominada; con el varón en condiciones de superioridad y la mujer en inferioridad; con el varón autoritario y la mujer en condiciones de sometimiento; con el varón formando el grupo de los de arriba y la mujer en la condición de los de abajo; con el varón como el que tiene el control y está a cargo de la familia y la mujer, quien no tiene el control sino que está en dependencia (Bateson, 1935, 1972, citado por Simon *et ál.*, 1988, pp. 73–74).[48]

---

[48] La complementariedad y la simetría son términos acuñados por Bateson para describir unos modelos de relación, en quienes las conductas y las aspiraciones de los individuos o grupos difieren entre sí. Si dos personas se definen como iguales en esencia y rango, el modelo se denomina simétrico, pero las personas tienen agendas y orientaciones diferentes. Si los miembros de la pareja se consideran diferentes en rango, el modelo se llama

Varios trabajos previos nos animan a construir un esbozo de hermenéutica bíblica que sustente el conocimiento, la reconciliación, el crecimiento, la maduración, la terapia y la orientación de pareja y la familia. Se trata, como toda hermenéutica, de un esfuerzo por leer desde una determinada perspectiva. Solo que aquí se trata de una lectura diferente, según la revelación bíblica del diseño original de la creación de la pareja, lo más liberada posible de los componentes filosóficos y culturales que han influido a los intérpretes de todos los tiempos. En materia de pareja y familia, las interpretaciones han estado moldeadas, por una parte, por la visión patriarcal del contexto judío; por otra parte, ha predominado el enfoque de la filosofía griega, particularmente del platonismo; y, finalmente, la interpretación de la pareja y la familia ha estado fuertemente sesgada por las diferentes corrientes de pensamiento individualista occidental. El sesgo se dio no solamente en el ámbito de la pareja sino más profundamente a nivel del género, donde la mujer fue relegada a un plano secundario y el varón llegó a ocupar el plano de la primacía, amparado en una hermenéutica misógina. En medio de este panorama es urgente replantear un nuevo acercamiento hermenéutico que rescate los significados más originales contenidos en la revelación.

A la luz del proceso histórico de la reivindicación de la mujer y el surgimiento e inserción del nuevo paradigma simétrico de la pareja, las hermenéuticas clásicas resultan anacrónicas e insostenibles. Mientras el derecho y las ciencias sociales toman la delantera, muchos intérpretes bíblicos se aferran a los esquemas 'oficiales' respecto a la mujer, la pareja y

---

complementario, pero pueden ajustarse recíprocamente en arreglo a una dependencia. La complementariedad nunca ha de verse como negativa, en tanto funcione sobre la base de la igualdad de naturaleza y logre los siguientes objetivos: 1) Establecer una transacción y funcionamiento recíprocos, con interdependencia y mutualidad; 2) seguir la regla del *quid pro quo*, que significa *dar algo a cambio de algo* o sea, una 'confabulación benigna', no engañosa, orientada a una misma meta; 3) lograr el ajuste de los integrantes de la pareja. Pero, la complementariedad se vuelve patológica cuando: 1) no es mutua, sino unilateral (San Pablo ordena que la complementariedad sea mutua: 'Someteos unos a otros en el temor de Dios...' Ef. 5.21); 2) cuando fomenta la diferencia esencial de la pareja; 3) cuando es engañosa, no recíproca o 'confabulación maligna' (como el 'abrazo maligno' de los boxeadores); 4) cuando no busca un fin común. Por su parte, la simetría es el modelo de relación ideal, 1) si busca la igualdad esencial de la pareja humana; 2) si busca la finalidad y orientación única de la pareja; y 3) si construye una pareja cocreadora, corresponsable, sin jerarquías. Pero, la simetría puede tornarse patológica 1) si produce un paralelismo de objetivos, sin un fin único de la pareja; o 2) si confronta a la pareja en una lucha de poder o de territorio, denominada 'escalada simétrica'.

la familia, y, en consecuencia, el aporte cristiano a la reivindicación de la pareja es irrelevante o inexistente. Creemos que una hermenéutica bíblica ha de ser aquella que rescate el carácter estructural u orgánico de la pareja y familia, como se desprende del diseño original divino.

Es en este esfuerzo que descubrimos una impresionante congruencia entre el diseño original bíblico con los planteamientos teóricos de la psicología sistémica. Esta afinidad de paradigmas es lo más relevante que haya ocurrido en el ámbito de la historia del conocimiento del ser humano, porque podemos decir que vivimos un momento histórico muy privilegiado, cuando podemos hacer psicología y hermenéutica bíblica sin temor al antagonismo o a la mezcla de las dos disciplinas, sin la necesidad de hacer violencia al texto sagrado. Se trata de un momento muy importante, por cuanto podemos instrumentalizar las disciplinas científicas para facilitar el proceso de comprensión de la Palabra e intervenir en los conflictos de pareja y familia. Confiamos que no se trate de un nuevo molde condicionante del pensamiento bíblico. En este punto, el lector se dará cuenta de inmediato de una nueva forma de hacer psicología, propia de la última parte del siglo xx, a la que se denomina psicología sistémica, por su carácter integrador, estructural y relacional. También advertirá que sin llamarse 'psicología cristiana', concuerda en mucho con los ideales divinos del diseño original de la pareja humana. Con estas aclaraciones y perspectivas, nos abocamos a la tarea propuesta de hacer unos apuntes para una hermenéutica bíblica de la pareja y la familia.

Dios, el diseñador de la pareja humana

Se observa que una vez creado el planeta Tierra, esta no fue un fin en sí misma sino que apenas se trataba de la creación de una gran estancia donde Dios habría de instalar a quien se denominaría la 'corona de la creación', o sea, al verdadero amo y señor de la tierra: el *'adam* (nombre hebreo que significa, en sentido genérico, humanidad, humano, hombre). Para el *'adam*, Dios plantó un huerto en el territorio llamado Edén (Heb. *gan*), considerado como el escenario más maravilloso (Foulkes, 1974, p. 176)·[49] Pero ni la gran

---

[49] Hay dos interpretaciones sobre el significado de *Edén*. Una, que podría significar *'territorio árido'* (del sumerio *'estepa'*), en cuyo caso no sería un nombre propio del *'huerto'*, sino la descripción de una llanura, y la traducción sería así: 'Y Jehová Dios plantó un huerto en la estepa oriental...' (Gn. 2.8). La segunda interpretación se fundamenta sobre un vocablo que se pronuncia *gan* (Edén), que significa *'delicia'*, *'abundancia'*, *'gozo'*, razón por la cual los sabios de la versión LXX tradujeron *Edén* de Gn. 2.8; 3.24; Is. 53.1 como *'Paraíso'*. En este caso la traducción sería: '... plantó el huerto Edén en la estepa...' (Gn. 2.8); o '...plantó el huerto 'Paraíso' en la estepa...' (LXX). Las dos interpretaciones son imprecisas y se debe en gran parte porque la Biblia identifica este lugar con diversos nombres: 'huerto del Edén' (Gn. 2.15);

estancia ni el jardín maravilloso adquirieron relevancia sino sólo hasta la incorporación del 'adam. Cuando el escenario estaba preparado se oyó el diálogo divino, en el cual sobresalía el adverbio entonces, que significa, en tal caso, siendo así, teniendo por obvia consecuencia (Real Academia Española, 1970, p. 541; Atiencia, 1994, p. 12), seguido de la afirmación: 'ya puede ser hecho el 'adam' (Gn. 1.26). Entonces, el 'adam (humano) fue hecho: primeramente, el varón; luego fue creada la hembra, para el modelo y naturaleza de coexistencia que el mismo Creador había diseñado.

En los tiempos que se escribió el Antiguo Testamento existían muchos relatos y leyendas sobre el huerto del Edén y la creación del 'adam (humano). Así la Biblia recoge el primer nombre propio aplicado al varón, Adán, en singular, para identificar al primer ser humano creado por Dios sobre la Tierra. Este nombre propio habría surgido como una necesidad de los pueblos descendientes de Set de identificar al primer varón y diferenciarlo de otros varones descendientes, tales como Abel, Caín y Set. Si bien las traducciones al español no hacen la diferencia entre 'adam y Adán, sería un grave error equiparar estos nombres, por cuanto se estaría confundiendo lo genérico con lo particular y, además, se distorsionaría el sentido original de 'adam (Huffman, 1974, p. 10). Unas 560 veces aparece en el Antiguo Testamento el término genérico 'adam, que nos habla de una especie común, tal como decir el humano, la humanidad o el hombre. De las 26 veces que se usa el nombre Adán (Padilla, 1994, p. 37), en los tres primeros capítulos del Génesis, 18 están en sentido genérico 'adam (humano) y sólo ocho están como nombre propio Adán. Podemos decir que Adán es 'adam, tal como decir hoy: 'Carlos es humano'. Desde esta posición hermenéutica, en el sentido que Dios creó al 'adam (humano), se rescatan varias verdades singulares, novedosas, las cuales han estado veladas por los condicionamientos que hemos mencionado brevemente.

La pareja humana, una bi-unidad

Cuando Dios creó al 'adam (humano), llama la atención la forma como recalca así: 'varón y hembra los hizo' (Gn. 1.27; 5.2). Esto significa que Dios creó a la pareja humana constituida de dos personas diferentes, de dos géneros diferentes; pero en esencia iguales; una realidad en bi-unidad horizontalizada; con objetivos únicos y no paralelos; para la comunión y el crecimiento mutuo. El esquema que se presenta a continuación ilustra la verdad a la que hemos hecho referencia:

'huerto de Dios' (Ez. 28.13; 31.8); 'huerto de Yahveh' (Is. 51.3). Además del nombre, la ubicación geográfica de Edén también presenta dificultades, porque los dos ríos Pizón y Gihón, de los cuatro mencionados en el texto, no han sido identificados. No obstante estas imprecisiones, nadie duda de la existencia del Edén, porque el texto sí habla de algo concreto.

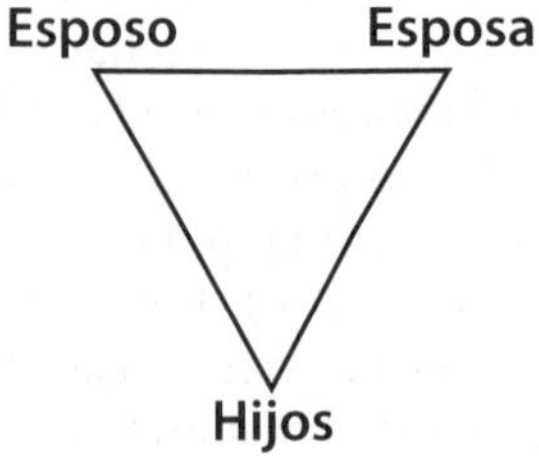

Esposo   Esposa

Hijos

Fig. 3: La pareja según la hermenéutica bíblica

Esta configuración representa la marca del diseño original vista en la creación y prescrita en la redención, que no deja lugar a otras propuestas. Además, esta configuración ubica a los hijos bajo la autoridad y responsabilidad de los dos miembros de la pareja, acorde con todos los mandamientos, enseñanzas y expectativas que la Biblia manifiesta respecto a la función de los padres. Por el contrario, la hermenéutica misógina presenta un matrimonio con una estructura diferente, donde la pareja es la dispareja, desbalanceada, con la madre degradada al nivel de los hijos y despojada de la autoridad de madre sobre ellos. Dicho modelo de relación corresponde a la pareja caída.

Desde otro punto de vista, la bi-unidad ha de ser considerada desde la exclusividad, en el sentido que solamente la hembra pudiera resolver el problema de la soledad del varón; pero, a su vez, ella encuentra su propia realización con el varón, que no podría hallarla jamás de otra manera. En esta línea de pensamiento, es importante mencionar la presencia de los animales porque estos, además de servir de telón de fondo para la creación de la hembra, mostraron que eran incapaces de resolver el problema del estado incompleto y de soledad que vivía Adán. Y, como afirma Pablo Jewett:

> Ellos –los animales– no pueden dar lo que el hombre tiene que tener para convertirse en verdadero hombre, dado que no son como este en ningún sentido esencial. De aquí la creación de la mujer, la única que puede dar al hombre lo que este necesita tener, porque es esencialmente como él, y a la vez misteriosamente distinta a él (1975, p. 6).

La pareja humana: una proyección de la comunidad divina

La comunidad divina o Trinidad se proyectó en forma de comunidad humana, formada por el varón y la hembra. En el proceso de la creación, entre tanto la obra divina no se había completado, al observar al varón, dijo Dios: 'No es bueno que el *'adam* esté solo...' (Gn. 2.18), sin otro humano, e hizo a la hembra, de manera que la comunidad divina creó a la comunidad humana. Se trata del estilo de vivir acompañado, lo cual nos sugiere que Dios no tolera la soledad. Su eterno vivir acompañado es la forma más perfecta de vivir, y quiso Dios que los humanos disfrutáramos de esta forma de convivencia. Su eterna común unión fue transferida a la pareja humana y, posteriormente, a la familia.

La pareja humana, de la misma y única naturaleza

La historia de la creación aparece en dos relatos que no se contradicen sino que se complementan. El primero (Gn. 1.1–23) aparece en un estilo cronológico; relata la creación día a día; culmina en el día sexto con la creación de los animales terrestres, e incluye la creación del varón y la hembra.[50] Pero, al hacer el relato de la creación específica del 'adam, el estilo cronológico se cambia al de recapitulación, donde el tiempo que medió entre la creación del varón y la de la hembra aparece de un valor relativo frente a la importancia singular del origen y naturaleza únicos de la pareja. Y por ser los miembros de la pareja como son, a los dos les responsabilizó la administración de la realidad creada; les dotó de autoridad para enseñorearse y les dio la responsabilidad de sojuzgar por ser sus representantes idóneos (Padilla, 1994, p. 25). El segundo relato (Gn. 2.4–25) es una recapitulación, y sólo al referirse a la creación del 'adam, retoma la cronología y nos informa que los dos miembros de la pareja fueron creados en momentos diferentes. Por otra parte, nos asegura que el material utilizado para crear al varón, Dios lo tomó de la tierra; mientras que para la creación de la hembra (ishsha) tomó del varón (ish) por lo que fue llamada varona por ser tomada del varón. Las palabras ish e ishsha no se utilizan aquí para hacer la diferenciación de los géneros masculino y femenino, sino para enfatizar la unidad integral de la naturaleza del varón y la hembra. Se enfatiza que de un varón salió una varona. Adán no duda ni por un momento que Eva era de su misma naturaleza y la reconoce como varona (Gn. 2.23). Es, por lo tanto, una manera de decir que son iguales, de la misma naturaleza y hechos por el mismo Arquitecto; pero, a la vez, es la manera de decir que son diferentes en su género.

La pareja humana, creación directa de Dios

Además, mediante una observación del evento mismo de la creación del 'adam, se descubre que cuando Dios quiso crear las plantas, peces, aves y animales, dio la orden en los siguientes términos: Dijo Dios: 'Produzcan

---

[50] El término hembra, para referirse a la mujer, resulta ofensivo en algunos contextos por el uso aplicado a los animales. Sin embargo, hemos optado por este término, en el contexto de la creación, por estar más limpio de las connotaciones típicas de las construcciones sociales. Los términos hombre y mujer, por ser construcciones sociales, tienen la dificultad de variar su naturaleza, funciones y significados según la cultura que los construye.

las aguas...' (Gn. 1. 20); 'Produzca la tierra seres vivientes...' (Gn. 1.24). Y tanto los mares como la tierra produjeron, tal como Dios ordenó, y vio Él 'que era bueno' (Gn.1.21, 25). Pero, cuando Dios decidió crear al *'adam*, hubo un 'Solemne Concilio Divino...' (Berkhof, 1969, p. 214), de donde salió el decreto de Dios en las palabras, 'Hagamos al hombre'. A esto nos referimos con la afirmación que la 'comunidad divina', o sea la Trinidad, se hizo presente, personalmente, para crear al *'adam* (Gn. 1.26), sin la mediación de la naturaleza, como es el caso de la creación de la vida vegetal y animal. También, para enfatizar más la singularidad de la creación del *'adam*, Dios entró en una relación única y directa con su criatura mediante el 'soplo de aliento de vida', con el cual le hizo un ser viviente diferente. Este 'soplo', que es una huella de Dios en el hombre, marcó el curso de las relaciones de este con Dios y los dos quedaron atados y, de aquí en adelante, el *'adam* (humano) no podrá ser comprendido ni definido aparte de Dios (Atiencia, 1992, p. 13).

La pareja humana: imagen y semejanza de su Diseñador

Probablemente no hay argumento más importante para valorar al ser humano que este: ¡Somos hechos a la misma imagen y semejanza de Dios! ¿Quiere decir que Dios usó sus propios referentes personales cuando nos creó? ¿Hasta dónde podemos llevar las implicaciones de esta aseveración? El solo hecho de plantear el tema de la *imago Dei* en el ser humano provoca muchas preguntas, para las cuales no se pretende encontrar todas las respuestas sino, al menos, calmar nuestras ansias finitas por conocer un asunto infinito relacionado con la razón de ser y naturaleza de la pareja humana.

Cuando el Dios Trino se hizo la propuesta, 'Hagamos al hombre a nuestra imagen y semejanza', tenía un propósito muy definido: El humano 'se parecerá a nosotros' o 'que se parezca a nosotros'. La pregunta que surge es: ¿por qué se usan dos palabras que, hasta cierto punto, son sinónimas, y, en sentido más exacto, no lo son? La idea más antigua sobre la diferencia de las palabras imagen y semejanza, es la que atribuye a imagen el sentido de igualdad, posición resistida por un sector de los intérpretes bíblicos y sostenida en algunos círculos católico romanos. En cambio, a la palabra semejanza se le atribuye el sentido de parecido, y, según este punto de vista, se usaría para atenuar la pretensión de igualdad entre el hombre y su Creador causada con la palabra imagen. Una ampliación del concepto indicaría lo siguiente: Con la palabra imagen se comunica la idea de que el ser humano tendría una capacidad de desarrollarse y llegar a ser como Dios mismo. En cambio, con la palabra semejanza el ser humano solamente habría sido creado con una naturaleza innata para relacionarse con Dios, sin la aspiración de llegar a ser igual a Dios. Algunos intérpretes bíblicos contemporáneos niegan la posibilidad de este juego de palabras con el solo objeto de atenuar los excesos de significado creados con la palabra imagen (Croatto, 1974, pp. 172–173). Por el contrario, insisten en la convicción que entre imagen (*tselem*) y semejanza (*demuth*) no hay mayor diferencia de significados (Padilla, 1992, p. 24). Más específicamente, S. Croatto sugiere que imagen y semejanza son dos términos complementarios: Por una parte, imagen establece una relación de unidad del *'adam* con el Creador; entre tanto semejanza establece una aproximación de parecido entre dos seres u objetos (p. 185). En todo caso, estos intérpretes no dan mayor importancia a la diferencia de los significados de las dos palabras en cuestión. Su tesis estaría respaldada por el análisis del texto que muestra un uso alterno, como si imagen y semejanza fueran dos conceptos sinónimos.[51]

Desde el punto de vista literario, particularmente al referirse a la procreación de Set, la forma como se usa semejanza en una frase y luego el modo en que se utilizas imagen en otra, sugiere que simplemente se trata de un estilo hebraico llamado paralelismo, como muchos otros en la Biblia. Esta figura literaria consta de dos o tres ideas sinónimas referidas a un mismo objeto para enfatizar la afirmación.[52] Lo asombroso es que, sea cual fuere el sentido más exacto, de entre todos los seres creados, sólo el *'adam* (humanidad), que incluye al varón y a la hembra, tiene la distinción de ser imagen y semejanza de Dios.

Una fuente extra bíblica, cuyo valor no radica en la inspiración divina sino en la revelación de los elementos culturales y doctrinales de la época, registra una leyenda singular: Cuando Adán estaba moribundo por la vejez, a la edad de 930 años, envió a Eva y a su hijo Set hacia el jardín llamado Edén, con el encargo de conseguir un poco de aceite del 'árbol de la vida' para no morir. En ese viaje ocurrió que una fiera atacó a Set y, en esas circunstancias, se expresaron las siguientes palabras:

Y [Eva] gritó a la fiera: Tú, fiera perversa, ¿no temes atacar a la imagen de Dios? ¿Cómo se ha abierto tu boca? ¿Cómo se han atrevido tus dientes? ¿Cómo no te acordaste de tu sumisión, de que antes estabas sometida a la imagen de Dios?'. Set, por su parte, también habló: ... cierra tu boca y calla; apártate de la imagen de Dios hasta el día del juicio. Entonces respondió la fiera a Set: Mira, Set, me alejo de

---

[51] Por ejemplo, en Gn. 1.26 se usa *imagen* y *semejanza* juntos; en cambio, en Gn. 1.27 y 9.6, se usa solamente *imagen*. Por su parte, en Gn. 5.1 se usa solamente *semejanza*; pero en Gn. 5.3 se dice que Set fue engendrado a la *semejanza* y conforme a la *imagen* de Adán. En el Nuevo Testamento se añade *gloria*, alternado con *imagen* y *semejanza* así. En 1 Co. 11.7, se usa *imagen* y *gloria*; y en Col. 3.10, solamente *imagen*; en Stg. 3.9 se usa *semejanza*.

[52] Un salmo dice: 'Oh Jehová, sálvanos ahora te ruego; te ruego, oh Jehová, que nos hagas prosperar ahora' (118.25, RVR60). 'Sálvanos' y 'prospéranos' es un ruego enfático, y usa en forma paralela dos palabras como sinónimas.

la imagen de Dios. En ese momento huyó la fiera, después de dejarlo maltrecho, y se retiró a su madriguera. Set continuó con su madre por las inmediaciones del paraíso... (Diez Macho, 1983, p. 328).

Según este relato referido a los primeros pobladores del planeta ¡qué seguros estaban de haber sido hechos y de ser realmente 'imagen y semejanza de Dios'! Este relato, en un contexto de tal convencimiento, es sugerente de que alguien podría presentarse en estos términos: Yo, imagen de Dios, me llamo fulano de tal. Al respecto, Verduín concuerda con el sentir de que Eva y Set apelan a unas calidades personales de 'soberanos y creados', como quienes invocan los derechos de una dinastía (Verduín, 1970, pp. 27–28).

En su momento histórico, la esencia del pensamiento de la creación del 'adam (humano), identificado con el nombre propio Adán, ocupó significativamente la atención de los sabios escritores judíos del voluminoso libro de leyes y tradiciones llamado el Talmud. Ellos vieron en la persona de Adán una figura que poseía los dos sexos y que, mediante una segunda intervención de Dios, se individualizaron en dos personas diferenciadas sexualmente. Además, se había reforzado en el Talmud la creencia de que hubo una pérdida al ser dividido al primer ser humano en dos. Esos dos 'elementos' llamados personas individualizadas serían, en efecto, dos 'pedazos' de una sola realidad y solo mediante el matrimonio, la 'una sola carne' se volvería a integrar (De Gol-On, 1989, pp. 8–9). Por supuesto que hoy sería muy cuestionada la visión del Talmud, ya que sugiere que tanto el varón como la hembra solo se podrían realizar mediante el matrimonio, validando el mito de que sólo casándose y teniendo hijos se llega, realmente, a la realización. La falsa ecuación que esta posición sugiere sería: varón y hembra = casados y padres, o al menos casados. Si bien la formación de la pareja humana mediante el matrimonio es una de las condiciones recomendadas y de mayor realización, no obstante, Dios ha hecho provisión para las personas solas dotándolas de un carisma especial para vivir sin pareja y sentirse bien realizadas.

Por otra parte, desde una perspectiva integradora, B. H. Carroll afirma que la realidad de la imagen de Dios en el ser humano '...envuelve e implica mucho más...' de lo que comúnmente nos han enseñado los maestros de la iglesia. Ser hechos a su imagen y semejanza se refiere a poseer el conocimiento intuitivo, razón, rectitud, santidad, conciencia, voluntad, el poder de escoger o libre albedrío, la capacidad de adorar a Dios y tener comunión con Dios, dignidad para tener acceso a su presencia, inmortalidad del alma, provisión para la inmortalidad del cuerpo por Jesucristo, capacidad para el matrimonio, lo cual lo diferencia del consorcio de las bestias, la capacidad para el trabajo, creatividad para la lucha por la existencia, el idioma, entre muchos atributos más (Carroll, sf, p. 81).

Además de lo anterior, desde una dimensión más universal, el concepto de la imago Dei en el hombre, necesariamente ha de ser concebido como el factor integrador de la raza humana, lo cual tiene implicaciones para la misión de la iglesia y para todas las disciplinas dirigidas al servicio del hombre (G. C. Berkouwer, 1972, p.67). En esta misma línea de integración, la *imago Dei*, en tanto es el patrimonio de toda la raza humana, motivó a V. Mollenkott a rechazar la ecuación 'Dios = masculinidad', propia de la teología patriarcal. También rechazaría la ecuación 'Dios = feminidad', propia de algunas religiones naturales y de la fertilidad. En su lugar, propone el carácter andrógino de Dios, quien integra los géneros, pero a la vez trasciende los mismos y se construye una nueva ecuación: 'Dios = masculinidad + feminidad' (1977, pp. 58–60). Pero hay que hacer una aclaración necesaria sobre el uso de esta analogía entre la pareja humana y Dios. La ecuación 'Dios = masculinidad + feminidad' no es una analogía de los géneros ni de la sexualidad en sí, porque Dios no es sexuado ni se diferencia por los géneros. Se trata de una analogía de la relación, comunión y comunicación, existentes en la comunidad divina, así como se refleja en la pareja humana.

Sería más sabio decir que en Dios se integra la sexualidad femenina y masculina, lo cual trasciende los géneros que nosotros conocemos, que especular buscando en Dios un determinado género para justificar alguna postura teológica. La diferenciación de géneros es una realidad en el ser humano, pero es demasiado temerario decir que en Dios habría diferenciación de género. El análogo de la pareja humana, al aplicarse a Dios, insistimos, es una analogía de lo relacional, mas no de lo esencial, como entre los paganos griegos, que sus dioses son sexuados En cambio, entre los miembros de la pareja humana, la diferenciación genérica y la sexualidad son tanto esenciales como relacionales ('serán una sola carne'). Si el varón y la hembra se asemejan a Dios es imposible creer que el Dios de la Biblia fuera concebido como un Dios masculino y sexuado porque ¿dónde se conciliaría al ser femenino de la mujer? Esto hace que rechacemos cualquier idea del Dios masculino y sexuado y se reitere que lo análogo de la pareja sexuada como *imago Dei* es puramente relacional. Por otra parte, el Dios conocido de los hebreos y de los cristianos no es una proyección ni creación de los hombres, con todas sus debilidades y perversiones, incluyendo los géneros y la sexualidad. Para citar un ejemplo: en el panteón de deidades griegas hay dioses varones y diosas mujeres, sexuados, que cohabitan sexualmente, tienen hijos e, inclusive, incursionan en el mundo de los humanos para procrear con las mujeres. En estas circunstancias, la analogía de la sexualidad sería relacional y esencial.

La tabla abajo ilustra el contexto para la comprensión de la analogía de la sexualidad, especialmente como una metáfora de la unidad y comunión. Probablemente para el estudio de la pareja humana y la familia cristiana esta consideración sea una de las más importantes, por cuanto ubica sus relaciones más allá de una convivencia biológica.

La sexualidad como analogía de la triunidad

Sujetos	Estado de la sexualidad	Naturaleza de la analogía
Dioses paganos	Sexuados	Relacional y esencial
Dios bíblico	Asexuado	Relacional
Varón – hembra	Sexuados	Relacional y esencial

Por último, la postura del teólogo católico Do Carmo respecto a la *imago Dei* en el ser humano es que se trata del más grande argumento para reflexionar sobre la realidad de la persona latinoamericana frente a la lucha por reclamar su dignidad. En su pensamiento se observan tres cosas: Primero, sólo una visión cristiana del ser humano puede verlo en forma integrada. Segundo, Dios, al haber hecho al *'adam* a su imagen y semejanza, dejó algo de sí en este. Tercero, la encarnación de Cristo habla mejor que todo sobre la *imago Dei*, por cuanto legitima la unicidad de la raza humana y, sobre todo, mediante la encarnación muestra la integración de lo humano con el Creador (1979, pp. 17–19).

La pareja humana, representante de Dios

El significado de la *imago Dei* en la humanidad, desde la función de representación, es un enfoque nuevo y de gran trascendencia para los tiempos actuales. Se trata de encontrar el objetivo divino por el cual Dios creó al *'adam* a su imagen y semejanza. Este enfoque puede darnos alguna respuesta frente a la imperiosa necesidad de hallar los criterios más adecuados para administrar nuestro planeta Tierra frente a sus cada vez más escasos recursos, la mala distribución de estos, la gran explosión demográfica, la contaminación y destrucción de la naturaleza, entre otros males.

Antes de entrar en el análisis de la pareja humana como representante de Dios, conviene aclarar la metodología metafórica usada por Dios, por medio de los escritores sagrados, para comunicar sus verdades profundas y eternas. Dios usó los elementos del contexto histórico, tales como el significado real de imagen y semejanza entre los imperios que se turnaban la hegemonía del mundo. Estos elementos culturales funcionaron como metáforas para la comprensión del significado profundo del concepto *imago Dei* en los humanos.

La metaforización como metodología para una mejor comunicación y comprensión consiste en trasladar el sentido real de una cosa a otra figurada. En este caso, se trasladó algo trascendente e infinito a otra figurada, pero común y finita. La cosa trasladada hace de 'huésped'; mientras la que recibe, hace de 'anfitrión'. Este traslado es posible en virtud de la existencia de un parecido entre el 'huésped' y el 'anfitrión'. Cuando existe ese parecido entre dos cosas, que no necesitan ser iguales, se dice que ellas son análogas o que existe analogía entre esos dos elementos. Un ejemplo magistral es el que usó Jesús con la gente común de su tiempo. Ellos no podían entender cómo Jesús sería el Salvador de los seres humanos; cómo él posibilitaría la entrada a la salvación, al reino de Dios. Entonces decidió hacer una metáfora, la cual consistió en trasladar dicha verdad profunda, y difícil de entender, a un elemento conocido por el pueblo, como es una puerta. Entonces les dijo: 'Yo soy la puerta, el que por mí entrare, será salvo' (Jn. 10.9). La metaforización es tan moderna como pocas técnicas privilegiadas; así como es tan antigua, tal que los escritores sagrados la usaron con mucha frecuencia. Es de esta forma que el objeto imagen del contexto real nos ayuda, metafóricamente, a comprender la grandeza del significado de la *imago Dei* en el ser humano, según los siguientes pasos:

1. Dios inspiró a los escritores sagrados para que indicaran que el *'adam* (humano) sería su representante aquí en la Tierra.

2. Pero la comunicación de esta verdad encerraba un alto grado de dificultad que obligó a los escritores sagrados a recurrir a la metaforización para lograr el objetivo.

3. Para que fuese posible el traslado metafórico buscaron el elemento análogo, algo que tuviese un parecido y que, a la vez, fuese conocido por el pueblo, para que sirviera de 'anfitrión', hacia el cual hicieron el traslado del 'huésped'. En este caso, tratándose de un contexto de realeza, usaron el elemento imagen.

4. Una vez hecha la metaforización, fue posible tener una mejor comprensión del profundo significado de *imago Dei* en el *'adam*.

Una vez identificada la metodología usada en el relato de la creación de la primera pareja humana, ya resulta más fácil abordar la función de ella: Primero, como representante de Dios. *Imagen* (Heb. *tselem*) significa *representación* o *réplica* del original. Si se considera que el *'adam* es la *imago Dei,* esta doctrina toma especial relevancia a la luz del contexto del Antiguo Testamento, donde predominaba 'la doctrina real'. Esta doctrina estaba muy difundida entre los grandes imperios de Babilonia, Egipto y, posteriormente, en Grecia y Roma. Por lo tanto, el primer aporte del contexto a la revelación divina pertenece a la 'doctrina real' que dice que el rey es la *imagen de Dios*, además de ser 'divino' (Padilla, 1992, p. 25). Dios, para administrar los recursos materiales, habría creado al *'adam* para que sea su representante tal como habría encargado la administración de todo a los reyes de la Tierra.

El segundo elemento del contexto es el factor de la *autoridad* que tenían los representantes, tanta como si fuera el mismo representado, que el no obedecerles era como no obedecer al mismo rey (Gattinoni, 1974, p. 297). Tanto los representantes de Dios como los representantes del rey, podrían ser personas, imágenes o efigies. La representación del rey en el imperio, lo cual incluía a las tierras conquistadas, operaba bajo este principio de autoridad que estaba legitimada en lo que hoy llamaríamos el *derecho natural* de los reyes. El *'adam*, como representante de Dios, estaría investido de autoridad tal como lo revela la metáfora. El ejemplo más típico de la autoridad del rey, quien podía gobernar personalmente o por medio de representaciones, es aquel que se registra en la historia de Daniel y sus compañeros en Babilonia. Ellos fueron presionados a adorar la estatua del rey Nabucodonosor y el castigo era la pena de muerte, el horno de fuego, si no obedecían (Dn.3.12–30).

En tercer lugar, uniendo el concepto que tanto el varón como la hembra son *imago Dei*, los dos, sin distingo de género, están comprometidos con la representación de Dios y con toda la autoridad que esto implica.

A continuación se presenta una tabla para ilustrar los procesos metafóricos indicados:

El contexto histórico de la realeza como metáfora de la *imago Dei* en el hombre

Elementos figurados de la metáfora del contexto real de la Biblia	Elementos reales del significado de la *imago Dei* en el hombre
1. El rey, el conquistador	1. Dios, el Creador
2. La *efigie* o *estatua*, imagen del rey	2. El hombre, *imagen* de Dios
3. La *efigie* o *estatua*, representación del rey	3. La *imago Dei* (hombre), representante de Dios
4. La autoridad del rey sobre lo conquistado	4. La autoridad de Dios sobre lo creado
5. La *efigie* o *estatua* del rey como señal de su señorío sobre su territorio	5. La *imago Dei* para *señorear y sojuzgar* sobre la creación

Gracias a la comprensión de la doctrina real ya aludida, existente en el contexto del Antiguo Testamento, podemos hoy entender mejor el profundo significado de la *imago Dei* en el *'adam* (humano), asunto que incluye a la mujer. No es posible hacer una separación del hombre y la mujer para atribuir al primero la función de representación, negando el plan original. Por el contrario, el estudio de la pareja desde la perspectiva del contexto sólo puede llevarnos a una conclusión válida: el hombre y la mujer, la pareja humana, sin distingo de género, son imagen de Dios; los dos miembros son representantes de Dios aquí en la Tierra y tienen autoridad para enseñorear y sojuzgar la creación.

El atributo de la idoneidad de la mujer

El lector recordará el problema de la hermenéutica misógina tratado en la primera sección. Nos referimos a la concepción griega de la mujer como un ser inferior al hombre, sumado al trasfondo patriarcal heredado de los pueblos semitas y prevaleciente en la mayoría de culturas. Este contexto condicionó el pensamiento de los teólogos de la iglesia primitiva para construir una teología inadecuada respecto a la posición de la mujer en la pareja humana. Como se observa, sólo el análisis del contexto de la Biblia y de la iglesia nos ayuda a comprender el por qué se infiltró la idea de que la mujer, en su condición de ser ayuda idónea, significase una figura secundaria, subordinada, servilista o cosa semejante. Como mayormente los gobernantes de los pueblos de este mundo, por miles de años, han sido figuras masculinas, la hermenéutica misógina les resultó 'adecuada', por la doctrina cómoda que propone para el varón. Esto explica, también, por qué la misoginia se ha convertido en una especie de 'doctrina oficial'.

Frente a esta situación, nos proponemos presentar una visión diferente del concepto de ayuda idónea, que haga justicia al significado de *idoneidad (suficiencia, capacidad, disposición)* (Real Academia Española, 1970, p. 728) y a la intención de Dios cuando diseñó a la pareja humana.

Jehová, el modelo de la ayuda idónea

Cuando Jehová Dios declaró el propósito de crear a la mujer para que fuese ayuda idónea (*'ezer k'negdo* = ayuda que le corresponda, capaz, suficiente, dispuesta) del varón, el referente que tenía no fue la visión patriarcal ni la griega sino el suyo propio; esto es que Jehová se define a sí mismo como *'ezer* (ayuda) del hombre. Este significado del concepto está respaldado en 15 referencias bíblicas (Padilla, 1992, p. 28), tales como las siguientes: 'Oh, Israel, confía en Jehová, él es tu 'ezer [ayuda]'; 'Casa de Aarón, confiad en Jehová; él es vuestro 'ezer'; 'Los que teméis a Jehová, confiad en Jehová; él es vuestro 'ezer...' (Sal. 115.9-11). Es Jehová la ayuda del hombre y bajo ningún concepto a ningún intérprete bíblico se le podría ocurrir que Jehová sería un ser inferior o secundario al ser humano.

La mujer, el sello final de la creación

Según L. Berkhof, el 'sello final de la creación' es el *'adam* (humano, hombre) y podemos estar de acuerdo con esta aseveración. Pero por nuestra parte sería más preciso enfatizar que 'sello final de la creación' es la mujer, por cuanto todo está bien ante los ojos de Dios con la creación de ella (1969, pp. 213–216). Se infiere del texto que solo la mujer podía resolver la incomunicación y soledad del hombre. Este tenía compañía animal, pero la diferencia abismal entre la naturaleza irracional de las bestias y la naturaleza humana, nada que no fuese la creación de la mujer hubiese podido solucionar. Ni siquiera la comunicación de Adán con su Creador solucionaba el problema. Él observó algo irresoluto e incompleto y dijo: 'No es bueno que esté solo'. ¿Qué le hacía falta a Adán, en última instancia, que le preocupase a Dios y le hiciera ver su obra como inconclusa? Muchas respuestas a esta pregunta son o erradas o parciales. Desde los sabios del

Talmud, vieron en la persona de Adán una figura que poseía los dos sexos y que, mediante una segunda intervención de Dios hacía falta individualizar en dos personas diferenciadas sexualmente. Más tarde se reforzó la idea de que hubo una 'pérdida' al dividir en dos pedazos al primer humano; se solucionaría mediante el matrimonio. Desde el patriarcalismo y, más tarde, desde la visión griega, hacía falta una sirvienta doméstica. Desde la Patrística, le hacía falta una sirvienta doméstica y una 'máquina reproductora'. Desde el mismo texto, tanto por inferencia como por lectura, hacía falta compañía pues Adán estaba solo; le hacía falta una coigual, cocreadora, coautoridad, compañera, para disfrutar la común unión humana, para integrarse y cumplir la misión de gobernar el mundo según su vocación. Cuando se llega a este punto, con la creación de la mujer, se puede considerar que se ha alcanzado el 'sello final de la creación'.

Desde esta perspectiva, la entrada de la mujer en escena no es desde abajo, para que fuese considerada ayuda idónea secundaria. Lógicamente, por cuanto le viene a resolver una situación a Adán, su entrada debería ser desde arriba, en superioridad. Pero, en tanto ella resolvía un problema, resolvía el suyo propio; mientras realizaba al hombre se realizaba con el hombre, su incorporación es desde la par. Esto va en contra del postulado de la hermenéutica misógina, en el sentido de que la mujer sea solamente una ayuda secundaria del varón.

Idoneidad integral

Respecto a la creación de la mujer, el texto inspirado provee un conjunto de idoneidades (capacidades) y objetivos de la mujer, en forma integral, y en nada es sugerente que se deba privilegiar uno por sobre otros. Por ejemplo, nada indica que la procreación deba ser tomada particularmente como el centro del concepto de ayuda idónea. Nada indica, a no ser por la propia cosmovisión del intérprete, que la función de la mujer deba reducirse al nivel de ayuda secundaria del varón, servidora, autoridad secundaria, entre otras visiones sesgadas. Si se quiere, el acompañamiento y la comunicación aparecen primero y con más énfasis en el texto. La conclusión a la que se llega es que, si no hay en el texto una base para sobredimensionar una capacidad y objetivo de la creación de la mujer por sobre otros, las capacidades y objetivos están integrados y esta posición hermenéutica evitará los errores de interpretación.

Conclusiones

Las conclusiones más relevantes que se desprenden de este enfoque hermenéutico diferente, son las siguientes, las que han de afectar nuestra cosmovisión de la prédica y la enseñanza sobre la pareja humana:

1. La diferenciación entre el nombre genérico 'adam, para referirse a la especie humana, representada en el varón y la hembra, y los nombres propios Adán y Eva, que afirman la identidad del hombre y la mujer, permite visualizar que tanto él como ella, son imagen y semejanza de Dios, lo que les hace receptores de privilegios y responsabilidades comunes.

2. El encargo de la administración de lo creado y la autoridad sobre la misma ocurre al *'adam* (humano) para que no se malentendiera que está hecha a Adán o a Eva, diferenciadamente. Desde entonces, los dos habían de verse como coautoridades, corresponsables, cocreadores, en el más estricto sentido de la pareja humana.

3. La declaración que Dios es el *'ezer k'negdo* del humano, da la pauta correcta para ver a la mujer como 'ayuda que le corresponda', 'capaz', 'suficiente', 'dispuesta', sin connotaciones peyorativas ni creencias que alguien es menos que alguien.

Obras citadas

Atiencia, J. (1992). *Una teología para el matrimonio y la familia.* Quito, Ecuador: Editorial EIRENE.

Berkhof, L. (1969). *Teología sistemática.* Grand Rapids: Wm. B. Eerdmans Publishing Company.

Berkouwer, G. C. (1972). *The Image of God.* Grand Rapids. Michigan: Eerdmans.

Carroll, B. H. (sf). *La interpretación de la Biblia: El libro del Génesis.* El Paso, Texas: Casa Bautista de Publicaciones.

Croatto, S. (1974). *Crear y amar en libertad.* Buenos Aires: Ediciones La Aurora.

De Gal-On, T. de (1989). *La mujer en la Biblia: Reflexiones teológicas.* Guatemala: Publicaciones de la Facultad de Teología, Universidad Mariano Gálvez.

Diez Machado, A. (1983*). Apócrifos del Antiguo Testamento II.* Madrid: Ediciones Cristianas.

Do Carmo, A. (1979). *El hombre.* Puebla. Bogotá: Editorial Canal y Asociados.

Foulkes, R. (1974). 'Edén'. *Diccionario ilustrado de la Biblia.* Miami: Editorial Caribe.

Gattinoni, C. (1974). 'Imagen'. *Diccionario ilustrado de la Biblia.* Miami: Editorial Caribe, 1974.

Huffman, J. C. (1974). 'Adán'. *Diccionario ilustrado de la Biblia.* Miami: Editorial Caribe, 1974.

Jewett, P. (1975). *El hombre como varón y hembra.* Miami: Editorial Caribe.

Mollenkott, V. (1977). *Man, Woman and the Bible.* Nashville: Abingdon Press.

Padilla, C. R. (1992). 'La relación hombre-mujer en la Biblia'. En *Fundamentos bíblico-teológicos del matrimonio y la familia,* Curso No. 5. Quito, Ecuador: EIRENE, 1992.

Real Academia Española (1970). *Diccionario de la lengua española.* Madrid: Editorial Espasa Calpe.

Simon, F. B., *et ál.* (1988). *Vocabulario de terapia familiar.* Barcelona, España: Gedisa Editorial.

Verduín, L. (1970). *Somewhat Less Than God.* Grand Rapids: Eerdman.

8

Marcos referenciales para una eclesiología latinoamericana

Alberto F. Roldán[53]

La iglesia no es un ideal, sino una realidad en el mundo,
una parte de la realidad universal. La mundanidad de la iglesia
resulta de la encarnación de Cristo.

Dietrich Bonhoeffer

La reflexión sobre la iglesia debe comenzar más atrás de la
definición de sus elementos, en el mismo origen y dentro de
su ser, a saber, en la persona de Jesucristo.

José Míguez Bonino

En su obra *La Iglesia*,[en la] *fuerza del Espíritu* (1978)54 Jürgen Moltmann
plantea la necesidad de contar con una 'teoría teológica de la iglesia'.
Ello, debido a que la iglesia debe poner en claro su misión y finalidad,

---

[53] Alberto Fernando Roldán es argentino, doctor en Teología por el
Instituto Universitario Isedet de Buenos Aires y el *Instituto Ecumênico
de Pos-graduação* de São Leopoldo, Brasil y Master en Ciencias Sociales y
Humanidades (filosofía política) por la Universidad Nacional de Quilmes,
Argentina. Es director de posgrado del Instituto Teológico FIET y pastor de
la Iglesia Presbiteriana San Andrés en Buenos Aires. Es consultor teológico y
bibliográfico de PRODOLA y profesor de 'Teología latinoamericana de la iglesia'.
Alberto y su esposa Emilia tienen tres hijos adultos y tres nietos.

[54] Colocamos la expresión 'en la' entre corchetes, porque no podemos dejar de
señalar que el título en la traducción española altera el significado original:
Kirche in der Kraft des Geistes (en inglés: *The Church in the Power of the
Spirit*). Por alguna razón que ignoramos, el traductor al español, Emilio Saura,
omitió la expresión 'en la' del original, resultando entonces en una traducción
equívoca. No se trata de una especie de aposición por la cual la iglesia es el

lo que se puede hacer sólo 'a partir de una teoría teológica de la iglesia' (p. 17). Su enfoque, renovador y profundo, nos conduce también a reflexionar sobre los marcos referenciales para una eclesiología latinoamericana ya que no es posible elaborar una eclesiología sin marcos de referencia claros y específicos.

El tema se impone por sí mismo. Si bien la iglesia es un organismo creado por Dios, cuerpo de Cristo y comunidad del Espíritu, es, también, una realidad en la historia y en la sociedad. Por lo tanto, tanto la realidad de la iglesia como su misión dependen, en gran parte, no solo de los principios extraídos de la Biblia sino también del contexto en el cual la iglesia vive y actúa. Elaborar una eclesiología latinoamericana supone tener en cuenta marcos teóricos sólidos que nos permitan definir lo que es la iglesia, cómo se ha desarrollado en la historia de América Latina, su realidad como organismo sociocultural y como agente de cambio social. Es por ello que hemos escogido tres marcos que respondan a esas dimensiones: el bíblico-teológico, el histórico y el sociopolítico. En el presente trabajo desarrollamos esas tres dimensiones que suponen otras tantas características que, en nuestra opinión, debería reunir una eclesiología latinoamericana.

El marco bíblico-teológico: comunidad y pueblo de Dios

La Biblia, como el testimonio más importante de la revelación de Dios, es la fuente primaria a partir de la cual podemos definir lo que se da en llamar 'iglesia'. Siempre debemos aclarar que al transliterar el término griego *ekklesía* corremos el riesgo de no captar en toda su dimensión el verdadero y original sentido del término. La primera imagen que la gente se hace al pronunciar el término 'iglesia' es un templo, un lugar dedicado a reuniones religiosas, una institución. Sin embargo, el verdadero sentido es el comunitario. Juan Luis Segundo titulaba el volumen de eclesiología de su *Teología abierta para el laico adulto* con estas palabras: 'Esa comunidad llamada iglesia' (1968). Allí, el teólogo uruguayo decía: 'La Iglesia es la comunidad de los creyentes, es decir, de los que tienen fe en lo que Dios ha revelado' (p. 46). Barth, por su parte, insistía en la importancia de evitar el uso de iglesia y sustituirlo por comunidad. Porque más allá de lo institucional y de lo formal, que también son importantes y no pueden soslayarse, sobre todas las cosas la iglesia es un acontecimiento comunitario. Por eso es que Barth define a la iglesia en términos dinámicos y, si queremos decirlo así, existenciales. Ser iglesia es algo que ocurre, que acontece en la historia por la acción de Dios, porque en el tiempo esa comunidad se congrega descendiendo del cielo a la Tierra, 'del trono eterno de Dios hasta la historia del mundo que corre hacia su fin, del misterio del Dios trino

---

equivalente al poder del Espíritu, sino de la iglesia que actúa *en el* poder del Espíritu.

y uno al mundo creado. La Iglesia existe porque ocurre todo esto' (1978, p. 192, cursivos originales). Y agrega a modo de definición ontológica:

El ser de la iglesia es el acontecimiento en que los hombres, unos y otros, vienen situados ante el hecho de la reconciliación del mundo realizada en Jesucristo, y unos y otros son puestos bajo la gracia justiciera y el juicio misericordioso de Dios, para ser invitados unos y otros al agradecimiento y a su alabanza en el amor al prójimo (1978, p. 192).

Como siempre, la definición de Barth es precisa y no tiene desperdicios. Destaca el ser, la esencia, la ontología de la iglesia como 'el acontecimiento', lo cual apunta a un hecho en la historia que acaece cuando unos/as y otros/as son situados/as ante el hecho de la reconciliación del mundo realizada en Jesucristo y son colocados/as bajo la 'gracia justiciera' y 'juicio misericordioso' de Dios. Se trata de un enfoque dialéctico, propio de Barth, por el cual invierte los términos para darle más realce a su visión.[55] Los seres humanos hemos sido colocados por Dios en Jesucristo, bajo una gracia que es justiciera—ya que se trata de la justicia de Dios por la fe—y un juicio misericordioso, es decir, una justicia divina que, sin embargo, es misericordiosa ya que 'la misericordia triunfa sobre el juicio'. Al resaltar el tema del 'acontecimiento', Barth pone el acento en lo vivencial y lo comunitario de la iglesia. Y, también, enfatiza la importancia de la reciprocidad en el sentido de que el 'unos a otros' se exprese en el modo de vivir de la iglesia que 'es por lo que nace y se mantiene la comunidad de Jesucristo, por lo cual existe la Iglesia' (1978, p. 193). Esta perspectiva nos coloca de entrada en una gran responsabilidad que es menester destacar a modo de pregunta: ¿Se puede hablar de 'iglesia' donde no hay una verdadera comu-

---

[55] El carácter dialéctico de la teología de Karl Barth ha sido destacado por Jacob Taubes en su ensayo 'Teodicea y teología: un análisis filosófico de la teología dialéctica de Karl Barth' en el cual el rabino nacido en Viena sostiene que desde que la teología se emancipó de la tutela de la teología eclesiástica ningún otro trabajo ha despertado tanto interés fuera de los muros de la iglesia como la *Dialektische Theologie* en la que Barth ocupó el lugar más prominente. Taubes entiende que para Barth la teología solo es posible en forma de diálogo. "La teología es 'pensamiento dialéctico'. Si se considera seriamente el carácter dialéctico de la teología, ella debe entonces seguir siendo discurso abierto y no debe cerrarse en un sistema autorreferencial" (Taubes, 2007, p. 225). Para un análisis de la dialéctica de Barth aplicada a la justicia véase Alberto F. Roldán, 'La dialéctica de la justicia en el comentario de Karl Barth a la carta de Romanos', Revista Enfoques, año XXI, Libertador San Martín; Universidad Adventista del Plata, Nros. 1-2, 2009, pp. 21-35 (2009). Para una comparación entre las teologías de Calvino y de Barth, véase Alberto F. Roldán, *Reino, política y misión*, Lima: Ediciones Puma, 2011, pp. 125-155

nidad? ¿Cuáles son los rasgos de una comunidad eclesial? La cuestión va mucho más allá de una mera curiosidad para apuntar a la esencia misma de la *ecclesía*.

El otro aspecto que debemos subrayar cuando hablamos de la perspectiva bíblica de la iglesia está indicado en la expresión 'pueblo de Dios'. Sabemos que dicha noción fue recuperada por la Iglesia Católica Romana en el Vaticano II. En los documentos conciliares se destaca precisamente la expresión 'pueblo de Dios' para referirse a la iglesia, nomenclatura que había quedado relegada en muchas de las eclesiologías del pasado. Algo similar ocurrió con la teología protestante, que destacó siempre las nociones de 'cuerpo de Cristo', 'esposa de Cristo', 'comunidad del Espíritu', 'iglesia de Dios', 'iglesia de Cristo' pero haciendo poco énfasis en la noción de 'pueblo de Dios'. En un estudio que hemos hecho en la teología paulina (Roldán, 1984) pudimos constatar que el término griego *laós*, de uso muy frecuente en la Septuaginta, sirve para referirse a Israel como pueblo de Dios que ocupa un lugar de privilegio en contraste con las naciones. En el Nuevo Testamento se destaca el uso del término en los escritos lucanos[56] mientras que para Pablo, aunque no es un término favorito, en general lo usa como referencia a Israel.[57] Es muy importante constatar que en tres ocasiones el apóstol designa con ese término a la iglesia de Cristo: Romanos 9.25, 2 Corintios 6.16 y Tito 2.14. A partir de ese hecho, concluíamos:

> Precisamente, la cosa nueva y revolucionaria para la mentalidad judía del primitivo cristianismo, es la transferencia que se da del término *laós* que ya no es designación exclusiva de Israel como pueblo de Dios, sino de un nuevo organismo que Dios ha creado en Cristo. Así como antes Dios formó su *laós* de las entrañas del Israel nacional, ahora está sacando un *laós* del seno de las naciones (Roldán, 1984, p. 21, cursivas originales).

Un pasaje importante donde Pablo desarrolla el tema de Israel en el plan salvífico de Dios es Romanos 9 al 11. No es posible aquí hacer un análisis pormenorizado de su rico contenido, sino que, simplemente, deseamos apuntar algunas conclusiones que surgen del mismo. Pablo reflexiona a partir de una realidad misionera: mientras los gentiles aceptan masivamente el evangelio los judíos lo rechazan sistemáticamente. El apóstol aclara que tal fenómeno no debe interpretarse como un incumplimiento de la palabra de Dios o una falla en su propósito. Lo que constituye al pueblo de Dios no es una simple etnicidad sino la elección y el llamado. Estas dos dimensiones alcanzan ahora también a los gentiles al pueblo de Dios. De modo que:

---

[56] El término sale 84 veces en los escritos de Lucas de un total de 143 en el Nuevo Testamento.

[57] Ejemplos: Romanos 11.1, 2; Tito 2.14; Romanos 9.25; 2 Co. 6.16.

Bajo la rica metáfora del olivo, Pablo ilustra la continuidad y unidad esencial entre Israel del Antiguo Testamento y el pueblo de Dios hoy. Los creyentes gentiles han sido injertados en el mismo olivo cuyas raíces son los patriarcas. Por ende, la iglesia no tiene existencia aparte de Israel ni Israel aparte de la iglesia (Roldán, 1984, p.60).[58]

Finalmente debemos citar el texto de Efesios 2.11–21 donde Pablo desarrolla nuevamente el tema de la integración entre judíos y gentiles. El *Sitz im Leben* parece ser la situación en la que una mayoría de gentiles ejerce cierto liderazgo en la iglesia de Efeso. En ese contexto, los gentiles convertidos pareciera que expresan cierta superioridad con respecto a los judíos. Por eso Pablo les escribe para recordarles el estado penoso en que se encontraban antes de conocer a Cristo: alienados de la nación de Israel, ajenos a los pactos de la promesa, sin esperanza y sin Dios en el mundo. Pero en Cristo se ha producido la reconciliación de los pueblos y naciones. En efecto, de la desesperada alienación en que vivían los gentiles ahora han sido reconciliados con los judíos. En Cristo y por su cruz, ahora hay un solo pueblo, una sola humanidad y un solo cuerpo. 'Por lo tanto, ustedes ya no son extraños ni extranjeros, sino conciudadanos de los santos y miembros de la familia de Dios' (v. 19 nvi). Es importante destacar aquí el término *sympolitai* que, en contraste con *politeias de Israel* (v. 12), implica ahora pasar una misma *ciudadanía, nación* o *república*. En otras palabras, se trata de una ciudadanía común e igual entre judíos y gentiles en Cristo.

Todo esto tiene una importancia capital a la hora de elaborar una eclesiología latinoamericana. La iglesia es el pueblo de Dios en el que confluyen las distintas razas y etnias latinoamericanas. La famosa 'raza cósmica' que pensara José Vasconcelos (1948)[59], ahora encuentra su realización en

---

[58] Es oportuno aquí insertar el hermoso comentario que hace Karl Barth sobre este pasaje: 'Los gentiles han sido salvos de su desesperado extrañamiento del verdadero Dios y llamados a la fe en Él, el Dios de Israel. Una creación ha tenido lugar. La gracia ha prevalecido. Como Pablo es testigo de ese milagro mayor, el milagro menor es un hecho: Israel, que por naturaleza pertenece a la iglesia, arribará allí' (1959, p. 144).

[59] Pensador mexicano de comienzos del siglo xx, autor precisamente de *La raza cósmica* (1948), obra en la que reflexiona sobre el hombre latinoamericano como la concreción de una síntesis racial superadora del hombre europeo. En su argumentación Vasconcelos utiliza el lenguaje teológico en el que abunda la metáfora y el símbolo. El texto completo de Vasconcelos es obtenible en: www.ensayistas.org. Por supuesto, no es el único autor latinoamericano que usa el lenguaje teológico para su argumentación. En el mismo sitio pueden verse otros trabajos de quien escribe, sobre los contenidos teológicos en la literatura latinoamericana, particularmente *El Cristo invisible* de Ricardo Rojas (1928) e *Historia de una pasión argentina*

la integración que Dios hace a través de Jesucristo. La iglesia debe ser el pueblo en el cual convergen pueblos originarios, mulatos, europeos, asiáticos, africanos, formando un cuadro multicolor de hombres y mujeres que aman a Dios y se han integrado como pueblo suyo a través de Jesucristo. Ser pueblo de Dios en América Latina implica tener una misma historia, una misma tierra, una misma fe, una misma esperanza y un mismo destino eterno. En Jesucristo, como decían los padres de la iglesia, ha surgido una 'tercera raza': cristiana. Ya no más judíos y gentiles, sino cristianos y cristianas en quienes Dios ha querido simbolizar la unidad de todos y de todas. Fenómenos como la globalización y la migración en América Latina implican la movilidad de los pueblos y el proceso de integración cultural y social. La iglesia debe ser el crisol en el cual se forja un pueblo que ama a Dios y expresa su propósito redentor para el mundo. Debe llegar el tiempo de la ansiada integración latinoamericana en la cual ya no haya 'extranjeros' y 'gente que está de paso', sino que todos gocen de la misma ciudadanía integradora. Y esto debe ser anticipado a través de la experiencia reconciliadora de Dios en Jesucristo. La iglesia en América Latina debe ser la maqueta que muestra al mundo de cómo es posible integrarse a pesar de las diferencias geográficas, étnicas y culturales.

En síntesis: el marco bíblico nos conduce a definir a la iglesia bajo dos aspectos centrales: comunidad y pueblo de Dios. La comunidad viene del Espíritu Santo que, precisamente, es el gran artífice de la unidad. Pablo exhorta: 'Esfuércense por mantener la unidad del Espíritu en el vínculo de la paz' (Ef. 4.3). El pueblo se forja a través de una misma historia de salvación en Jesucristo y se torna en emblema para la unidad de todos los pueblos latinoamericanos que anhelan la integración en la búsqueda de un destino común.

El marco histórico:
La iglesia en la historia latinoamericana

El segundo marco que orienta la articulación de una eclesiología latinoamericana es el histórico. Es necesario pensar a la iglesia dentro de la historia latinoamericana. Para ello, debemos remontarnos a los orígenes de la iglesia de Cristo en el suelo latinoamericano. Claro que para ello debemos partir del axioma de que existe ese ente que llamamos América Latina, lo cual es un hecho a pesar de opiniones en contrario forjadas, en general, desde ópticas nordatlánticas.[60] La iglesia en tanto hecho social

---

de Eduardo Mallea (1937). Para un estudio teológico de esta última obra véase Alberto F. Roldán, 'Eduardo Mallea y su visión del nuevo hombre argentino' (s.f.).

[60] Me he referido a esta cuestión en ¿Para qué sirve la teología? (1999, capítulo 5). Allí, cito a Luis Alberto Sánchez y su obra ¿Existe América Latina? (1945). En ella, el pensador peruano—amigo de Juan A. Mackay—discutía el tema

está corporizada por seres humanos de carne y hueso y, por lo tanto, tiene una historia en la que, además de la acción de Dios—irrastreable por su naturaleza—implica también la acción de esos actores sociales. No existe un descenso celestial automático de la iglesia al suelo latinoamericano sin que medien, además de los factores espirituales, otros de naturaleza humana con todos los riesgos, contingencias, limitaciones y condicionamientos que ello supone. Puesto que, como dice Barth, 'la iglesia es la corporificación del ser humano que recibe la revelación de Dios' (1999, p. 639), es insoslayable reflexionar sobre la manera en que se trasplantó el cristianismo en nuestras tierras.

Básicamente ha habido dos misiones bien contrastadas entre sí: la evangelización católico-romana y la evangelización protestante. La primera consistió en la empresa político-económico-religiosa encarada por los Reyes Católicos como instrumento de expansión del imperio español. Inclusive, el propio Cristóbal Colón fue animado a la empresa por dos motivos fundamentales y no necesariamente excluyentes: el oro y la evangelización. Como señala Tzvetan Todorov en su análisis semiótico de la conquista:

> La victoria universal del cristianismo, este es el móvil que anima a Colón, hombre profundamente piadoso (nunca viaja en domingo), que, por esta misma razón, se considera como elegido, como encargado de una misión divina … Por lo demás, la necesidad de dinero y el deseo de imponer al verdadero Dios no son mutuamente exclusivos… (2003, p. 20).

El año 1492 es mucho más que un número en la historia universal en general y española en particular. Porque en ese mismo año, España lograba el triunfo en el último bastión musulmán en Granada, los judíos eran

---

para concluir que más allá de diferencias geográficas, étnicas e históricas, América Latina (Latinoamérica o Iberoamérica) posee elementos que la hacen homogénea, señalando: 'siendo homogéneos nos pensamos heterogéneos porque confundimos lo perenne con lo pasajero...' (p. 270). Y concluyo: 'por encima de diferencias culturales, somos un continente con elementos básicos de unidad: una geografía común, un proceso civilizatorio común, una emancipación de la corona española y portuguesa y la búsqueda de un destino común' (Roldán, 1999, p. 118). A los factores indicados debiéramos agregar el religioso: la inserción común del cristianismo en estas tierras. Por su parte el historiador argentino José Luis Romero reflexiona: 'Quizás podría cuestionarse—y de hecho se ha cuestionado—si Latinoamérica existe como una unidad real. Pero, cualquiera sea la respuesta que se dé a ese interrogante, es innegable que existe al menos como una unidad mirada desde Europa, en relación con la cual se ha desenvuelto siempre en una suerte de diálogo de muy variados matices' (1986, p. 21).

expulsados de la península y Colón 'descubría' América. Así comenzó el cristianismo en nuestras tierras con una evangelización que unía, extrañamente, la espada y la cruz. Esta última, como dice Juan A. Mackay, 'si fuera un motivo en los pensamientos de los monarcas católicos sucesivos que ordenaron la aventura, se convirtió en nada más que un pretexto en la mente de quienes la llevaron a cabo' (1993, p. 57). Lo que estaba en juego era la búsqueda del verdadero Dios o la del oro bajo el símbolo de Mamón tal como lo plantea Gustavo Gutiérrez cuando dice:

> De un lado, se halla la justificación teológica de la presencia europea; ella se basa en lo que se considera la función providencial de las riquezas de las Indias. De otro, está una perspectiva cristológica centrada en el evangelio, que arranca históricamente de los pobres de estas tierras, los indios, y que denuncia como idolátrica la primera posición. Bíblicamente hablando tenemos al oro, mamón, opuesto a Dios (1989, pp. 21–22).

La obra de Gutiérrez no solo plantea esta oposición dialéctica entre Dios (el verdadero) vs. Mamón (el falso dios), sino que exalta la figura y la acción misionera y profética de Bartolomé de las Casas como una de las pocas voces que denunció los abusos que se hacían en nombre de Dios y de Jesucristo. Mientras la mayoría eclesial callaba, las Casas denunciaba los atropellos que se hacían contra los indígenas en nombre de un evangelio que ellos desconocían y de un Cristo del que no habían tenido noticia y que ahora venía a destruir su cultura y cegar sus vidas.[61] Estos factores deberán ser tenidos muy en cuenta a la hora de elaborar una eclesiología latinoamericana ya que la espada y la cruz dejaron su impronta en el inconsciente colectivo de las sociedades latinoamericanas posteriores.

Pero hubo otra misión o, mejor expresado, otro modelo de misión. Se trata de la misión protestante que contrastaba sustancialmente con la anterior. Como señala Mackay: 'Los nuevos cristianos aparecieron no con la espada sino con la Biblia' (1993, p. 243). Las Sociedades Bíblicas tuvieron un lugar preponderante en la misión protestante en América Latina. Otro factor fue la educación para cuya difusión, en el caso de la Argentina, próceres como José de San Martín y Domingo F. Sarmiento fueron decididos propulsores de la llegada de educadores/as de Inglaterra y Estados Unidos. Algunos de los énfasis de la misión protestante fueron: la proclamación

---

[61] El tema de esta primera evangelización de América Latina es asunto de debate. Las posiciones oscilan entre una aceptación y legitimación de la campaña hasta una crítica absoluta al proyecto que hizo más mal que bien. Entre esos polos es posible pensar que, muy a pesar de lo deficiente del proyecto, hubo un primer anuncio de Cristo que, de alguna manera acaso irrastreable, preparó el suelo para el advenimiento de otras formas de evangelización más acordes con el Dios de amor y de justicia.

de Cristo, la autoridad de la Biblia, la experiencia de conversión como cambio de vida, la santificación y la separación entre iglesia y estado. Esos énfasis resultaron comunes para casi todas las denominaciones que se arraigaron en América Latina aunque, naturalmente, sus contenidos no fueran exactamente iguales en todos los casos.[62] Por supuesto es oportuno distinguir los orígenes de las denominaciones protestantes y evangélicas que llegaron al continente. En una categorización ya clásica, se habla de 'iglesias del trasplante', iglesias protestantes históricas, iglesias de misión e iglesias pentecostales. Las primeras son denominadas 'de trasplante' porque sin ningún interés misionero, se trató de iglesias que, al llegar a tierras americanas desde Europa, solo querían conservar entre su acerbo cultural el factor religioso. Por ese motivo, tales iglesias tendieron a desaparecer o bien se encarnaron en el nuevo suelo cultural adoptando, es claro, el idioma español o portugués según los casos. Las otras iglesias son más fáciles de describir por tratarse de denominaciones protestantes de Europa o de Estados Unidos (metodistas, anglicanos, bautistas, hermanos libres, etc.) que llegaron a nuestros países con fines decididamente misioneros. Luego están las iglesias pentecostales que hunden sus raíces en los grandes avivamientos de comienzos del siglo XX en Estados Unidos y Europa y los movimientos de santidad.

El protestantismo latinoamericano fue buscando su propia identidad en un proceso que llevó mucho tiempo. Como señala Arnoldo Canclini para el caso de la Argentina, en el período de 1914 a 1930 'es claro que ya entonces comenzó a surgir una categoría específicamente argentina de protestantismo' (2004, p. 327).[63] Mutatis mutandi.[64] Podríamos decir que a comienzos del siglo XX también la iglesia evangélica en América Latina comenzó a buscar su identidad propia.[65] Algunos hechos así lo parecen evidenciar: El Congreso de Panamá (1916), la primera Conferencia Evangélica Latinoamericana (Buenos Aires, 1949) y, posteriormente, los CLADE (Congreso Latinoamericano de Evangelización) desarrollados en Bogotá

---

[62] Para un estudio de las constantes y las diferencias entre las varias expresiones del Protestantismo véase José Míguez Bonino, *Rostros del protestantismo latinoamericano*, (1995).

[63] Llama la atención que este historiador, que admite que el carácter autóctono del protestantismo en la Argentina comenzó a gestarse recién a comienzos del siglo XX, haya titulado su obra *400 años de Protestantismo Argentino*. Como es de suponer, en los otros períodos anteriores que desarrolla en su libro, hay una marcada presencia de europeos y estadounidenses en el liderazgo de las iglesias.

[64] Expresión latina que significa 'cambiando lo que hay que cambiar'.

[65] Sobre el tema de la identidad protestante latinoamericana véase el trabajo de Carlos Mondragón, *Leudar la masa. El pensamiento social de los protestantes en América Latina: 1920-1950*, especialmente pp. 149-171 (2005).

(1969), Lima (1979), Quito (1992) y Quito (2000) que, paulatinamente, fueron diseñando un perfil latinoamericano para la iglesia de Jesucristo en el continente.[66]

En suma: para el desarrollo de una eclesiología latinoamericana resulta esencial tomar en cuenta el prisma histórico para saber de dónde venimos, cómo nos fuimos desarrollando y hacia dónde vamos.[67] Analizar el desarrollo histórico de la iglesia protestante en América Latina nos permite evitar una visión idealista de la iglesia que, como tal, no toma en cuenta el contexto de la historia de nuestras propias naciones, signadas primero por la conquista de las coronas española y portuguesa, después por la neocolonización de Inglaterra y otras potencias europeas para derivar, después, en el control de la nueva potencia: Los Estados Unidos de América.[68] Las iglesias latinoamericanas no son meras reproducciones de los ideales eclesiales que están en una especie de *topos uranos* del cual bajan, intactas, a la Tierra. Sino que, por el contrario, reciben las influencias diversas de la historia de nuestros pueblos a los cuales hemos sido llamados a dar testimonio de Jesucristo. Se trata de ser iglesia a partir de la historia latinoamericana con todas sus posibilidades y limitaciones.

El marco social:
La iglesia como realidad sociopolítica

La iglesia, tal como hemos expuesto hasta aquí, es una realidad definida teológicamente como comunidad y pueblo de Dios y una realidad plenamente histórica porque se desarrolla en una historia común a nuestros pueblos latinoamericanos. Esas lentes son importantes pero insuficientes. Porque además de ellos, es necesario tomar en cuenta la realidad sociopolítica. Este es, acaso, el prisma más descuidado en el ámbito de las eclesiologías en general. En efecto, llevó bastante tiempo reconocer la importancia de los factores sociales en la iglesia y, además de ello, la responsabilidad social de la comunidad de fe. Tanto es así, que el primer Congreso Latinoamericano de Evangelización (Bogotá 1969) marcó un cambio importante de perspectivas al respecto con la ponencia de Samuel Escobar, 'Responsabilidad social de la Iglesia' (1988). De alguna manera se podría decir que marcaría un hito en la historia de la búsqueda de la

---

[66] Usamos 'continente' en un sentido amplio como referencia a América Latina pero siendo conscientes que el continente como tal es América.

[67] *Cf.* Pablo A. Deiros (1997).

[68] Sobre la toma de conciencia de esta situación dependiente de los distintos imperios de turno, dice José Míguez Bonino: 'El elemento definitivo de la nueva conciencia latinoamericana es haber percibido que nuestra emancipación política de España—por más justificada y necesaria que haya sido—fue un paso en el camino de la expansión colonial y neocolonial anglosajona' (1977, p. 37).

acción social de la iglesia en Latinoamérica. En su trabajo, Escobar definía a la iglesia desde una perspectiva sociológica argumentando:

El hecho de que es el pueblo de Dios no quita que sea un grupo compuesto de seres humanos, que adopta formas de conducta social y estructuras de relación con las del medio en que vive. Las iglesias pueden convertirse en iglesias de blancos con teología segregacionista, iglesia de clase media con mentalidad y hábitos burgueses. Por ello también pueden convertirse en grupos de presión dentro de la sociedad, manipulados para fines políticos. O también pueden convertirse en una especie de 'quistes' extraños al cuerpo social en que viven, difundiendo una cultura, formas de vestir o de divertirse extrañas a su medio ambiente (1988, p. 19).[69]

Considerando la época en que estos conceptos fueron vertidos, hay que reconocer la audacia y sinceridad del expositor para enfocar el tema de las clases sociales y su influencia en los modelos eclesiales, perspectiva que, además, sigue teniendo plena vigencia hoy. La iglesia latinoamericana debe ser vista desde un ángulo sociológico. En la teología contemporánea, según señala Carlos Van Engen (2004, p. 46), a Dietrich Bonhoeffer le cupo el honor de haber sido el primero de los teólogos del siglo xx en situar a la iglesia desde una perspectiva sociológica. En su obra *Sanctorum Communio* Bonhoeffer invita a considerar a la iglesia como una entidad sociológica que, como tal, actúa dentro de la sociedad. El realismo teológico de Bonhoeffer le lleva también a definir la iglesia como una realidad mundana sorteando todo idealismo eclesial. Dice:

La iglesia no es un ideal, sino una realidad en el mundo, una parte de la realidad universal. La mundanidad de la iglesia resulta de la encarnación de Cristo. La iglesia, como Cristo, se ha hecho mundo. Tomar a la iglesia concreta solo como iglesia aparente es renegar de la verdadera humanidad de Jesús y, por tanto, es herético (1974, p. 81).[70]

La vinculación entre eclesiología y cristología también es rescatada por José Míguez Bonino: 'La reflexión sobre la iglesia debe comenzar más atrás

---

[69] Es posible advertir en las referencias a las clases sociales en la iglesia, la influencia del pensamiento de H. Richard Niebuhr (1929), teólogo estadounidense que, por otra parte, era citado con cierta frecuencia por Escobar.

[70] Bonhoeffer agrega otra dimensión de la 'mundanidad' de la iglesia: 'Eso también significa que está sometida a todas las debilidades y a todos los sufrimientos del mundo' (1974, p. 81). Cabe aclarar que esta obra de Bonhoeffer fue escrita cinco años después de su tesis doctoral sostenida en 1927 bajo la dirección de Reinhold Seeberg: *Sociología de la Iglesia: sanctorum communio* (versión española, 1969).

de la definición de sus elementos, en el mismo origen y centro de su ser, a saber, en la persona de Jesucristo' (2003, p. 87).

La dimensión creacional de la iglesia nos conduce a admitir que ella solo es una parte de la realidad universal. Aquí es oportuno recordar los 'cuatro mandatos' que definía Bonhoeffer, a saber: el trabajo, el matrimonio, el Estado y la iglesia. 'Dios quiere que haya en el mundo el trabajo, el matrimonio, el Estado y la iglesia y quiere que todo ello sea por Cristo, tendiendo a Cristo, pero cada una de las cuatro cosas a su manera' (1967, pp. 144–148).

Enfocar a la iglesia en su dimensión social implica reconocerla como una entidad que actúa en la sociedad y es influida por ella. Esto no es algo negativo ni positivo en sí mismo, sino que depende del discernimiento que la iglesia haga en cada caso para la toma de sus decisiones. Lo importante es que la iglesia siempre tenga como marco referencial una realidad que la supera y la engloba: el reino de Dios. En este sentido, mal que pese a quienes tienen una idea triunfalista de la iglesia, es oportuno reconocer su carácter temporario hasta la venida del reino de Dios. Como dice Pannenberg:

> La iglesia es necesaria mientras la vida política y social del hombre no represente y concretice aquella plenitud perfecta de la determinación humana que realizará el reino de Dios en la historia humana. Vistas así las cosas, es claro que la iglesia no es ciertamente eterna, pero sí necesaria para el tiempo que trascurra hasta que el reino de Dios aparezca en su forma plena[71]

Pero la iglesia no es sólo una entidad que actúa en la sociedad, moldea la sociedad y, a su vez, es moldeada por ella. La iglesia también es una realidad política. No es habitual leer o escuchar reflexiones sobre esta dimensión política de la iglesia pero es necesario tomarla en cuenta para elaborar una eclesiología latinoamericana. El tema no es nuevo ya que en la teología protestante, por caso Karl Barth, siempre se admitió la función política de la iglesia. En efecto, en su *Comunidad cristiana y comunidad civil*, Barth define la existencia de la comunidad cristiana como eminentemente política (1976, p. 88). El tema, no obstante, necesitaba ser ampliado y profundizado, cosa que se ha hecho, particularmente, a través de los aportes de Johann Baptist Metz y Jürgen Moltmann. El primero desarrolla una 'nueva teología política'[72] partiendo de la siguiente premisa:

---

[71] En la misma perspectiva se expresa Johann Baptist Metz: 'La esperanza proclamada por la Iglesia, no es esperanza en la Iglesia sino en el reino de Dios. Así que la Iglesia, como institución, vive precisamente de la constante proclamación de su propia provisionalidad' (1971, pp. 152–153).

[72] Para diferenciarla de una antigua teología política, la cual está asociada a la forma que expone el teórico alemán Carl Schmitt en sus obras *Teología*

Aquí es preciso tener en cuenta que la iglesia, en cuanto fenómeno históricosocial, tiene siempre una dimensión política, es decir, es política y tiene efectos políticos aun *antes* de tomar una postura política determinada y, por tanto, también antes de preguntarse por los criterios de su postura política actual (1979, pp. 100–101, cursivas originales).

Metz otorga un lugar especial a la escatología en todo su planteamiento y, en expresión feliz, define a las promesas que de ella surgen como imposibles de ser 'privatizadas'. Lo explica en estos términos: "Las promesas escatológicas de la tradición bíblica —libertad, paz, justicia, reconciliación— no se pueden 'privatizar', no se pueden reducir al círculo privado. Nos están obligando incesantemente a la responsabilidad social" (1971, p. 148). Por lo tanto, la iglesia está llamada al anuncio del reino de Dios cuya presencia significa 'justicia, paz y alegría en el Espíritu Santo' (Ro. 14.17), valores que, precisamente, están ausentes en un mundo dominado por la injusticia, la guerra y la tristeza. La iglesia tiene una función política irrenunciable. No puede pretender neutralidad frente a la política y los conflictos sociales. Por supuesto, abundan las iglesias que pretenden ser 'neutrales' frente a esos hechos. Pero como bien dice Pannenberg, en total coincidencia con Metz: "Las iglesias que afirman que están totalmente ocupadas con tareas, en este sentido, 'espirituales' y que se mantienen alejadas, por esto, de todos los problemas políticos, son, en realidad, verdaderos bastiones de la defensa de lo establecido" (1974, p. 58).

Surgen preguntas: ¿Qué significa, en términos concretos, la función política de la iglesia? ¿Cómo se materializa? No es fácil dar respuestas definitivas. No obstante, algunas cosas son claras: la iglesia no debe constituirse en poder político en sí misma. Tampoco está llamada a elaborar un sistema político determinado ni embanderarse detrás de una política partidaria determinada. En este sentido, como dice Metz, debe actuar no con el esquema de 'amigo-enemigo' sino a partir de una exigencia mayor: 'amor al enemigo'. Luego, la iglesia no debe pretender imponerse como

---

política y *Romanticismo político,* Schmitt afirma: 'Todos los conceptos sobresalientes de la moderna teoría del Estado son conceptos teológicos secularizados' (1985, p. 95). La figura de Schmitt ha suscitado las más diversas reacciones entre quienes son fervorosos adherentes a sus postulados. En torno a la presencia de Max Stirner en el pensamiento de Carl Schmitt, vea Jorge Dotti y Julio Pinto (2002, pp. 13–29) y quienes lo critican abiertamente (Löwith, 2006, pp. 43–89, y Borón y González, 2004, pp. 135–159). Para un análisis comparativo entre la teología política de Schmitt, Moltmann y Metz, véase Alberto F. Roldán: 'Las teologías políticas de Jürgen Moltmann y Johann Baptist Metz. Alternativas al planteo de Carl Schmitt' (2008, pp. 179–202).

poder político porque 'la Iglesia no tiene ningún poder que esté por delante del poder de sus promesas' (1971, p. 156).[73]
Por su parte Moltmann ofrece agudas reflexiones para la elaboración y encarnación de una nueva teología política. Hay dos elementos fundamentales en la articulación de su pensamiento: la Trinidad y la cruz de Cristo.
En cuanto a lo primero, afirma sin ambages: 'Sólo cuando la doctrina trinitaria supere la idea monoteísta del gran monarca celeste y del patriarca divino del universo, los dominadores, dictadores y tiranos de la Tierra se verán privados de todo arquetipo religioso justificativo' (Moltmann, 1983, p. 214). ¿Cómo hay que reformular, entonces, la doctrina de la Trinidad de modo que supere el esquema jerárquico y monárquico del monoteísmo? Moltmann propone unos caminos que pasamos a resumir:
1. La doctrina trinitaria une a Dios, Padre todopoderoso, con Jesús entregado a la muerte, crucificado por los romanos y con el Espíritu vivificador. De esa unidad no puede surgir la figura del monarca omnipotente al que imitan los soberanos de la Tierra.
2. El omnipotente no es trinitariamente un arquetipo para los poderosos del mundo sino que es Padre de Jesucristo crucificado y resucitado. Es omnipotente como Padre y se expone a la experiencia del sufrimiento, del dolor, la impotencia, la vulnerabilidad y la muerte.
3. 'La gloria del Dios trino no se refleja en las coronas de los reyes ni en los triunfos de los vencedores, sino en el rostro del Crucificado y en el rostro de los oprimidos, de los que él se hizo hermano' (Moltmann, 1983, p. 214).

---

[73] José Míguez Bonino ha reflexionado sobre la participación de los evangélicos en la política latinoamericana. Mientras suscribe plenamente a la necesidad irrenunciable de participación en la arena política, señala los peligros de utilizar el poder político al servicio de la iglesia y la ilusión de que los creyentes se consideren incorruptibles (1999, pp. 14–15). Sobre la ilusión de considerarse incorruptibles, nada más elocuente que lo sucedido en Guatemala con dos presidentes evangélicos que abusaron del poder o tuvieron que renunciar por problemas de corrupción administrativa. Para una evaluación del papel desarrollado por los evangélicos en el campo político en América Latina véase C. René Padilla (1991). Un texto importante de Míguez Bonino sobre el tema de la política es *Toward a Christian Political Ethics* (1983) donde el teólogo argentino reinvindica el papel de la teoría en toda construcción de una ética política en perspectiva protestante. Para un estudio profundo y esclarecedor de la interacción entre hermenéutica teológica y hermenéutica socio-analítica, véase Clodovis Boff (1980). Más recientemente, David A. Roldán ha señalado caminos concretos para la participación de los cristianos en lo político (2007).

El Espíritu vivificador no se apoya en la acumulación de poder ni en la utilización absolutista de la soberanía sino en el Padre de Jesucristo y en la resurrección del Hijo.

En su otra obra —de notable densidad— *El Dios crucificado* (1975), Moltmann continúa reflexionando sobre la teología política de la cruz. Procede a criticar a la teología oficial del imperio —elaborada por Eusebio de Cesarea— que celebraba la simbiosis entre el imperio y la religión cristiana promoviendo la unidad en un Dios, un logos, un nomos, un César, una iglesia y un imperio. Ese constantinismo ocultó el recuerdo y el destino del crucificado. Por lo tanto, la nueva teología política y la hermenéutica política deben presuponer la crítica a la teología política de la religión oficial porque: 'La fe cristiana no puede ya ser malusada [sic] para justificar una situación política' (1975, p. 450). ¿En qué sentido la teología política de la cruz es liberadora? Esta teología, responde Moltmann, debe liberar al estado de la idolatría política y a los seres humanos arrancándolos de la alineación y la privación de sus derechos.

En la parte final de su propuesta, Moltmann realiza una exposición crítica de lo que denomina 'laberintos diabólicos de la muerte' y los cambios de Dios en las liberaciones del ser humano. En cuanto al primer tema —la dimensión económica— el laberinto diabólico de la pobreza se expresa en hambre, enfermedad, mortalidad temprana y es provocado por la explotación y el dominio de clases. El segundo —la dimensión política— es la violencia que se expresa en dictaduras y dominio de clases y privilegios. El tercer laberinto es el extrañamiento racial y cultural. Allí, significativamente, cita los trabajos de James Cone, *Teología negra* (1973)[74] y de Paulo

---

[74] La teología negra de la liberación es contemporánea de la teología de la liberación. En efecto, la obra de Conn, *A Black Theology of Liberation*, fue publicada en 1969 mientras la *Teología de la liberación* de Gustavo Gutiérrez data de 1973 aunque tuvo su 'presentación en sociedad' en Medellín, en el seno del CELAM II y tiene antecedentes en el movimiento de ISAL (Iglesia y Sociedad en América Latina). Es de destacar la enjundia y profundidad analítica de Cone, quien apelando a la mejor tradición teológica protestante del siglo XX—Barth, Tillich, Bultmann, Moltmann—desarrolla una teología negra que considera kerigmática, procediendo a una deconstrucción de la teología de los blancos opresores, proponiendo que la tarea de la comunidad negra 'consiste en destruir la definición de la negritud que da el opresor, insuflando significados nuevos en los viejos relatos, a fin de que el pasado emerja como instrumento de liberación negra' (Cone, 1973, p. 29). Desde que Dios está siempre del lado de los oprimidos y de los que sufren, para Cone no hay dudas de que Dios es negro ya que: 'O Dios se identifica con los oprimidos al punto que la experiencia de estos se convierte en la suya, o Dios es un Dios del racismo' (p. 86). En nuestra opinión, la teología negra elaborada por Cone aparece como una alternativa

Freire, *Pedagogía del oprimido* (1972). En ese esquema de extrañamiento los seres humanos sobreviven en una libertad relativa pero no saben quiénes son en realidad. El cuarto laberinto es un círculo mayor porque se trata de la destrucción industrial de la naturaleza. Al no compensar progreso con equilibrio social se deriva en la muerte ecológica.[75] En todos estos 'infiernos económicos, políticos, culturales e industriales' como metafóricamente los denomina Moltmann, está metido profundamente el laberinto diabólico del absurdo y el abandono de Dios.

¿De qué modo se puede salir de estos 'infiernos' de inhumanidad y deterioro? Moltmann propone para el caso del laberinto económico, suplir las necesidades materiales del ser humano: salud, alimento, vestido, viviendo en una participación justa y satisfactoria del producto del trabajo. Para el caso de la dimensión política, la respuesta es la democracia, a la cual define en estos términos: 'reconocimiento de todos los derechos humanos como fundamentales de los ciudadanos de un estado' (1975, p. 461). Para la dimensión cultural de la vida, propone la identidad en el reconocimiento de los otros enfatizando que tanto la identidad como el reconocimiento van juntos.[76] La liberación de la naturaleza significa paz con ella de modo que de un dominio *a-pático* hacia la naturaleza se pase a una relación *sim-patética* con ella.[77] Finalmente, en cuanto al sentido de la vida, la liberación significa una vida plena de sentido. Luego de citar el pasaje de Romanos 8.19ss, que anticipa el nuevo mundo de Dios en

---

del mismo nivel que la teología de la liberación de Gutiérrez, en tanto trabajos sistemáticos que parten de un locus histórico concreto. En el caso de Gutiérrez, su obra trata todos los temas de la teología sistemática cristiana. En Cone, el autor se refiere al contenido medular de su teología, a las fuentes y normas de la teología negra, al significado de la revelación, a Dios y al ser humano en esa teología, al reino de Dios y el Cristo negro y, finalmente, a la iglesia, el mundo y la escatología. Aunque parezca ocioso, es oportuno destacar que tanto la articulación de la teología de Cone como la de Gutierrez ponen en evidencia una sólida formación en Biblia, teología, filosofía y lenguaje, lo cual prueba, una vez más, la importancia de la teoría en la estructuración de un pensamiento que pueda ser oído por el mundo teológico del nordatlántico. Porque, como argumenta el propio Cone: 'si el teólogo quiere que la concepción de la comunidad sobre Dios y el hombre resulte inteligible, tendrá que empezar con un análisis racional de la revelación, a fin de que quede en claro desde el principio el carácter presuposicional de la teología cristiana' (1973, p. 61).

[75] Este tema es ampliado por Moltmann en *Dios en la creación* (1987) y *La justicia crea futuro* (1992).

[76] Es interesante observar cómo profundiza Paul Ricoeur este tema en su último libro publicado poco antes de su muerte, *Caminos del reconocimiento* (2006).

[77] El prefijo griego *'syn'* corresponde a la preposición 'con' en castellano.

una creación liberada de la corrupción a la que ahora está sometida, dice Moltmann:

Es la situación del abandono de Dios y la carencia de sentido, el conocimiento de la oculta presencia de Dios en la cruz del Cristo abandonado por parte de Dios da, ya aquí, aquel 'valor para la existencia' a pesar de la nada y de todas las experiencias destructoras (1975, pp. 464-465).

Conclusión

Hablar de la iglesia es mucho más que referirnos a sus dimensiones espirituales, trascendentes y divinas. Se trata de abordarla, también, como una realidad comunitaria concreta, compuesta de hombres y mujeres que han sido llamados y llamadas por Jesucristo en un tiempo y un espacio específicos. Es deber de los teólogos/as latinoamericanos/as elaborar eclesiologías que tomen como marcos referenciales: el bíblico-teológico, en el que se destaquen las dimensiones comunitarias y de pueblo de Dios que son inherentes al ser de la iglesia; el histórico, para ver cómo se fue desarrollando la iglesia en nuestro continente para entender nuestro presente y orientar nuestra misión actual y hacia el futuro; y, finalmente, el marco sociopolítico, ya que no puede negarse la importancia de los factores sociales en la conformación de las iglesias como también el papel que ellas deben desempeñar en las sociedades latinoamericanas. Por otra parte, lo político sigue siendo el talón de Aquiles de las iglesias latinoamericanas y, por ende, de sus eclesiologías. Ello se debe a varios factores: desconocimiento del tema, una pretendida neutralidad 'apolítica' o, en otros casos, una inserción en el campo político sin la adecuada preparación o con la mezquina finalidad de sacar provecho propio.

La eclesiología latinoamericana está por escribirse. No sólo porque la producción sobre el tema sea notoriamente escasa[78] sino porque, siendo la eclesiología un campo teológico en permanente mutación, necesita de una constante reelaboración. Para aceptar este desafío, debemos enriquecernos no sólo con los fundamentos bíblico-teológicos clásicos, sino también de un pensamiento teológico que, por sus contenidos y enfoques, mejor se adecue a nuestra realidad. Sobre todo, debemos tomar en cuenta los

---

[78] Algunos textos más recientes de autores protestantes son: C. René Padilla y Tetsunao Yamamori (editores), *La iglesia local como agente de transformación: una eclesiología para la misión integral* (2003) donde contribuyo con el capítulo: 'El sacerdocio de todos los creyentes y la misión integral' (A. F. Roldán, 2003, pp. 103-130); Howard A. Snyder, *La comunidad del Rey*, (2005); Juan Driver, *Renovación de la Iglesia* (2005); Carlos Van Engen, *El pueblo misionero de Dios* (2004); y José Míguez Bonino, *Hacia una eclesiología evangelizadora* (2003).

marcos teóricos insoslayables como son: el marco bíblico-teológico de la iglesia como comunidad y pueblo de Dios; el marco histórico de la realidad de la iglesia en sus comienzos y desarrollo en la historia latinoamericana; y, el marco sociopolítico, sin el cual la iglesia se puede tornar, fácilmente, en un *gueto* de carácter religioso, intimista, individualista y privatista. Estamos llamados por Jesucristo a ser sal de la tierra y luz del mundo pero encarnados en el tiempo y el espacio latinoamericanos para predicar, no a la iglesia—cuyo carácter es provisional y temporario—sino al reino de Dios que, aunque realidad escatológica, actúa prolépticamente en nuestro mundo para gloria del Dios trino y uno.

Obras citadas

Barth, K. (1959). *A Shorter Commentary on Romans*. Londres: SCM Press.

Barth, K. (1976). *Comunidad cristiana y comunidad civil*. Madrid-Barcelona: Morava-Fontanella.

Barth, K. (1978). 'La iglesia, comunidad viva de Jesucristo, el Señor que vive.' En *Ensayos teológicos*. Barcelona: Herder.

Barth, K. (1999). *Carta aos Romanos*. San Pablo: Novo Século. (Hay versión en castellano por BAC de Madrid.)

Boff, C. (1980). *Teología de lo político*. Salamanca: Sígueme.

Bonhoeffer, D. (1967). *Ética*. Barcelona: Estela.

Bonhoeffer, D. (1969). *Sociología de la iglesia: sanctorum communio*. Salamanca: Sígueme.

Bonhoeffer, D. (1974). *Creer y vivir*. Salamanca: Sígueme.

Borón, A. A. y González, A. (2004). '¿Al rescate del enemigo? Carl Löwith y los debates contemporáneos de la teoría del estado y la democracia.' en *Filosofía política contemporánea*, Buenos Aires: CLACSO.

Canclini, A. (2004). *400 años de protestantismo argentino*. Buenos Aires: FIET.

Cone, J. (1973). *Teología negra de la liberación*. Buenos Aires: Carlos Lohlé. (Publicación original en inglés, 1969, A Black Theology of Liberation).

Deiros, P. A. (1997). *Protestantismo en América Latina: ayer, hoy y mañana*. Miami: Caribe.

Dotti, J. y Pinto, J., comps. (2002). *El visitante de la noche*. Buenos Aires: Eudeba.

Driver, J. (2005). *Renovación de la iglesia*. Bogotá: Certeza.

Escobar, S. (1988). 'Responsabilidad social de la iglesia.' En *Evangelio y realidad social*, pp. 9–42. Edición corregida. El Paso, Texas, EE.UU.: Casa Bautista de Publicaciones.

Gutiérrez, G. (1972). *Teología de la liberación*. Salamanca: Sígueme.

Gutiérrez, G. (1989). *Dios o el oro en las Indias*. Salamanca: Sígueme.

Löwith, K. (2006). 'El decisionismo ocasional de Carl Schmitt'. En *Heidegger, pensador de un tiempo indigente*. Buenos Aires: FCE.

Mackay, J. A. (1993). *El otro Cristo español*. Tercera edición. México: Centro de Comunicación Cultural, CUPSA, AC.

Mallea, E. (1937). *Historia de una pasión argentina*. Buenos Aires: Ed. Sur.

Metz, J. B. (1971). *Teología del mundo*. 2nd ed. Salamanca: Sígueme.

Metz, J. B. (1979). *La fe, la historia y la sociedad*. Madrid: Cristiandad.

Míguez Bonino, J. (1977). *La fe en busca de eficacia*. Salamanca: Sígueme.

Míguez Bonino, J. (1983). *Toward a Christian Political Ethics*. Filadelfia, Pensilvania, EE.UU.: Fortress Press.

Míguez Bonino, J. (1995). *Rostros del protestantismo latinoamericano*. Buenos Aires: Isedet-Nueva Creación.

Míguez Bonino, J. (1999). *Poder del Evangelio y poder político*. Buenos Aires: Kairós.

Míguez Bonino, J. (2003). *Hacia una eclesiología evangelizadora*. São Bernardo do Campo: Editeo y Ciemal.

Moltmann, J. (1975). *El Dios crucificado*. Salamanca: Sígueme.

Moltmann, J. (1978). *La iglesia, fuerza del Espíritu*. Salamanca: Sígueme.

Moltmann, J. (1983). *Trinidad y reino de Dios*. Salamanca: Sígueme.

Moltmann, J. (1987). *Dios en la creación*. Salamanca: Sígueme.

Moltmann, J. (1992). *La justicia crea futuro*. Santander: Sal Terrae.

Mondragón, C. (2005). *Leudar la masa: el pensamiento social de los protestantes en América Latina: 1920–1950*. Buenos Aires: Kairós.

Niebuhr, H. Richard. (1929). *The Social Sources of Denominationalism*. Nueva York: Henry Holt and Co.

Padilla, C. R. y Yamamori, T., eds. (2003). *La iglesia local como agente de transformación: una eclesiología para la misión integral*. Buenos Aires: Kairós.

Padilla, C. R., Comp. (1991). *De la marginación al compromiso: los evangélicos y la política en América Latina*. Buenos Aires: Fraternidad Teológica Latinoamericana.

Pannenberg, W. (1974). *Teología y reino de Dios*. Salamanca: Sígueme.

Ricoeur, P. (2006). *Caminos del reconocimiento*. México: FCE.

Rojas, R. (1928). *El Cristo invisible*. Buenos Aires: Librería La Facultad.

Roldán, A.F. (s.f.). 'Eduardo Mallea y su visión del nuevo hombre argentino'. http://www.ensayistas.org/filosofos/argentina/mallea/roldan.htm

Roldán, A. F. (1984). *La unidad del pueblo de Dios según pasajes seleccionados de los escritos paulinos.* Tesis de licenciatura en teología, Seminario Internacional Teológico Bautista, Buenos Aires.

Roldán, A. F. (1999). *¿Para qué sirve la teología?* Buenos Aires: FIET. Hay segunda edición revisada y ampliada por Libros Desafío, Grand Rapids, 2011.

Roldán, A. F. (2003). 'El sacerdocio de todos los creyentes y la misión integral'. En Padilla, C. R. y Yamamori, T., eds. *La iglesia local como agente de transformación: una eclesiología para la misión integral,* pp. 103–130. Buenos Aires: Kairós.

Roldán, A. F. (2008). 'Las teologías políticas de Jürgen Moltmann y Johann Baptist Metz. Alternativas al planteo de Carl Schmitt', *Cuadernos de teología,* vol. XXVII, Buenos Aires: Instituto Universitario Isedet, pp. 179–202.

Roldán, A. F. (2009). 'La dialéctica de la justicia en el comentario de Karl Barth a la carta de Romanos'. Revista *Enfoques,* Año XXI, Nros. 1–2, Libertador San Martín: Universidad Adventista del Plata, pp. 21–35.

Roldán A. F. . *Reino, política y misión,* Lima: Ediciones Puma, 2011, pp. 125-155.

Roldán, D. A. (2007). *Cinco tesis sobre el poder: estudio de la circularidad hermenéutica entre poder político y poder religioso.* Monografía inédita presentada para el curso, 'Hermenéutica bíblica y social', PRODOLA.

Romero, J. L. (1986). *Situaciones e ideologías en Latinoamérica.* Buenos Aires: Sudamericana.

Sánchez, L. A. (1945). *¿Existe América Latina?* México: FCE.

Schmitt, C. (1985). *Teología política.* Buenos Aires: Editorial Struhart & Cía.

Schmitt, C. (2000). *Romanticismo político.* Quilmes: Universidad Nacional de Quilmes.

Segundo, J. L. (1968). *Esa comunidad llamada iglesia: teología abierta para el laico adulto,* vol. 1. Buenos Aires: Carlos Lohlé.

Snyder, H. A. (2005). *La comunidad del Rey.* 2da. edición revisada. Buenos Aires: Kairós.

Taubes, J. (2007). *Del culto a la cultura. Elementos para una crítica de la razón histórica,* trad. Silvia Villegas, Buenos Aires: Katz editores.

Todorov, T. (2003). *La conquista de América: el problema del otro.* Buenos Aires: Siglo XXI.

Van Engen, C. (2004). *El pueblo misionero de Dios.* Grand Rapids, Míchigan, EE.UU.: Libros Desafío.

Vasconcelos, J. (1948). *La raza cósmica.* 2da. Edición, Buenos Aires: Espasa-Calpe

La misiología
al servicio de la iglesia

9

Más allá de los estereotipos: persona y comunidad en la espiritualidad cristiana

Nancy J. Thomas[79]

Era la nochebuena. Estábamos parados en frente del taller de carpintería que la congregación usaba para sus reuniones. El culto de la noche ya había terminado, pero nadie quería despedirse. Estábamos disfrutando del compañerismo, hablando de las diferentes maneras culturales de celebrar la navidad. De repente, un amigo nos miró y observó que mi esposo Harold y yo probablemente no sentíamos tristeza por estar separados de nuestra familia en este tiempo, porque, dijo él: 'Ustedes, los norteamericanos, no tienen valores familiares. Son individualistas'.

La fuerza de nuestra reacción nos sorprendió tanto a nosotros como a nuestro amigo. '¡Esto es ridículo!' explotó mi esposo, quien normalmente es muy tranquilo. Me enojé también, pero logré mantener cerrada mi boca. Durante las últimas semanas había extrañado mucho a mis hijos, nietos, y amigos allá en otras partes del mundo. Aunque durante el pasar de los años habíamos aprendido a amar a Bolivia y a formar amistades íntimas, casi familiares, con nuestros colegas bolivianos, la separación de la familia seguía difícil. Escuchar que 'no teníamos valores familiares' era como rasgar una herida todavía no sanada.

---

[79] Nancy Thomas, parte de la iglesia de los Amigos (cuáqueros) de los Estados Unidos, recibió su Ph.D. en estudios interculturales del Seminario Teológico de Fuller. Junto con su esposo Harold sirvieron 25 años como misioneros y educadores en Bolivia, donde fundaron y dirigieron una maestría en misiología en la Universidad Evangélica Boliviana. Entre sus publicaciones son tres volúmenes de poesía, seis textos teológicos para un instituto bíblico por extensión, y el libro *El hogar que Dios bendice*. En PRODOLA ella sirve como directora asociada curricular y enseña el curso 'Cultura, espiritualidad y misión'. Nancy y Harold tienen dos hijos adultos y siete nietos.

El mes anterior a este incidente otra persona había mencionado su sorpresa al notar que, a pesar de nuestra cosmovisión occidental, habíamos logrado relacionarnos tan bien con los bolivianos con quienes trabajábamos. Al principio, tomé su comentario como algo positivo, pero al pasar los días empezó a molestarme, hasta que pude identificar el espino escondido en la rosa. Esta persona, como tantas otras, estaba relacionándose con nosotros, no como personas, sino como norteamericanos—norteamericanos estereotipados, es decir, personas individualistas, agresivas, imperialistas, dualistas, pragmáticas, y con pocos valores comunitarios. ¿Así somos, aún después de 25 años de experiencia transcultural?

Nuestro ministerio actual amplifica el problema de los estereotipos culturales. Después de casi 30 años de ministerio en equipo transcultural entre el pueblo boliviano, ahora nos encontramos trabajando en la educación teológica superior. Este nos ha puesto en contacto con un cuerpo de literatura, parte de la disciplina creciente de la misiología latinoamericana, que está luchando muy creativamente para lograr la integración de teología y asuntos contextuales particulares al continente. Pero, a la vez, notamos una tendencia en esta literatura de adoptar una postura muy crítica, hasta estereotipada en algunos casos, en cuanto a la cultura occidental y, particularmente, el papel occidental en el movimiento misionero a la América Latina. Una evaluación crítica (autoevaluación tanto como evaluación desde afuera) es necesaria, pero la exageración basada en estereotipos culturales hace daño y no ilumina.

En este ensayo quiero explorar la relación entre persona y comunidad, como un aspecto importante en la interacción entre cultura, espiritualidad y misión. Por ser tan complejo, es necesario ir más allá de los estereotipos. Haré referencia a algunos estudios culturales, miraré algunos comentarios contemporáneos acerca de la espiritualidad, y luego presentaré un estudio de la relación entre persona y comunidad en los Salmos. Terminaré con implicaciones para la espiritualidad y la misión de la iglesia en América Latina.

Perspectivas de persona y comunidad en las ciencias sociales

La relación entre persona y grupo es un aspecto importante en los estudios antropológicos de cosmovisión (Kearney, 1984, p. 81; Kraft, 1996, p. 59; Thomas, 2003 pp. 50–51). Una mirada a estudios de caso de culturas específicas muestra que las relaciones y tensiones en esta área son complejas. Estudios comparativos muestran que las culturas tradicionales, mayormente rurales donde existen pobreza y falta de educación moderna, tienden a enfatizar valores colectivos. Al otro lado, parece haber una relación entre modernidad, urbanización y educación moderna con un enfoque en los valores del individualismo.

El estudio clásico del antropólogo Geert Hofstede, enfoca diferencias culturales/nacionales y nos provee un buen ejemplo. Originalmente conducido en 1968 y actualizado en 1997, Hofstede hizo una investigación de los empleados de la empresa transnacional IBM en 50 países. Una de las categorías clave de comparación era 'individualismo versus colectivismo', tomándolo como un continuo de valores opuestos. Sin sorprender a nadie, los resultados colocaron a los Estados Unidos en el puesto número uno para individualismo (91% en el 'índice de individualismo'), con un grupo de países latinoamericanos en los que se mostraron un individualismo bajo y un alto nivel de colectivismo.

El estudio de Hofstede ha recibido críticas por estar tan centrado en empleados de IBM, con la observación de que estas personas no son típicas aun en sus respectivos países. Hofstede defiende su estudio, notando que hay tantas semejanzas transculturales entre empleados de IBM (cultura empresarial, tipo de trabajo, nivel de educación, etc.), que cualquier diferencia debe reflejar valores nacionales que existían antes del empleo con IBM.[80]

El valor de este estudio y otros semejantes es que muestran tendencias generales que pueden ser comparadas entre culturas. El peligro es que pueden ser usados para estereotipar a culturas o personas y encontrar respuestas fáciles a problemas complejos. Hofstede mismo advierte en contra de usar su estudio de esta forma, notando que individuos en cualquier cultura frecuentemente difieren de la norma:

> Estereotipar ocurre cuando las conclusiones acerca de los valores colectivos de un grupo son aplicadas a un individuo particular de ese grupo. 'El Señor Suzuki es japonés; entonces tiene valores colectivistas. La señora Smith es norteamericana; entonces es individualista.' Estos son estereotipos y no necesariamente representan la verdad. Puede ser que el señor Suzuki y la señora Smith difieran de sus normas culturales. Los estereotipos indican verdades parciales, y como tales, no tienen mérito en la comunicación transcultural. Una verdad parcial no es suficiente ... La utilidad de las marcas nacionales en los índices del estudio no sirven para describir a personas; sirven para la descripción de los sistemas sociales que estos individuos probablemente han ayudado a construir (Hofstede, 1997, p. 253).

Otro peligro de un estudio como el de Hofstede que propone describir 'una cultura nacional' es que no toma en cuenta todas las agrupaciones que ocurren dentro de un solo país. Los Estados Unidos, por ejemplo, contiene muchos grupos étnicos que, a pesar de la metáfora antigua del *melting pot*, han logrado mantener su propia identidad. Otros contrastes entre agrupaciones religiosas, económicas y sociales existen dentro del

---

[80] Para la defensa de Hofstede del concepto de 'cultura nacional', vea pp. 247–249.

mismo país. Mi propio trasfondo como cuáquera rural difiere en muchas maneras de la cultura empresarial de IBM, aunque compartimos un ámbito cultural en común. (Por ejemplo, tenemos acceso a los mismos programas de televisión, aunque probablemente diferimos en lo que escogemos ver). La inmensa variedad cultural en Bolivia provee ejemplos adicionales de diversidad y complejidad dentro de una sola nación.

Estudios del tipo que hizo Hofstede corren el riesgo de aumentar el pensamiento estereotipado, a pesar de sus advertencias. Un acercamiento más equilibrado viene de otro estudio clásico, un estudio que se enfoca específicamente en el individualismo norteamericano. Estoy hablando de *Habits of the Heart: Individualism and Commitment in American Life*, escrito por Robert Bellah y un equipo de sociólogos en 1985. Esta investigación ya tiene más que 20 años, pero, aunque la escena contemporánea es más compleja, sus resultados y observaciones siguen vigentes.

Mediante más de 400 entrevistas y con la técnica de observación participante, Bellah y sus asociados exploraron los valores dominantes en los Estados Unidos en la década de los 80, y cómo estos valores reflejaban las tensiones entre individualismo y comunidad. Los resultados mostraron complejidades que argumentan en contra de cualquier estereotipo fácil. La investigación documenta tales valores del individualismo como autodependencia, preferencia personal, el derecho personal de escoger, iniciativa personal, competitividad e identidad medida por logros personales. Pero el estudio también mostró una desilusión general con estos mismos valores, y una añoranza por parte de muchos de los entrevistados a volver a los antiguos valores comunales.

Bellah señala las complejidades del mismo concepto de individualismo. Propone que el corazón del individualismo tradicional americano es la integración de lo que él denomina 'republicanismo clásico y religión bíblica', arraigado en los valores de comunidad y dedicado a una creencia en...

> la dignidad, aun la sacramentalidad, del individuo. Cualquier cosa que violaría nuestro derecho de pensar por nosotros mismos, juzgar por nosotros mismos, hacer nuestras propias decisiones, vivir nuestras vidas como queremos, no solamente es moralmente incorrecto, es sacrílego. Nuestras aspiraciones más altas y nobles, no solamente para nosotros, sino también para nuestros seres queridos, para nuestra sociedad y para el mundo, se relacionan estrechamente con nuestro individualismo (1985, p. 142).

El problema, según Bellah y asociados, vino con el desarrollo gradual del individualismo moderno (o 'individualismo ontológico' como lo denomina Bellah), donde el individuo se hace el centro de la realidad y las preguntas del propósito de la vida ya no parecen relevantes. Lo que cuenta ahora es competir y avanzar en la profesión y lograr vivir 'el sueño americano'.

Según Bellah, este es el desafío que enfrenta la cultura dominante de los Estados Unidos y la fuente de la crítica que viene del resto del mundo. Pero, como documentan los autores, es una desviación de los ideales fundamentales de la nación y, mientras que describa gran parte de la cultura, no define su identidad profunda.

Es interesante notar que una de las excepciones a la norma individualista moderna que el estudio identificó existía entre cristianos evangélicos. Los autores dicen: 'A la medida en que sus compromisos serios les llevan más allá de la vida privada a participar en la vida pública, ellos realmente… representan valores genuinos de comunidad' (1985:74). 'Los cristianos evangélicos que entrevistamos y otros que mantienen continuidad con una tradición religiosa tienen relaciones profundizadas por su participación en los propósitos y significados amplios que comparten entre sí' (1985, p. 108).

En su descripción de las tensiones entre individualismo y comunidad en la vida diaria, Bellah dice: "Si el lenguaje del individuo autosuficiente es el primer idioma de la vida moral americana, los lenguajes de tradición y compromiso en las comunidades recordadas son 'idiomas secundarios' que la mayoría de americanos conocen bien" (1985, p. 154). Y para muchos ciudadanos estadounidenses, los valores de comunidad son más profundos que los valores individualistas que los rodean. Esta ha sido mi propia experiencia, en mi familia extendida y en mi comunidad de fe, aunque reconozco la presión que ejerce la cultura dominante.

El estudio clásico de la antropóloga Mary E. Goodman, *The Individual and Culture* (1967, contemporáneo de la investigación de Hofstede), muestra que el juego complejo entre persona y grupo social se manifiesta en todas las culturas. Ella observa con muchos ejemplos, que en cualquier cultura 'la individualidad encontrará una manera de expresarse … La presión de cultura es incierta y nunca es totalmente adecuada para suprimir o sustituir el empuje de los individuos' (1967, p. 5). Mientras que la presión cultural hacia valores comunales parece más fuerte en contextos tradicionales, rurales y homogéneos, y el empuje hacia valores individuales parece tener más fuerza cuando el contexto es urbano y heterogéneo, aun allí, dice Goodman, existen abundantes excepciones a la regla general. Observa la gran diversidad entre individuos en un contexto dado tanto como entre culturas. Notando el 'celebrado individualismo occidental' (1967, p. 144), Goodman también dice que en cualquier cultura "que un individuo sobreviva y encuentre satisfacción con su vida … depende mucho de la solidaridad social y la 'moralidad' que esta engendra" (1967, p. 170). Goodman contribuye a esta discusión al observar la importancia y la complejidad de la interacción entre persona y comunidad en cualquier contexto.

Un breve repaso de la literatura acerca de culturas bolivianas ofrece más perspectiva sobre las complejidades que argumentan en contra de los estereotipos. Bolivia, en general, ha sido clasificada como una sociedad tradicional y comunal, pero algunos estudios recientes están observando un nivel de individualismo aun en lo que ha sido reconocido como uno de los países más pobres de América Latina. Un ensayo publicado en una revista popular a nivel universitario analiza individualismo y colectividad en la sociedad de Bolivia. Dice:

> ... los bolivianos de casi todos los estratos sociales y ámbitos geográficos se distinguen por un acendrado individualismo: defienden con garras y uñas su propiedad, negocio y herencia, perjudican metódicamente al prójimo con tal de obtener pequeñas ventajas personales, descuidan casi deliberadamente los asuntos comunales y no contribuyen a un espíritu cívico de ayuda mutua (Mansilla, 2001, p. 8).

El autor sigue comentando que esta es una deformación del ideal occidental de 'un genuino individualismo liberal, tolerante y esclarecido' (Mansilla, 2001, p. 8). Este tipo de autocrítica solo podría venir desde adentro del contexto. Puede ser algo exagerado (los bolivianos que conozco, especialmente entre los evangélicos, no caben en la descripción de Mansilla), pero su punto de vista tiene raíces en la realidad. Y muestra que una clasificación sencilla ('Bolivia tiene valores comunales; los EEUU es individualista') no refleja toda la verdad.[81]

Bolivia es una nación diversa, con muchas realidades culturales y sociales. Unos estudios específicos del pueblo aymara, la cultura boliviana que conozco mejor, ilumina la discusión. La cultura tradicional aymara tiene fuertes valores comunales, con temas culturales como la reciprocidad, la reconciliación y la búsqueda de armonía. Las costumbres sociales incluyen maneras ritualizadas de ayuda mutua (en la construcción de una vivienda, por ejemplo), una manera corporativa de hacer decisiones y un compromiso de parte de todos en el gobierno local. Aun el concepto de 'persona' es plural; la palabra antigua en aymara para casarse, *jakechaña*, significa literalmente, 'hacerse una persona', con la idea de que la persona completa es la pareja. En el nivel ideal de la cultura, los aymaras tienen fuertes valores comunales.

Pero aun en esta cultura tradicional, las interacciones entre persona y grupo social son complejas. Varios estudios antropológicos contemporáneos observan la realidad del individualismo en la cultura tradicional aymara. En su etnografía, *Irpa Chico: individuo y comunidad en la cultura aymara*, los antropólogos Carter y Mamani (1985) exploran las interacciones complejas entre persona y comunidad en un pueblo rural del altiplano boliviano. Los autores notan la naturaleza dualista de la

---

[81] Para leer acerca de los orígenes del individualismo latinoamericano, vea Mackay (1988, pp. 31–39) y Deiros (1992, pp. 230–232).

cultura, con valores opuestos en conflicto pero siempre buscando el ideal de armonía y equilibrio. Algunos de los opuestos que ellos consideran son individualismo versus cooperación comunitaria, confianza versus sospecha, cariño versus venganza, y hombre versus mujer (1985:327; vea también Montes Ruíz, 1984; van den Berg, 1989; Jolicoeur, 1994).

Javier Albó, sacerdote católico y antropólogo con especialización en la cultura aymara, escribió un ensayo interesante titulado: 'La paradoja aymara: ¿comunal o individualista?' (1976). Albó nota la evidencia de los valores comunales aymaras: sus asambleas locales frecuentes, el uso del consenso en hacer decisiones, responsabilidades comunales rotativas, muchas instituciones de trabajo mutuo, y un alto nivel de reciprocidad. Los valores comunales también aparecen en las fiestas y en una solidaridad en tiempos de necesidad o conflicto.

Las indicaciones de individualismo en la cultura aymara, según Albó, incluyen las disputas, ausencias de las reuniones comunales, envidia y la desconfianza que caracteriza esta cultura. Estos desacuerdos pueden manifestarse en el nivel individual pero es más común que se expresen en los diferentes niveles sociales, sea dentro de la familia, entre familias, dentro de una comunidad o entre comunidades. Observando todo esto, Albó inventó la frase 'individualismo comunal' para describir la cultura aymara (1976, pp. 28-30). Es interesante notar que en el análisis de Albó los valores comunales se aparecen en el nivel ideal de la cultura, mientras las manifestaciones del individualismo están consideradas negativamente en el contexto de la cultura real.

Los estudios mencionados arriba consideran la cultura aymara rural. Cuando los aymaras emigran a la ciudad (una realidad creciente), la situación se complica. En 1997, guié un taller para unos 27 escritores aymaras de la ciudad de La Paz. Como parte del taller, presenté el concepto de estilos culturales de comunicación, mostrando una serie de continuos que incluyeron colectivismo versus individualismo. Tomé ejemplos comparativos de las culturas norteamericana y coreana, algo conocidas por los participantes del taller. Los estudiantes luego se dividieron en grupos pequeños para describir los estilos comunicativos aymaras, usando las mismas categorías. Después los grupos se reunieron en plenaria y cada grupo presentó sus conclusiones. Cuando se suscitaron desacuerdos o controversia entre grupos seguimos discutiendo entre todos hasta llegar a un consenso, según la manera aymara de hacer decisiones.

La categoría que se trata del continuo colectivismo/individualismo se mostró bastante complejo. Dos grupos habían decidido que los aymara son primariamente comunales. Un participante citó el dicho famoso, 'Aruskipasipjjañanakasakipunirakispawa', (sí, es una sola palabra y significa, más o menos, 'Debemos siempre seguir hablando unos con otros') como un ideal cultural. Otro participante señaló el valor de la reciprocidad y las muchas costumbres de ayuda mutua. Otro grupo dijo enfáticamente que, especialmente ahora en la ciudad, los valores son individualistas. Los otros cuatro grupos optaron por una combinación de valores colectivistas e individualistas. Después de bastante tiempo y discusión, el consenso fue que los valores tradicionales comunales siguen afectando profundamente al pueblo aymara, aunque la educación moderna y el estilo de vida urbano desafían estos valores. Todos notamos la complejidad de describir una cultura en transición. Las descripciones sencillas o estereotipos no son adecuados.

Perspectivas de persona y comunidad en la espiritualidad cristiana

En la sección anterior vimos la complejidad de la relación entre persona y grupo social en cualquier cultura. Ahora veremos algunos aspectos de esta relación según los diferentes puntos de vista de la espiritualidad cristiana.

Hablar de la espiritualidad es problemático, ya que es una palabra usada y aun maltratada en muchos círculos. Para los propósitos de este ensayo, vamos a definir la espiritualidad cristiana como la relación íntima con el Dios trino que es nutrido por y resulta en transformación de vida, comunidad genuina y participación dinámica en la misión de Dios en el mundo.

Esta definición difiere del uso del concepto de lo 'espiritual' o de la 'espiritualidad' tradicional. En general, el término 'espiritualidad' se ha referido al ámbito individual, sin ninguna relación a la misión. Un estudio de las obras clásicas de la espiritualidad cristiana muestra esta tendencia. Por ejemplo, Thomas a Kempis en su famoso libro *Imitación a Cristo* se limita al desarrollo de las características morales del individuo que procure ser discípulo de Jesús. Aunque hay muchas riquezas espirituales en esta obra, es difícil entender cómo uno puede pretender imitar a un Cristo sin comunidad o misión. Otros ejemplos de un fuerte individualismo espiritual en la literatura clásica incluyen a Juan de la Cruz,[82] el Hermano Lorenzo, e Ignacio Loyola.

Este tema es complejo, y uno puede notar en los ejemplos dados arriba la importancia del contexto monástico, que es un contexto comunal. Los famosos Padres del Desierto muestran esta complejidad. Aunque muchos vivían en comunidad, su énfasis espiritual era la lucha personal en contra de los demonios y la búsqueda de una relación personal e íntima con Dios. Hay algunas excepciones de padres y madres que, desde su intimidad personal con Dios, desarrollaban ministerios a otros cristianos y, en algunos casos, al contexto más allá de la iglesia. Pero, para la mayor parte, la espiritualidad cristiana desarrollada del contexto europeo y, después,

---

[82] Mackay dice acerca de San Juan de la Cruz, y otros místicos españoles, 'Su individualidad es tan vigorosa que quisiera absorber aun a la misma Deidad... Los místicos españoles son grandes almas individuales y solitarios...' (1988:37).

norteamericano, se enfocaba en la persona y su relación privada con Dios.[83]

Aunque siga este enfoque en la iglesia occidental, como corresponde al trasfondo cultural con sus valores en el individuo (notando todas las complejidades mencionadas arriba), hay excepciones. Uno de los escritores occidentales contemporáneos más destacados de la espiritualidad cristiana, Richard Foster, toca ambas cosas: lo personal y lo comunitario (vea especialmente *Celebración de la disciplina*, 1978).[84]

La escena latinoamericana contemporánea presenta un caso interesante, a través una literatura marcada por un sentido comunitario de la espiritualidad cristiana. Dos de los escritores católicos del siglo XX en esta área de la espiritualidad, Gustavo Gutiérrez y Segundo Galilea, enfatizan el caminar espiritual del pueblo de Dios, un caminar que incluye una participación en la misión de Dios en el contexto (Gutiérrez, 1983; Galilea, 2004).

Otro escritor contemporáneo, quizás el más conocido sobre el tema de la espiritualidad en círculos católicos latinoamericanos, el Padre Ignacio Larrañaga, enfatiza lo personal en sus libros y talleres sobre la oración y la búsqueda para intimidad con Dios. Escribe:

Podrías estar entre cinco mil personas, donde todas oran y aclaman, pero si, en última instancia, no quedas a solas con tu Dios, no habrá encuentro real con él … Hay que empezar por admitir que todo encuentro es intimidad, y toda intimidad es recinto cerrado. Las grandes decisiones se asumen a solas, se muere a solas, se sufre a solas … La esencia del hombre es ser soledad y después, ser relación (Larrañaga, 2005, p. 58).

En contraste, el misiólogo evangélico brasileño Ricardo Barbosa de Sousa, argumenta que el ser humano creado en la imagen del Dios trino es esencialmente un ser comunitario: 'La *imago Dei* implantada en el ser humano en el acto de la creación es la imagen de la Trinidad, que es, en su esencia, comunitaria' (2005, p. 66). Esta perspectiva tiene profundas implicaciones para la espiritualidad cristiana, según Barbosa de Sousa: 'Esta es la naturaleza del Dios Trino revelado en las Escrituras, la que nos llama a una vida de plena comunión con él y con toda su creación. La unidad de la iglesia y la espiritualidad cristiana nacen de la comprensión de esta naturaleza

---

[83] Como en todo tema complejo, existen una abundancia de excepciones a la 'regla'. Francisco de Asís y Teresa de Ávila, por ejemplo, enfatizaban la relación personal con Dios pero también la importancia de la comunidad. El tema de la relación entre persona y comunidad en la literatura clásica de la espiritualidad cristiana merece más investigación.

[84] Otros ejemplos de escritores occidentales que incluyen un alto sentido de comunidad en sus obras acerca de la espiritualidad cristiana se encuentran Eugene Peterson (1997), Gordon Smith (2003) y Dallas Willard (1988).

comunitaria y relacional de Dios' (2005, p. 68). Otros teólogos evangélicos latinoamericanos que hablan del aspecto relacional de la espiritualidad cristiana son Eldin Villafañe (1996), C. René Padilla (2000), Alberto Roldán (2003) y Harold Segura (2005).

Perspectivas de persona y comunidad en los Salmos

Esta sección presenta una perspectiva bíblica de la relación entre persona y comunidad, usando el libro de los Salmos como punto de referencia. Este libro es uno de los recursos primordiales para la espiritualidad judía y cristiana, lleno de referencias a adoración, oración e intimidad con Dios en medio de los gozos y tormentas de la experiencia humana.

Haremos dos observaciones al principio de este estudio. Primeramente, debemos notar que el trasfondo cultural de los Salmos es el pueblo hebreo, a través de varios siglos de desarrollo. Tenemos salmos escritos por Moisés durante una etapa nómada, muchos Salmos escritos durante el tiempo de la monarquía, hasta los Salmos del tiempo del destierro, un período de unos siete siglos. Presenta un cuadro dinámico de una cultura en cambio. Pero una constante cultural durante todos estos años es el alto valor que los hebreos daban a la comunidad, sea los antepasados, la familia nuclear, la familia extendida, la tribu, el pueblo entero y aun los descendientes futuros.[85]

La segunda observación tiene que ver con la naturaleza litúrgica de los Salmos. Este libro fue el himnario del pueblo. Los Salmos fueron escritos para ser cantados en los cultos religiosos, y, en este sentido, su naturaleza es comunal. Aun los Salmos que enfatizan la experiencia personal, en primera persona, fueron cantados en comunidad (Ridderbos y Craigie, 1986, pp. 1033–1034).

El estudio que sigue es, más que todo, un estudio gramatical, notando la singularidad o pluralidad de nombres, pronombres y verbos, tratando de ver si el enfoque de un salmo es en la persona individual o en la comunidad, usando el texto de la Reina Valera por su fidelidad gramatical al texto hebreo y también usando el texto hebreo. Muy pronto mi investigación mostró la complejidad del tema y tuve que escoger categorías. Primeramente hice una división entre lo que llamo 'los amigos de Dios' y 'los enemigos de Dios.' Los amigos incluyen el pueblo de Israel, toda persona que busca a Dios, las naciones que escogen adorarle y todas las personas que son objetos de la misericordia de Dios, como los pobres. Es una categoría amplia. Los enemigos de Dios incluyen los enemigos

---

[85] Para una descripción de la cultura y los cambios culturales de Israel en las diferentes etapas de su historia, vea Norman Gottwald (1979), R. Daniel Shaw (1988) y Jacob Loewen (2000).

políticos de Israel, los que oprimen a los pobres y todos los que hacen maldad. Esta división fue importante en el análisis final del estudio.

Luego intenté clasificar cada salmo según su énfasis en lo personal o en lo comunal, dando una clasificación separada para los amigos y los enemigos de Dios. Después de mucha experimentación llegué a estas seis clasificaciones: personal/singular, enfoque en la persona pero con mención de pluralidad, plural, enfoque plural con mención de persona, combinación singular y plural y, finalmente, no aplicable. Tuve dificultad con clasificar algunos Salmos pero la mayoría cabía fácilmente en una categoría. El propósito era luego ver los patrones generales, tomando en cuenta que aunque los Salmos reflejan los valores culturales de los hebreos, como parte de la palabra escrita de Dios, presentan valores y perspectivas vigentes para la espiritualidad del pueblo de Dios hoy en día, cualquiera que sea su cultura. (Véase la tabla de resultados en las páginas 199 y 200).

Veamos primeramente los resultados para 'los amigos de Dios'. Hay 15 Salmos que son personales, con ninguna o poca referencia al pueblo. Descubrí 55 con énfasis en lo personal, pero con una mención significativa a la comunidad. Puramente comunales son 31 Salmos, y 15 enfatizan la comunidad pero con mención significativa a la persona individual; 33 se refieren igualmente a la persona y la comunidad. Entonces, en cuanto a los amigos de Dios, los Salmos que enfatizan la relación entre una persona individual y su Dios suman 70. Los que enfatizan la relación entre la comunidad y Dios suman 46. Es interesante notar que la categoría prominente es el salmo que se enfoca en la persona, pero en el contexto de la comunidad.

El Salmo 22, que Jesús citó en la cruz, es un buen ejemplo de uno que se enfoca en la persona individual, pero en el contexto de la comunidad. Presenta el cuadro de una persona sola, angustiada, sintiéndose abandonada por la comunidad y aun por Dios. 'Dios mío, Dios mío, ¿por qué me has desamparado? … [soy] oprobio de los hombres, y despreciado del pueblo' (1, 6, RVR95). Pero en medio de su lamento, recuerda de la fidelidad de Dios con sus antepasados (4–5), recobra su esperanza y promete que cuando Dios le libere,

> De ti será mi alabanza en la gran congregación;
> Mis votos pagaré delante de los que le temen …
> Se acordarán, y se volverán a Jehová todos los confines
> de la tierra,
> Y todas las familias de las naciones adorarán delante de ti
> (25, 27, RVR95).

En el tiempo presente existencial, el salmista está solo. Es un individuo clamando a 'mi Dios' porque 'no hay quien ayude' (10–11). Pero aún en medio de su soledad profunda es consciente de estar rodeado en tiempos pasados y futuros de una gran comunidad de adoradores y siervos de Dios, compuesta no solo de Israel sino también de miembros de 'todas las familias de las naciones. Su experiencia solitaria produce, después de la tormenta, fruto en la comunidad de los escogidos y hasta en la misión de Dios entre todos los pueblos.

Algunos de los Salmos enfatizan la persona, sin mención de la comunidad, aunque su número es menor. El famoso Salmo 23 es un ejemplo y también el 139 que habla de la profunda intimidad entre el Dios omnisciente y un solo ser humano, hasta el punto que el salmista exclama: 'Tal conocimiento es demasiado maravilloso para mí; alto es, no lo puedo comprender' (6, RVR95). También hay Salmos que son puramente comunales, como los últimos cuatro (147–150) que animan a la comunidad a que juntos canten y alaben a su Dios.

En los Salmos, la intimidad con Dios es personal: 'Aunque mi padre y mi madre me dejaran, con todo, Jehová me recogerá' (27.10, RVR95). En los Salmos, la intimidad con Dios es también la experiencia de la comunidad: 'La comunión íntima de Jehová es con los que le temen' (25.14, RVR95).

Hay un contraste notable en los Salmos entre los amigos de Dios y los enemigos de Dios en cuanto al tema de la relación persona/comunidad. Según los resultados del estudio, solo 9 salmos enfatizan al enemigo como un individuo, 73 describen a los enemigos en términos puramente comunales, hay 22 con énfasis en lo comunal y mención del individuo y 20 tratan de los enemigos igualmente en singular y plural. ¡Parece que los enemigos de Dios corren en pandillas! De vez en cuando aparece el individuo malvado ('Dice el necio en su corazón: No hay Dios': 14.1; 'Muchos dolores habrá para el impío': 32.10) pero la mayoría de las menciones son plurales.

Poniendo juntas las categorías de los amigos y enemigos de Dios, el patrón más común es el salmo que habla de la persona fiel en el contexto de la congregación de los justos enfrentando a sus enemigos plurales. El Salmo 22, que vimos arriba, muestra este patrón: 'Todos los que me ven me escarnecen; estiran la boca, menean la cabeza … Porque perros me han rodeado; me ha cercado cuadrilla de malignos' (7, 16, RVR60).

Otro ejemplo de este patrón es el primer Salmo, que habla del varón que se aparta del mal y encuentra su satisfacción en la ley de Jehová. Por eso, recibe la bendición del Señor. Es un cuadro del individuo justo, la persona que busca a Dios. Al final del Salmo hay mención de 'la congregación de los justos' y 'el camino de los justos'. Entendemos que la persona justa forma parte de esta comunidad. Se trata de personas que viven según las leyes de Dios y en comunión con Dios. Contrasta con 'los malos', 'los pecadores', presentados en plural. Hay muchos otros ejemplos de este patrón.

El Salmo 103 presenta una estructura interesante. La primera parte (1–5) es intensamente personal: 'Bendice, alma mía, a Jehová'. El poeta enumera las bendiciones que Dios le ha dado: perdón de pecados, sanidad, rescate de sus problemas, favores y misericordias que incluyen prosperidad económica y física. En la próxima sección (6–14), los horizontes del poeta se expanden para incluir el pueblo de Israel, una comunidad bendecida con los mismos favores que el poeta recibe personalmente. La sección que sigue (15–18) abarca a toda la raza humana, incluyendo el pueblo del pacto, y en la sección final (19–22), el salmista exhorta el cosmos mismo a bendecir a Jehová. Luego la última frase vuelve atrás y refleja la introducción: 'Bendice, alma mía, a Jehová'. Pinta un cuadro de la persona en íntima comunión con Dios, pero una comunión que se expande a incluir el pueblo de Dios, la raza humana, hasta el universo. Al final, la persona está otra vez a solas con su Dios.

Me hace pensar en la inmensidad del océano. Una vez andando en la playa, un amigo señaló el mar y me preguntó: 'Todo esto, ¿no te hace sentir pequeña e insignificante?'.

Le respondí inmediatamente: 'No. Me hacer sentir pequeña y significante.' Sabía que el Creador del océano, de todo el universo, me amaba. Conocía mi nombre y me llamaba amiga. Sabía también que formaba parte de una comunidad inmensa de adoradores del Creador.

Hay mucho que podemos aprender de los Salmos acerca de la espiritualidad del pueblo del Dios y, específicamente, de la relación entre persona y comunidad. Notemos algunas conclusiones:

1. La observación implícita y aparente de algunos escritores que todo enfoque en el individuo es malo y todo enfoque en lo comunal es bueno queda destrozada. Es obvio que Dios valora a personas como seres únicos, y se relaciona también con comunidades y pueblos. El ser individual y la entidad colectiva también tienen su lado oscuro.

2. No sé si vale o si aun nos toca decidir cual relación es primordial. Parece, según los Salmos, que Larrañaga tiene razón, que en cuanto a la relación con Dios lo personal viene primero y luego lo comunal. Pero de todos modos, las dos relaciones son vitales. No tenemos la opción de escoger por el uno o el otro. Tampoco es cuestión del balance entre lo personal y lo comunal; hay que reconocer la tensión entre los dos y vivir con fe y creatividad, no dejando al lado ni la relación íntima y personal con Dios ni la relación de amor entre hermanos y juntos, como comunidad, con nuestro Creador y Rey.

3. Una relación íntima y personal con Dios en los Salmos resulta en bendición para la congregación y participación efectiva en la misión de Dios entre los pueblos. Si empieza en el nivel personal, se desarrolla en comunidad y misión.

Implicaciones para la espiritualidad cristiana latinoamericana

En conclusión, aquí siguen algunas implicaciones para la iglesia latinoamericana.

1. Primero, una palabra a los misiólogos latinoamericanos y norteamericanos: Dejemos de lado los estereotipos culturales. Necesitamos la palabra profética, especialmente cuando los valores culturales no-bíblicos influyen en la iglesia y su misión, algo que pasa frecuentemente en la misión transcultural. Pero, por favor, sin estereotipos. Los norteamericanos necesitan escuchar a los latinos, reconocer y cuidar de la tendencia cultural del individualismo y aprender de los que están abogando para una espiritualidad más comunitaria, menos individualista. Pero, hermanos latinoamericanos, cuidado con exageraciones y la tendencia de ver a todos con lentes de racismo (estereotipos llevados al extremo). Una evaluación abierta y honesta del movimiento misionero del norte, incluyendo contribuciones positivas tanto como daños hechos, sería una ayuda para la obra de la misión en este nuevo siglo.

2. Necesitamos reconocer que la tensión entre persona y comunidad existe en todas las culturas. Existe en América Latina, además de un espíritu de comunidad, un individualismo competitivo que se expresa aun en la iglesia. Y aunque haya influencia del norte, influencia que venía en el pasado desde España, Europa y los Estados Unidos, y que viene en este presente tiempo del globalismo, el individualismo latinoamericano no es totalmente un fenómeno del extranjero. Dejemos de echar la culpa. Examinémonos. Oremos con el poeta (individualmente y en comunidad):

Examíname, oh Dios, y conoce mi corazón;
Pruébame y conoce mis pensamientos;
Y ve si hay en mí camino de perversidad,
Y guíame en el camino eterno (Sal. 139.23–24, RVR60).

3. Debemos reconocer la importancia de este tema al nivel de la iglesia local. Estimado pastor o líder: el cuidado de almas incluye a las personas individuales, tanto como a la comunidad toda. Hay que ver a cada persona como un ser único y valioso en los ojos de Dios. Aunque no sea posible tener una relación personal con todos los miembros de la congregación (esto depende del tamaño del grupo), hay maneras de proveer para las necesidades de cada uno. Por ejemplo, la práctica de los dones espirituales muestra cómo lo individual se relaciona con lo comunal. Como pastor o líder, usted pueda animar a cada miembro para que conozca, desarrolle, y ejercite sus dones. Este contribuye al desarrollo personal, pero es para el bien de los otros y el crecimiento integral de la iglesia. Pero ya estamos fuera de los Salmos. En realidad, toda la Biblia es nuestro texto de espiritualidad y toda la Biblia da luz sobre la relación entre persona y comunidad.

4. Podríamos hacer más uso litúrgico de los Salmos en nuestros cultos. Aquí tenemos algo que aprender de los católicos. Así, con comentario o sin comentario, el fluir entre persona y comunidad se hace parte de la mentalidad y empezamos a ver con los ojos del corazón.

5. Sería bueno examinarnos regularmente, al nivel personal y también como congregaciones, a ver si estamos andando según las prioridades bíblicas. Esto toma tiempo, requiere reflexión y, a veces, confesión y arrepentimiento. Pregunte si está dando suficiente tiempo para cultivar la relación personal con Dios, si está aprendiendo a escuchar su voz, si puede estar silente en su presencia. Luego pregunte si está viviendo en amor con los otros, de tal manera que edifique la comunidad. ¿Está usando lo que recibe personalmente del Señor para bendecir a la comunidad y participar en la misión de Dios en el mundo? Un examen regular de prioridades nos ayuda en el caminar espiritual.

Soy solo una persona. El Dios del universo me creó. Me conoce y me invita a una relación personal. Pero no me deja sola en esta relación. Por su gracia y misericordia me ha colocado en una familia, una familia grande compuesta de padres, esposo, hermanos, suegros, hijos, nietos (¡gracias a Dios por estos!), tíos, primos, y muchos otros. Me ha dado amigos, colegas y maestros que expanden mis horizontes. Más que todo, me ha dado una familia que nunca pasará, una comunidad compuesta de los seguidores de Jesús de todos los tiempos y todas las culturas. Y como expresión específica de esta familia eterna, me ha puesto en una congregación local. Me ha instruido a nutrir mi relación con Dios y a amar a mis hermanos en la congregación. Y nos dice juntos: 'Vayan y hagan discípulos en toda América Latina y más allá'.

¿Qué es más importante: ser una persona única y amada por su Creador o ser parte de una comunidad de adoradores y misioneros del Dios Santo? No sé. Solo sé que los dos son aspectos importantes de la espiritualidad que nos edifica y nos motiva a participar en la misión de Dios en el mundo.

Persona/Comunidad en los Salmos

Amigos de Dios	Salmos	#
Personal/singular	6, 13, 19, 23, 27, 43, 51, 56, 63, 71, 91, 104, 120, 139, 143	15
Enfoque en la persona, pero con mención de pluralidad	1, 3, 4, 5, 7, 15, 16, 17, 18, 21, 22, 24, 25, 26, 28, 30, 31, 32, 35, 38, 39, 40, 41, 42, 49, 54, 55, 57, 59, 61, 62, 64, 69, 70, 73, 77, 82, 84, 86, 88, 101, 109, 110, 112, 116, 119, 121, 128, 129, 130, 131, 138, 140, 141, 142	55
Plural	29, 33, 46, 47, 48, 67, 68, 76, 79, 81, 83, 90, 95, 96, 97, 98, 99, 100, 114, 115, 117, 124, 125, 133, 134, 135, 136, 147, 148, 149, 150	31
Enfoque plural con mención de persona	8, 12, 44, 60, 74, 78, 80, 85, 87, 105, 106, 107, 113, 126, 127	15
Combinación singular y plural	2, 9, 10, 11, 14, 20, 34, 36, 37, 45, 50, 52, 53, 58, 65, 66, 72, 75, 89, 92, 94, 102, 103, 108, 111, 118, 122, 123, 132, 137, 144, 145, 146	33
No aplicable	93	1
		150

Enemigos de Dios	Salmos	#
Personal/singular	15, 32, 39, 61, 52, 116	6
Enfoque en la persona, pero con mención de pluralidad	10, 36, 50	3
Plural	1, 2, 3, 4, 6, 16, 17, 20, 21, 22, 23, 25, 26, 28, 30, 38, 40, 45, 46, 47, 48, 51, 54, 56, 57, 59, 60, 62, 63, 66, 68, 69, 70, 72, 73, 78, 79, 80, 81, 82, 83, 84, 86, 95, 96, 97, 98, 99, 102, 104, 106, 107, 108, 110, 114, 115, 118, 123, 124, 125, 127, 129, 132, 135, 136, 137, 138, 141, 142, 144, 145, 147, 149	73
Enfoque plural con mención de persona	5, 9, 11, 12, 18, 27, 31, 35, 41, 44, 58, 64, 74, 75, 76, 89, 91, 92, 94, 105, 119, 139	22
Combinación singular y plural	7, 8, 13, 14, 33, 34, 37, 42, 43, 49, 53, 55, 71, 101, 109, 112, 120, 140, 143, 146	20
No aplicable	19, 24, 29, 65, 67, 77, 85, 87, 88, 90, 93, 100, 103, 111, 113, 117, 121, 122, 126, 128, 130, 131, 133, 134, 148, 150	26
		150

Obras citadas

Albo, J. (1976). 'La paradoja aymara: comunitaria e individualista'. En *Los aymaras dentro de la sociedad boliviana*, pp. 25–34. La Paz: CIPCA.

Barbosa de Sousa, R. (2005). *Por sobre todo cuida tu corazón: ensayos sobre espiritualidad cristiana*. Buenos Aires: Kairos.

Bellah, R., et ál. (1985). *Habits of the Heart: Individualism and Commitment in American Life*. Nueva York: Harper & Row.

Hermano Lawrence. (1997). *La práctica de la presencia de Dios*. New Kensington, Pensilvania, EE.UU.: Whitaker House.

Carter, W. y Mamani, M. (1989). *Irpa Chico: Individuo y comunidad en la cultura aymara*. La Paz: Editorial Juventud.

Cruz, J. de la (1997), *Subida del Monte Carmelo*, Madrid: San Pablo.

Deiros, P. A. (1992). *Historia del cristianismo en América Latina*. Buenos Aires: Fraternidad Teológica Latinoamericana.

Foster, R. J. (1978). *Celebration of Discipline: The Path to Spiritual Growth*. Nueva York: Harper & Row.

Foster, R. J. (1998). *Streams of Living Water: Celebrating the Great Traditions of Christian Faith*. San Francisco: Harper San Francisco.

Galilea, S. (2004). *El camino de la espiritualidad*. Bogotá: San Pablo

Goodman, M. E. (1967). *The Individual and Culture*. Homewood, Illinois: The Dorsey Press.

Gottwald, N. K. (1979). *The Tribes of Yahweh: A Sociology of the Religion of Liberated Israel, 1050 B. C. E.*. Maryknoll, Nueva York, EE.UU.: Orbis.

Gutiérrez, G. (1983). *Beber en su propio pozo: en el itinerario espiritual de un pueblo*. Lima: Centro de Estudios y Publicaciones.

Hofstede, G. (1997). *Cultures and Organizations: Software of the Mind*. Nueva York: McGraw Hill.

Jolicoeur, L. (1994). *El cristianismo aymara: ¿inculturación o culturación?* Cochabama, Bolivia: Universidad Católica Boliviana.

Kearney, M. (1984). *World View*. Novato, California, EE.UU.: Chandler & Sharp.

Kempis, T. de (1997). *La imitación de Cristo*. Madrid: San Pablo.

Kraft, C. H. (1996). *Antropology for Christian Witness*. Maryknoll, Nueva York, EE.UU.: Orbis.

Larrañaga, I. (2005). *Dios adentro*. Buenos Aires: San Pablo.

Loewen, J. A. (2000). *The Bible in Cross-cultural Perspective*. Pasadena, California, EE.UU.: William Carey Library.

Mackay, J. A. (1988). *El otro Cristo español*. México: Casa Unida de Publicaciones.

Mansilla (2001). 'Algunas pautas de comportamiento del pueblo boliviano'. En *Pulso Semanario*. La Paz, 6 de septiembre de 2001, p. 8.

Montes Ruiz, F. (1984), *La máscara de piedra: simbolismo y personalidad aymara en la historia*. La Paz: Editorial Quipus.

Padilla, C. R. (2000). 'La espiritualidad en la vida y misión de la iglesia'. Ponencia presentada en CLADE IV, Quito, Ecuador.

Peterson, E. H. (1997). *Subversive Spirituality*. Grand Rapids, Míchigan, EE.UU.: Eerdmans.

Ridderbos, N. H. y Craigie, P. C. (1986). 'Psalms'. En G. W. Bromiley, ed. *The International Standard Bible Encyclopedia, Vol. 3*, pp. 1029–1040. Grand Rapids, Míchigan, EE.UU.: Eerdmans.

Roldán, A. (2003), *La espiritualidad que deseamos*. Buenos Aires: Publicaciones Alianza.

Segura, H. (2005). *Más allá de la utopía: liderazgo de servicio y espiritualidad cristiana.* Buenos Aires: Kairos.

Shaw, R. D. (1988). *Transculturation: The Cultural Factor in Translation and Other Communication Tasks.* Pasadena, California, EE.UU.: William Carey Library.

Smith, G. T. (2003). *The Voice of Jesus: Discernment, Prayer and the Witness of the Spirit.* Downers Grove, Illinois, EE.UU.: InterVarsity Press.

Steuernagel, V. (1992). 'La misión de la iglesia: siguiendo las pisadas de San Francisco de Asís'. En *Misión en el camino: ensayos en homenaje a Orlando E. Costas, pp.41–65.* Buenos Aires: Fraternidad Teológica Latinoamericana.

Thomas, H. R. (2003). *Cultural Themes, Worldview Perspectives, and Christian Conversion Among Urbanizing Evangelical Aymaras.* Ph.D. dissertación, Fuller Theological Seminary.

Van Den Berg, H. (1989). *La tierra no da así no más: los ritos agrícolas en la religión de los aymara.* Amsterdam: CEDLA, Latin American Studies.

Villafañe, E. (1996). *El Espíritu liberador: hacia una ética social pentecostal hispanoamericana.* Buenos Aires: Nueva Creación y Grand Rapids, Míchigan, EE.UU.: Eerdmans.

Willard, D. (1988), *The Spirit of the Disciplines: Understanding How God Changes Lives.* San Francisco: Harper & Row.

10

Con permiso para danzar: renovación de la música en las iglesias evangélicas de América Latina [86]

Rubén Tito Paredes [87]

En los últimos treinta años, en América Latina han ocurrido cambios significativos en las prácticas litúrgicas de las iglesias evangélicas, particularmente por el uso de la música. Como resultado de estos cambios, vemos el día de hoy una diversidad de expresiones litúrgicas y musicales, particularmente en las iglesias pentecostales, neopentecostales y carismáticas.[88] Su alabanza y adoración a Dios son a través de la diversidad de expresiones musicales presentes en nuestro continente, desde baladas,

---

[86] Este ensayo es adaptado del libro del mismo autor, *Con permiso para danzar* (2006).

[87] Ruben Tito Paredes es peruano, y tiene una maestría en divinidades (M.Div.) del Seminario Teológical Fuller y su Ph.D. en antropología de la Universidad de California en Los Ángeles. Ha servido como presidente de la Fraternidad Teológico Latinoamericana. Es director de la Facultad Evangélica 'Orlando Costas' del Centro Evangélico Misiológico Andino Amazónico en Lima. Entre sus publicaciones cuentan los libros *El evangelio: un tesoro en vasijas de barro* y *Con permiso para danzar*. Es el Director Asociado de PRODOLA y enseña dos cursos en la especialidad de misiología: 'Comunicación transcultural' y 'La fenomenología de la religión'. Tito y su esposa Joy tienen tres hijos adultos.

[88] El término 'pentecostal' se refiere a las iglesias pentecostales clásicas como Asambleas de Dios, Iglesia de Dios, y otras. 'Carismático' se refiere a las iglesias y denominaciones que han sido influenciadas por el movimiento carismático; los ejemplos incluyen las Iglesias Pentecostales Clásicas, Bautistas, Presbiterianas, Luteranas, y Anglicanas. 'Neopentecostal' se refiere a las iglesias independientes carismáticas; por ejemplo, en el Perú, estos incluyen la Iglesia Bíblica Emmanuel, la Iglesia Agua Viva, y la Iglesia Camino de Vida.

pasando por la salsa e incluyendo los merengues, las cumbias, las rancheras mexicanas y los huaynos andinos.

Este movimiento podría describirse como un fuego que recorre la floresta. Ha afectado no sólo a las iglesias pentecostales sino también a las iglesias históricas y más tradicionales. Estos cambios han ocurrido a menudo en medio de controversias y fuerte oposición.

Como humanos, somos seres religiosos y sociales, condicionados por una cultura específica, sea esta peruana, africana o norteamericana. Para el caso de los latinoamericanos, estos han sido afectados por diversas fuentes culturales, tanto en su vertiente hispano-portuguesa como en la indígena-afroamericana, que dan importancia no solo a la experiencia religiosa sino además a la participación social, particularmente la fiesta, el canto y el baile. Los latinoamericanos somos conocidos por gustarnos la música y las fiestas. Esto es parte de nuestra identidad.

Los evangélicos de América Latina fueron condicionados por la cultura religiosa de los misioneros anglosajones que trajeron el evangelio. Muchos de estos misioneros, que por lo general venían de un trasfondo conservador y pietista, habían desechado la fiesta, el baile y la música en su propia experiencia cultural. Esta actitud fue comunicada e impuesta a los evangélicos de estas tierras, quienes al convertirse al protestantismo renunciaron no solamente al alcohol, el tabaco y al cine sino, incluso, a su música, instrumentos, bailes y fiestas.

Por muchos años se había reprimido esta dimensión fiestera de la identidad de los latinoamericanos dentro del contexto evangélico; pero, como ya ha sido señalado, en los últimos treinta años ha venido ocurriendo un cambio sustancial, un proceso de redescubrimiento y una toma de conciencia de que los cristianos de todos los pueblos y naciones pueden adorar y alabar a Dios con la diversidad de sus propias músicas e instrumentos. Por lo tanto, se está recuperando y promoviendo una himnología y expresión de alabanza y adoración propia, a base de la música y danzas de nuestros pueblos y sin rechazar expresiones más globalizadas.

Entre las comunidades evangélicas quechuas de Ecuador, Bolivia y Perú, este fenómeno comenzó a darse en la década del 70 del siglo pasado, encontrando en sus inicios gran oposición, siendo criticada como música e instrumentos diabólicos (Paredes, 1996). En el pasado, cuando los creyentes quechuas se convertían al evangelio, renunciaban a sus instrumentos musicales, a su música y a sus fiestas.

Este ensayo propone esclarecer el tema de la relación entre el evangelio y la cultura, poniendo énfasis en las expresiones musicales de la región andina, específicamente el Perú. El estudio tratará de proveer criterios que permitan un acercamiento bíblico y, al mismo tiempo, culturalmente relevante, en la tarea de contextualización del evangelio.

Se espera hacer una contribución a la comprensión del movimiento de renovación litúrgica y musical de las iglesias evangélicas de América

Latina. Este acercamiento se hará desde una perspectiva evangélica, socio-antropológica y misiológica.

Los cristianos y la cultura

¿Cuál es la actitud de los cristianos hacia la cultura? La respuesta a esta pregunta es de suma importancia para la discusión sobre la música y la danza en la vivencia evangélica. Si la música y la danza son expresiones culturales universales ¿cómo los cristianos se relacionan con ellas?

A través de la historia de la iglesia de Jesucristo los cristianos se han relacionado con el tema del evangelio y la cultura de las siguientes maneras: 1) Cristo contra la cultura, 2) Cristo en la cultura, 3) Cristo sobre la cultura y 4) Cristo en y transformando la cultura.[89]

Cristo contra la cultura

Muchos cristianos han tenido esta actitud a través de la historia. Consideran la cultura como completamente pecaminosa, hasta el punto de rechazarla.

Aquí debemos anotar que el término cosmos (mundo) de la Biblia tiene varios usos:[90]

1. El mundo es la suma total de la creación, el universo, 'los cielos y la Tierra' (Jn. 1.10) que Dios creó en el principio y que recreará al fin (Padilla, 1986, p. 2).

2. En un sentido más limitado, el mundo es el presente orden de existencia humana, el contexto espacio temporal de la vida del ser humano (p. 3).

3. El mundo es la humanidad, reclamada por el evangelio, pero hostil a Dios y esclavizada por los poderes de las tinieblas (pp. 4–5).

Los evangélicos han usado el término 'mundo' mayormente en su sentido negativo. Un ejemplo sería el rechazo de los evangélicos tanto en el campo como en la ciudad (hace más de treinta años) de los instrumentos musicales autóctonos y de la diversidad de música y ritmos, ya que estos eran considerados pecaminosos y del diablo. Hoy esto ha cambiado significativamente.

Cristo en la cultura

Es la actitud de muchos cristianos mediante la cual sacralizan su cultura o su ideología política; se cree que la cultura o la ideología política de uno es la cristiana. Muchos hermanos que han venido de Europa o Estados Unidos han pensado que sus culturas son cristianas. Los primeros judíos cristianos pensaban también que la cultura judía era la cultura cristiana de Dios (ver Hechos 10, 15).

---

[89] Esta es una versión modificada del trabajo de H. Richard Niebuhr, *Cristo y la cultura* (1968).

[90] Vea Padilla (1986, pp. 1–44) para un acercamiento más exhaustivo.

Por ejemplo, unos piensan que el capitalismo es el sistema económico aprobado por Dios. En Akra, India, en 1997 se llevó a cabo la Conferencia de Economía y Fe Cristiana donde se intentó sacralizar al capitalismo como el sistema económico de Dios. Otros han pensado que el socialismo era de Dios; hace unos años, hubo un movimiento político llamado Cristianos por el Socialismo. Debemos tener cuidado de no sacralizar nuestras posturas políticas, ideologías o culturas con el evangelio. Cristo trasciende las culturas y no puede ser monopolizado por ninguna de ellas.

Cristo sobre la cultura

Esto se manifiesta en la creencia que Dios se ha desentendido de su creación, de las culturas, y que no está involucrado activamente en ellas. Por tanto, a menudo se produce una actitud escapista del mundo. Un ejemplo serían los monjes del medioevo que se encerraban en sus monasterios o en sus cuevas, apartándose del 'mundanal ruido'. Otro ejemplo podrían ser los Amish del este de Pennsylvania que no quieren saber nada de la tecnología moderna.

La Biblia es clara en mostrarnos que Dios no sólo creó el mundo sino que lo sustenta y está personalmente involucrado con el mismo. Las huellas de Dios están en toda su creación y en todas las culturas.

Cristo en y transformando la cultura

Esta es la actitud que acepta que Dios está involucrado íntimamente con su creación y las culturas. La Biblia dice que Dios sustenta su creación (Sal. 19 y 29, etc.). También, dice que en Cristo todas las cosas son hechas nuevas (2 Cor. 5.17–19). De esto deducimos que Cristo está íntimamente relacionado con su creación y las culturas, que está buscando activamente su transformación mediante la salvación de todos los seres humanos y la liberación de la creación de tal forma que podamos ver nuevos cielos y nuevas tierras. La Biblia dice que la creación gime por su liberación.

Esta última posición me parece la más bíblica y también la más concordante con el mensaje del evangelio y el modelo de misión de Jesucristo según Mateo 9.35–37. Si esto es así, entonces el evangelio afecta a la totalidad de la cultura. El evangelio apunta a la transformación de todos los seres humanos y de sus culturas.

Mientras Jesucristo no regrese para llevarnos con él, necesitamos vivir en este mundo, en nuestras culturas, con nuestras músicas, dentro de una tensión dinámica y creativa, sintiéndonos en casa. Al mismo tiempo, debemos recordar que somos peregrinos y que nuestra verdadera ciudadanía está en el reino de los cielos.

Música y liturgia en el contexto local

El uso de la música local en las iglesias evangélicas ha sido un tema muy controversial, no solamente en el Perú sino también en el resto de América

Latina. El problema de fondo tiene que ver con la relación evangelio-cultura. Dios, al revelarse al mundo, a los pueblos, se ha dado a conocer a través de las culturas, es decir, a través de los estilos de vida, maneras de pensar e idiomas de la gente. Concretamente, Jesucristo se encarnó en la cultura judía. Esta es la manera como Dios se ha comunicado y sigue haciéndolo con nosotros.

Como parte de la cultura, los pueblos tienen su propia música y danzas. Estas son canales de comunicación, de expresión de su idiosincrasia, de los anhelos más profundos, de las emociones del alma, las alegrías y tristezas de un pueblo. La música es un regalo de Dios.

Todos los pueblos tienen música y así como el pecado ha afectado a todos los seres humanos, también lo ha hecho con la música; pero, al mismo tiempo, cuando Dios se da a conocer a la humanidad, persigue como propósito su redención, su salvación, su liberación. Dios quiere la redención de todo pueblo, de toda cultura, incluyendo la música y la danza. Entonces, podemos hablar de que Dios quiere la redención de la música de los pueblos para que esta sea no solo para su deleite sino para su alabanza y adoración.

El Creador ha dado música e instrumentos a todos los seres humanos y quiere que los utilicemos para su gloria y alabanza. En este sentido, como cristianos que vivimos en diferentes partes del mundo (África, América, Asia, Oceanía y Europa), tenemos el desafío de redimir la música de nuestros pueblos para alabanza y gloria de Dios (Sal. 150.1–6).

El evangelio llegó a nosotros, a nuestros pueblos, a través de hermanos de culturas extranjeras que tenían otro color de piel, distintas maneras de pensar, estilos de vida e idiomas. Estos hermanos trataron de ser fieles al llamado de Dios de predicar el evangelio a toda criatura. La himnología que estos misioneros nos trajeron por lo general reflejaba la música y folklore de los pueblos de donde ellos procedían. Ellos han hecho uso de su propia música y la volcaron hacia la alabanza a Dios. Lo mismo pueden hacer todos los pueblos de la Tierra y nosotros aquí en el Perú, en la costa, en la sierra y en la selva. La música de nuestros pueblos puede ser usada y redimida para alabanza y gloria de Dios.

El baile en perspectiva bíblica

El conocido historiador, pastor y teólogo argentino, Pablo Deiros, en la conclusión de su obra *Latinoamérica en llamas*, dice:

> La iglesia cristiana es una comunidad doxológica, es decir una comunidad que celebra el amor del Padre, la victoria del Hijo y la presencia del Espíritu Santo. Este espíritu festivo debe manifestarse en el contenido y en las formas de nuestra adoración. Debemos procurar que nuestra adoración sea celebradora, popular, contextualizada, integral y participativa (1994, p. 283).

En los últimos años hemos visto el desarrollo de una alabanza y adoración de este tipo que incluye la danza.

En el último simposio de Historia del Protestantismo Evangélico en América Latina y el Caribe que se realizó en octubre del 2002 en la Universidad Nacional Mayor de San Marcos (unmsm), en Lima, Perú, tuve el privilegio de presentar una ponencia titulada 'Con permiso para danzar', en la cual argumenté que los cristianos evangélicos de nuestra región han encontrado una manera de alabar a Dios y al mismo tiempo expresar su idiosincrasia fiestera latinoamericana. Esta nueva música litúrgica que se ha desarrollado en los últimos treinta años utiliza los distintos géneros musicales latinoamericanos para alabar a Dios.

Al final de mi ponencia, una de las preguntas que se me hizo fue: ¿Cuáles son las bases bíblicas y teológicas de la danza? Es una pregunta importante que debe ser contestada por quienes creen, como yo, que es legítimo alabar a Dios tal y como uno lo siente y lo decide: levantando las manos, aplaudiendo y danzando. ¿Cuáles son las bases bíblicas y teológicas que podemos explorar?

El baile en el Antiguo Testamento

Un diccionario bíblico así describe el baile:

> Entre los judíos, expresión extemporánea de alegría secular o religiosa; jamás por puro placer, siempre de día era practicado generalmente por la mujeres, (Ex. 15.20; Jue. 11.34; 21.21; 1 S. 18.6, 7; Jer. 31.4,13), a veces por los hombres solos (2 S. 6.14–23; Sal. 30.11; 49.3; Lm. 5.15; Lc. 15.25).

Entre los hebreos se utilizaba el baile para celebrar efemérides nacionales (Ex. 15:20–21), para recibir a los héroes (Jue. 11:34; 1 S.18:6) y para manifestar regocijo por alguna bendición especial (2 S. 6:14; Jer. 31:4, 13; Lc.15:25). También figuraba en los servicios religiosos y actividades que tenían que ver con expresiones de la fe (Sal. 149:3; 150:4) (Nuevo diccionario bíblico ilustrado, 1985, pp. 99–100).

Una de las cosas que podemos observar claramente en la cultura judía del Antiguo Testamento es que el baile era parte esencial de sus festividades y vivencias. Por ejemplo, cuando el pueblo de Israel cruzó el Mar Rojo después de su liberación de Egipto, muchos de los caballos y carros del Faraón que perseguían a los hebreos, se ahogaron y perecieron. En Éxodo leemos:

> los Israelitas sin embargo cruzaron el mar sobre tierra seca. Entonces Miriam la profetiza, hermana de Aarón, tomó una pandereta y mientras todas las mujeres la seguían danzando y tocando las panderetas, Miriam les cantaba así: 'Canten al Señor que se ha coronado de triunfo arrojando al mar caballos y jinetes' (Ex. 15.19–21).

La expresión de alegría y celebración por 'ver ... el gran poder que el Señor había desplegado contra los egipcios' (Ex. 14.31) movió a Miriam y a muchas mujeres hebreas a alabar a Dios danzando.

Más adelante, cuando David estaba al mando del ejército del rey Saúl, regresó victorioso de una batalla donde mató al filisteo Goliat, y dice la escritura que recibieron a Saúl y a David cantando y danzando:

Aconteció que cuando volvían ellos, cuando David volvió de matar al filisteo, salieron las mujeres de todas las ciudades de Israel cantando y danzando, para recibir al rey Saúl, con panderos, con cánticos de alegría y con instrumentos de música. Y cantaban las mujeres que danzaban, y decían: Saúl hirió a sus miles, y David a sus diez miles (1 S. 18.6–7, RVR60).

Este incidente causó que David se enemistara con el rey Saúl. Él sentía celos y envidia de David. Esta canción y danza se hicieron famosas tanto dentro de Israel como en otros países, por ello en 1 Samuel 21.10–11 se lee lo siguiente:

Ese mismo día David, todavía huyendo de Saúl, se dirigió a Aquis, rey de Gat. Los oficiales le dijeron a Aquis: ¿No es este David, el rey del país? ¿No es él por quien danzaban y en los cantos decían: 'Saúl destruyó a un ejército pero David aniquiló a diez'?

Uno de los incidentes más conocidos en la Biblia en relación con la danza tiene que ver con la experiencia del rey David narrada en 2 Samuel 6. Como sabemos, la historia nos dice, empezando en el versículo 12 de este capítulo, que le contaron al rey David que por causa del arca el Señor había bendecido a la familia de Obed Edom y toda su hacienda. Dice la escritura que David fue a la casa de Obed Edom y 'en medio de gran algarabía, trasladó el arca de Dios a la Ciudad de David' (v. 12). También añade en el versículo 14 que David se puso a bailar ante el Señor con gran entusiasmo y él con todo el pueblo de Israel llevaban el arca del Señor. David y todo el pueblo aparentemente bailaban ante el Señor.

Sigue contando la historia que la esposa de David, Mical, se asomó a la ventana y cuando vio que el rey David estaba saltando y bailando delante del Señor, sintió por él un profundo desprecio. Cuando David regresó a su casa, su esposa Mical le reprochó diciendo '¡qué distinguido se ha visto hoy el rey de Israel, desnudándose como un cualquiera en presencia de las esclavas de sus oficiales!' (v. 20).

A esto David respondió: 'lo hice en presencia del Señor ... de modo que seguiré bailando en presencia del Señor' (v. 21). El pasaje termina diciendo que Mical murió sin tener hijos. Vemos en este pasaje que el mismo rey David bailó con regocijo, alegría, gratitud y gran entusiasmo delante del Señor. El desprecio de Mical no fue solo porque David danzaba sino, nos parece, porque lo estaba haciendo con el pueblo y, desde su punto de vista, él se estaba rebajando a un nivel que no le correspondía como rey. La respuesta de David fue contundente al afirmar que la danza no era solo un medio de adoración a Dios, sino también que debía hacerse en un contexto de rompimiento de barreras y prejuicios sociales, económicos y religiosos. Deducimos entonces que, aunque no es normativo ni obligatorio, hay libertad y es legítimo alabar y adorar a Dios con la danza.

En el Salmo 30, el salmista David dice: 'Has cambiado mi lamento en baile; desataste mi cilicio, y me ceñiste de alegría. Por tanto a ti cantaré, gloria mía, y no estaré callado. Jehová Dios mío, te alabaré para siempre' (Sal. 30.11–12, RVR60).

El salmista hace referencia al hecho que su situación de prueba, agonía y aun posibilidad de muerte, por la gracia y misericordia de Dios se torna en vida, esperanza y alegría. Por ello, literalmente puede decir con gran regocijo y celebración que Dios ha tornado su lamento en baile. El baile en este contexto, como para muchos, se constituye en la expresión máxima de alegría, alabanza y adoración a Dios.

En el libro de Jeremías en el capítulo 31, donde el profeta habla del regreso de los israelitas a su patria después del exilio babilónico, profetiza que el dolor, el lamento, el lloro del exilio se tornará en baile y alegría al regresar a Israel.

> Te reconstruiré, de nuevo vendrás con panderetas a bailar alegremente. Volverás a plantar viñedos en las colinas de Samaria y los que plantan viñas, gozarán de sus frutos… Las muchachas bailarán alegremente, lo mismo que los jóvenes y que los viejos. Yo les daré consuelo: convertiré su llanto en alegría y les daré una alegría mayor que su dolor (Jer. 31.4–6, 13, RVR).

En el libro de Eclesiastés se dice que todo tiene su tiempo y que la danza también tiene su tiempo (3.4). Esto implica que el baile es visto como parte de la vida de los pueblos, incluyendo a los cristianos.

En base a esta somera visión sobre la danza en el pueblo de Israel en el Antiguo Testamento, podemos concluir que los judíos no solo danzaban y bailaban en forma social, sino también para alabar y adorar a Dios.

Hay otros pasajes bíblicos que tratan de la alabanza:

> Que alaben su nombre con danzas; que le canten salmos al son de la lira y el pandero. (Sal. 149.1–9).

> ¡Aleluya! ¡Alabado sea el Señor! Alaben a Dios en su santuario, alábenlo en su poderoso firmamento. Alábenlo por sus proezas, alábenlo por su inmensa grandeza. Alábenlo con sonido de trompeta, alábenlo con el arpa y la lira. Alábenlo con panderos y danzas, alábenlo con cuerdas y flautas. Alábenlo con símbolos sonoros, alábenlo con címbalo resonantes. ¡Que todo lo que respira alabe al Señor! (Sal. 150.1–6).

El baile en el Nuevo Testamento

En el Nuevo Testamento también vemos que el pueblo judío, en sus ocasiones festivas tanto sociales como religiosas, expresaban su alegría y devoción a Dios a través de los bailes. En las bodas podemos ver que había bailes que contribuían al regocijo de todos los participantes, incluidos los novios. Los judíos no tenían problemas con el baile. Era parte de su cultura y una manera de expresar su alabanza y adoración a Dios.

El libro de Juan es bastante específico en mencionar que Jesús participó en las bodas de Canaán y contribuyó a hacer la fiesta más amena, transformando el agua en vino. Las bodas en el pueblo de Israel estaban acompañadas por música y bailes en los cuales participaban los asistentes. El *Nuevo diccionario bíblico ilustrado* en relación con las bodas en Israel menciona lo siguiente:

> El novio, ataviado también con sus mejores ropajes, y con una corona en su cabeza (Cnt. 3.11; Is. 61.10), salía de su casa con sus amigos (Jue. 14.11; Mt. 9.15), dirigiéndose, al son de la música y de canciones, a la casa de los padres de la novia. Si se trataba de un cortejo nocturno, había portadores de lámparas. Los padres de la desposada la confiaban, velada, al joven, con sus bendiciones. Los amigos daban sus parabienes (Gn. 24.60; Rt. 4.11), el casado invitaba a todos a su casa, o a la casa de su padre, en medio de cánticos, de música y de danzas (Sal. 45.15, 16; Cnt. 3.6–11) (1985. p. 740).

En el libro de Apocalipsis, capítulo 19, se describen las bodas del Cordero como un evento de gran alegría, regocijo y alabanza a Dios. Los versículos 7 y 9 dicen: '¡Alegrémonos y regocijémonos y démosle gloria! Ya ha llegado el día de las bodas del Cordero. Su novia se ha preparado … ¡Dichosos los que han sido convidados a la cena de las bodas del Cordero!'.

Siendo este gran evento como una gran boda festiva, es posible que haya danza como parte de la alabanza a nuestro Dios cuando estemos con él por la eternidad. Probablemente muchos danzarán con libertad.

También las peregrinaciones del pueblo judío a Jerusalén para participar en las fiestas, donde la danza era parte de ellas, eran muy comunes en la época de Jesús. Miriam Feinberg Vamosh, dice: 'Muchos peregrinos llegaban a la ciudad con sus animales de carga y con toda la comida que necesitaban para la familia durante su estancia, y también con los animales para el sacrificio. El peregrinaje era una ocasión alegre y en el momento que divisaban Jerusalén, los peregrinos se ponían a cantar y a bailar' (2000, p. 30).

Podemos apreciar incluso que en el libro de Mateo, capítulo 11, se hace referencia a Jesús y a Juan el Bautista. Jesús hace una analogía con la vivencia de su tiempo, de niños que se sentaban en las plazas a tocar y a cantar, de tal forma que cuando se toca la flauta los niños deberían danzar y cuando cantaban por los muertos la gente debería llorar.

De esto se desprende que los niños también danzaban. Al respecto, el *Nuevo diccionario bíblico* dice que 'la danza era tan común en la vida diaria que entraba en los juegos infantiles' (Mt. 11.17; Lc. 7.32, cf. Job 21.11) (1991, p. 340).

En Lucas 15.11–32, Jesús narra la parábola del hijo perdido. Cuando regresa el hijo perdido a su hogar y el padre hace una gran fiesta, el versículo 25 dice: 'Mientras tanto el hijo mayor estaba en el campo. Al volver cuando se acercó a la casa, oyó la música del baile'. Cuando el hijo mayor le reclamó por qué hizo fiesta cuando ese hijo ha despilfarrado su fortuna, el padre le dijo 'Hijo mío … tú siempre estás conmigo y todo lo que tengo es tuyo. Pero teníamos que hacer fiesta y alegrarnos, porque este hermano tuyo estaba muerto, pero ahora ha vuelto a la vida'. Podemos ver, pues, que también en los hogares cuando se hacía fiesta por acontecimientos especiales, había alegría y baile.

Hechos 3.1–10 narra la historia de la sanidad de un cojo que acostumbraba a pedir limosna en la puerta del Templo La Hermosa. Un día en que Pedro y Juan ingresaban al templo, el cojo les pidió limosna y ellos, mirándole fijamente le dijeron:

'No tengo plata ni oro… pero lo que tengo te doy. En el nombre de Jesucristo de Nazaret! levántate y anda!' … Al instante los pies y los tobillos del hombre cobraron fuerza. De un salto se puso en pie y comenzó a caminar. Luego entró con ellos en el templo con sus propios pies, saltando y alabando a Dios.

Como vemos, el gozo de ser sanado y el poder de Dios en acción a favor de su vida hizo que el cojo saltara, posiblemente danzando y alabando al Señor. La gratitud, la alegría y el gozo pueden llevarnos a alabar a Dios danzando espontáneamente.

Un principio del Nuevo Testamento que podemos aplicar a la danza sería lo que se dice en 1 Corintios 10.23–26:

Todo está permitido, pero no todo es provechoso. Todo está permitido pero no todo es constructivo. Que nadie busque sus propios intereses sino los del prójimo. Coman de todo lo que se vende en la carnicería sin preguntar nada por motivos de conciencia, porque del Señor es la tierra y todo cuanto hay en ella.

También en Efesios 5.19 se dice: 'Anímense unos a otros con salmos, himnos y canciones espirituales. Canten y alaben al Señor con el corazón'.

Podemos concluir en base a esta breve exploración sobre la danza tanto en el Antiguo como en el Nuevo Testamento, que la Biblia da por sentado que la danza es parte de la cultura de los pueblos, en este caso del pueblo de Israel. Por tanto, puede ser utilizada legítimamente para expresar alegría, regocijo, alabanza y adoración a nuestro Dios. Por supuesto, como expresión humana afectada por el pecado, puede ser usada solo para nuestro deleite personal y para alabar y adorar a otros dioses.[91]

Como cristianos debemos tener cuidado en que nuestras canciones y bailes sean para el Señor. También debemos aclarar que en Cristo hay libertad para bailar o no bailar; no podemos exigir que todos bailen. Esto es un asunto personal. Pero tampoco debemos prohibirlo, ya que la Palabra de Dios no lo hace. Por lo tanto, sigamos la exhortación bíblica que nos dice: 'En conclusión, ya sea que coman o beban o hagan cualquier otra cosa, háganlo todo para la gloria de Dios' (1 Cor. 10.31).

A manera de ejemplo de este cambio de paradigma en la alabanza, música, incorporación de la danza y contextualización de la liturgia, relataré la observación participativa que realicé en el concierto de música peruana con Annie Borjas.

Concierto de Annie Borjas: un estudio de caso

Entre los diversos grupos musicales evangélicos del Perú están Annie Borjas y su esposo Pepe Ortega. Ambos son miembros de la iglesia Camino de Vida en Lima. Vienen de un trasfondo profesional, como productor y compositor en el caso de Pepe, y cantante de música criolla, en el caso de Annie. Ahora ellos se dedican al ministerio de la alabanza, usando música criolla: vals, festejo y landó. Con motivo de las Fiestas Patrias del año 2002, la iglesia Camino de Vida realizó el Festival del Globo, una especie de feria para las familias de la iglesia y un concierto de música peruana.

Lo que sigue es un resumen con comentarios, que surge de mis notas como observador participante en este concierto.

Notas del observador participante

Son las 7:30 de la noche del domingo 28 de julio del 2002. Estamos asistiendo al concierto de la iglesia Camino de Vida. Hemos entrado al patio frente al coliseo y se está realizando el Festival del Globo. Al entrar uno observa un ambiente de feria. Hay muchos stands: juegos para niños tipo Nintendo y juegos de dardos, una computadora con música y cuadros en el piso que se utilizan para danzar al ritmo y un stand de tiro al blanco con latas. Además, observamos una cárcel de bambú donde había varios jóvenes adolescentes enjaulados.[92] Hay stands de la Casa de la Biblia, de medi-

---

[91] Este es el caso del baile del pueblo de Israel al becerro de oro, que ellos habían hecho porque Moisés tardaba en bajar del monte Sinaí con las tablas de la ley. Dice la escritura en Éxodo 32.19: 'Cuando Moisés se acercó al campamento y vio el becerro y las danzas, ardió en ira y enojo, arrojó de sus manos las tablas de la ley, haciéndolas pedazos al pie del monte'.

[92] Liliana (colega del CEMAA) dice que esa jaula se llama 'La Cárcel de Pablo', que si uno quiere ver a alguien dentro, tiene que pagar un monto para detenerlo por un tiempo; por ejemplo puede pagar para que lo detengan por tres horas.

cinas naturales, de Cocinas Surge, de Publicidad Kyrios, de cosméticos, y de artículos de computación. Incluso se habían instalado stands de comida peruana, con mesas y sillas blancas donde las familias comían.

Entramos al coliseo. Nos costó dos soles por persona (60 centavos de dólar). Observamos sillas en la parte baja, frente al escenario. Nos sentamos en el costado derecho, en la sección de las sillas.

Los presentadores son una pareja. En el medio del escenario hay una diapositiva con la bandera peruana que decía: FELICES FIESTAS PATRIAS. La presentadora pide un aplauso a nuestro Perú, y la gente da un fuerte aplauso. Luego dice:

> Hoy celebramos 181 años desde la proclamación de la independencia un 28 de julio. En aquella fecha, donde se puso fin a más de 500 años de esclavitud [creo que ella quiso decir más de 300 años], en esa fecha histórica el general San Martín por primera vez desplegó nuestra bandera y proclamó la libertad de todos los peruanos, ante una multitud que estaba congregada en la Plaza de Armas de la ciudad de Lima.

El presentador sigue:

> Hoy día nosotros como cristianos queremos celebrar primero a Dios que nos dio libertad y nos permitió nacer en esta tierra. ¿Cuántos quieren dar un gran aplauso a nuestro Dios? [En ese momento hay fuertes aplausos de la audiencia]. ¿Cuántos están contentos de ser peruanos? Amamos a Dios y Dios ama a nuestro país y, sí, nosotros amamos a nuestro país. Debemos tener una linda noche.

Luego, la presentadora anuncia el Himno Nacional del Perú, y explica: 'La quinta estrofa de nuestro Himno Nacional dice que el Perú tiene un pacto con el Dios de Jacob. Eso es lo que vamos a hacer seguidamente. Vamos a entonar nuestro Himno Nacional, para lo cual, vamos a pedir al pastor, director de la Academia para el Ministerio de Música, que nos dirija'.

El pastor guía al grupo en cantar el Himno Nacional. Al final hay aplausos. Después de una coreografía de los adolescentes del Hogar de Vida, un ministerio de la iglesia, se presenta a Annie Borjas y su show: 'Canto a mi tierra'.

Annie Borjas inicia su participación con el canto 'Soy del Perú, señores', y luego continúa con otras canciones a manera de popurrí. Termina esta parte diciendo: '¡Que viva el Perú! ¡Señores, aplausos! ¡Señores, así! ¡Perú para Cristo! ¡Aleluya!'. Luego añade:

Siempre les decimos si este país está con Cristo, es una bendición. Les compartimos a todos aquellos que llegan a escuchar música peruana de repente en algún lugar donde estemos presentándonos, le decimos hay una vida mejor en Jesucristo. ¿Cuántos de los que están aquí pueden decir, ¡así es!? Amén. [Aplausos.]

Continúa Annie Borjas:

Demos un aplauso al Señor nuevamente esta noche, más fuerte; y su creación, el Perú. Es lo que hoy vamos a cantar. Esa música que nos identifica afuera, y aquí también. Nos reconocen cada vez que cantamos un vals o cada vez que cantamos un huaynito [música quechua andina]. Nos reconocen como peruanos. ¿No es así? Amén.

Después de cantar 'Tus manos son de viento', Annie dice:

Gracias. Tengo que agradecer por haberme dado esta oportunidad de cantar música peruana en este lugar. Sabemos nosotros como adoradores de Dios, en qué tierra estamos y la respetamos por honor a nuestro Señor. ¡Amén! Vamos a hacer, entonces, jarana criolla [fiesta criolla], con el permiso del pastor.

Después de cantar varias canciones, incluyendo 'Peruanita bonita', Annie da su testimonio:

Amo muchísimo la música peruana. Mi abuelo fue un compositor, creyente en Jesucristo … Mi madre, cantante también, me enseñó a cantar música peruana desde que tenía cinco años. Me pegaba al parlante para escuchar música peruana y yo decía: 'Ya, mamá, quiero jugar por favor.' '¡No! Tienes que cantar música peruana como yo.' La verdad es que estoy muy agradecida a mi madre porque es la que me enseñó …

El Señor es bueno y el Señor es dulce. Lamentablemente, al ir pues creciendo fui influenciada por el mundo. Me dejé deslumbrar por todo aquello que parecía llevarme al éxito, pero no fue así. Pero gracias que un día conocí a Cristo. Un día Pepe [su esposo] conoció a Cristo por una persona que vino a donde estamos los artistas. Salió allí, lo buscó y le habló de Cristo. Pepe me habló a mí del Señor …

Dios es bueno y ahora que nosotros estamos casados, Pepe y yo tenemos una gran carga por compartir, así como nos fueron a compartir a nosotros ahí a ese terreno donde parece que nadie está dispuesto a escuchar que existe un Dios. Allí nos fueron a compartir, igual queremos ir nosotros …

La mamá de Annie está en la audiencia, y Annie la presenta y luego toca una marinera norteña diciendo:

Esta también me enseñó. Vamos a hacer marinera norteña, y queremos invitar a Claudia Cárdenas y a nuestro amigo Tito. Ellos van a bailar nuestra marinera. Dénles un aplauso fuerte también a ellos … ¡Y las palmas! Vamos a acompañar con nuestras palmas que son como instrumentos musicales. ¡Vamos! ¡Vamos!

Cantan y bailan la marinera 'Chiclayanito'. Luego de esta marinera el pastor de la iglesia dice:

¡Estamos en Perú! En Israel podemos cantar música hebrea, pero aquí en el Perú, goza de la música peruana que Dios nos ha dado. Yo quiero decirte que la Biblia dice que podemos honrar a Dios con danza, con música, con alegría y, por qué no. La música que hace arder el corazón del pueblo, yo la escucho y me encanta, y esa es la música que queremos no solo escuchar aquí, sino que dé vuelta al mundo entero. ¡Amén! Gracias … Yo recuerdo que hace unos años atrás estuve en Juliaca [sur del Perú], y estoy hablando de hace 15 a 20 años atrás, cuando recién llegué aquí al Perú. Me invitaron a una campaña a Juliaca. Estaba haciendo una campaña en una pequeña iglesia y salí de noche a una plaza y en la plaza comencé a escuchar esta música [folklórica de la sierra sur peruana] y vienen unas personas bailando con su sombrero y dieron una vuelta a la plaza, y dije qué bello es esto, pero vino el pastor y me dijo ¡vamos de aquí! A veces no nos damos cuenta de lo que tenemos. Cuántas personas ahí están diciendo que está mal, pero yo digo algo a Perú: ¡que está bien! Cuántas naciones quisieran tener la cultura que ustedes tienen. Gócense de ello.

Pepe Ortega dice:

El Señor ha sido muy generoso con nosotros, porque nos ha dado dones y talentos musicales para la obra, y podemos comprobar que sí es cierto como decía mi esposa. Hace unos años estábamos en el mundo secular, donde estábamos tocando y recibiendo gloria que no le pertenece al hombre, sino a Dios. Pero ahora estamos aquí para darle siempre la gloria a Dios. A Dios quien es el único. ¡Un aplauso para Cristo! [Fuertes aplausos en la audiencia.]

Todavía vamos al mundo secular, pero ahora han cambiado las instrucciones y ahora solamente vamos cuando tenemos las instrucciones directas de arriba … Entonces, estamos orando por los músicos, y hay muchos músicos y artistas que están llegando a los pies de Cristo. Es muy difícil para un artista, para un músico profesional, tener una vida de disciplina en Cristo, porque el enemigo siempre se encarga de sembrar muchas cosas, lazos en la vida profesional, pero nada es imposible, todo es posible en Cristo. ¡Amén! Oren por Annie mucho porque es una sierva del Señor. ¡Amén!

Annie Borjas canta 'La flor de la canela' y 'Mi Perú'. Hay una parte donde sólo se escucha al cajón, lo que produce una identificación de la gente que grita con algarabía. La gente grita ¡bravo! y silba, entusiasmada. Dan un fuerte aplauso.

Luego, Pepe Ortega dice:

Hablando de cosas que vienen de Dios, yo vengo del mundo artístico y cuando me convertí fue un poco difícil porque venía de componer muy rápido, fácil y seguido. Esto lo hacía profesionalmente porque ya conocía el oficio. Componía mucha música para televisión, para muchos artistas, y cuando me convertí dije, "Uauuuuu… ahora voy a componer alimentado por la buena voluntad de muchos hermanitos, quienes me decían, 'Ahora puedes usar tus talentos para el Señor.'"

Cuando me iba a la casa para componer una alabanza, no me salía nada. Entonces dije: 'Me falta estudiar la Palabra'. Estudié la Palabra, tres horas, cuatro horas diarias. Entonces dije: 'Ahora sí puedo componer', pero nada. Hubo una semana sin componer y ahí empecé a preocuparme, una semana, dos semanas y tres semanas. Entonces me arrodillé. Estaba muy preocupado, porque como ustedes pueden comprender, yo vivo de esto. Cuatro semanas sin componer y obviamente me habían llamado para componer una canción sobre el fin del mundo, de la Nueva Era. Me llamaban para componer todo tipo de canciones. El enemigo, viendo cuánta era mi necesidad de servirle a Dios, estaba allí tentándome.

Yo me puse a clamar a mi Señor y le dije: 'Señor, yo sé que tú me has llamado y hace mucho tiempo que he dejado de ejercer mi carrera'. Yo estudié economía, lo cual dejé y me dediqué a ser músico, en lo cual ya estoy 15 hace años. Entonces le dije al Señor: 'No sé para qué me llamaste, porque si no puedo componer canciones cristianas, entonces ¿qué voy a hacer? No quiero regresar al mundo; ya me mostraste que allí no es. ¿Qué voy a hacer?'. Comencé a clamar a Dios, orar una, dos, tres horas y en una de esas escuché la voz de Dios muy claramente; créanme que escuché la voz de Dios tan claramente: 'Mira Pepe, de ahora en adelante tú ya no vas componer, porque ahora el que compone soy yo'. [Aplausos de la gente.]

Cerca del final del programa, Pepe Ortega dice:

Ya estamos terminando, pero no queremos terminar sin antes agradecer muchísimo a nuestros pastores que están aquí presentes. Nuevamente, no se imaginan la bendición que ha sido para nosotros poder encontrar una iglesia en la cual se nos escuche, se nos entienda, se crea en lo que Dios nos está diciendo. Ustedes saben que por siglos esta música era del enemigo. Esta música ha venido del África y era usada en cultos paganos. Pero nosotros queremos rescatar lo que el enemigo creía que era de él, para dárselo al único, al verdadero. [Fuertes aplausos y algarabía.]

Annie Borjas presenta a los músicos que la acompañan, y canta una marinera limeña: 'Quiero cantarle a mi tierra'. Luego canta otra canción: 'El tamalito'. En esta parte, ya la gente está bailando en sus sitios. Se siente que la audiencia vive el momento y festeja su música y su peruanidad. Los jóvenes que están en las tribunas, también danzan al compás de la música. Se puede decir que la gente aprende a danzar para el Señor con su propia música criolla, algo que no habíamos visto antes. Esto en sí es un hito para los peruanos que participaron en este concierto. Al final de esta canción hay mucha algarabía y entusiasmo.

Al terminar la actuación de Annie Borjas, hacia el final la congregación empieza a danzar a ritmo de vals con una canción de alabanza. Son las 9:45 de la noche; ha sido un concierto muy dinámico de música peruana, un final apoteósico, y muchos jóvenes danzando al ritmo del vals.

Algunas observaciones

Cuando la cantante pedía a la concurrencia participar con sus palmadas en la melodía que cantaba, los asistentes lo hacían con un poco de recelo al comienzo, pero a medida que se repetían las canciones peruanas, las personas presentes se iban entusiasmando y participaban una gran mayoría de los presentes en los movimientos y palmadas y así se llegó el intermedio, tiempo en el cual el público salía para tomar algunos refrescos.

Por fin llegó el segundo acto del concierto y el público se puso más consecuente con el mismo y las circunstancias que sugerían los hermanos cantantes y que también se podía alabar a Dios con nuestra música peruana. Para esta segunda parte, había buena disposición de los concurrentes a participar con las canciones peruanas que la hermana Annie cantaba con la mente, el corazón y el deseo de agradar a Dios.

Llegó un momento muy emotivo para los asistentes. Muchos se pararon y se movían al ritmo de la música peruana y se les veía en el rostro una alegría franca, sincera y emocional, hasta el punto que la hermana Annie terminó su última canción programada y se despidió contenta de haber compartido con los hermanos sus emociones y sentimiento espiritual, y que ellos habían mostrado su satisfacción y alegría por lo que se había cantado. Toda la concurrencia gritó emocionada: ¡Otra!, ¡Otra!, ¡Otra! Los hermanos ante este momento emotivo regresaron y cantaron otra canción para contentar al público que lo había pedido con mucha franqueza y sentimiento espiritual, lo cual puso más contentos a los hermanos cantantes, ya que así pudieron saber que en verdad Dios los había ayudado en la comunicación de un nuevo sentimiento y actitud de alabar y adorar a Dios con nuestra música peruana tan rica en manifestar lo íntimo del peruano.

Esa noche no pudieron acallar ni evitar las manifestaciones naturales del sentimiento peruano y que al mostrarlo, no pensaban ofender a Dios, sino agradecerle por ser peruanos y cristianos.

Lo característico del concierto de Annie Borjas, con ocasión de la celebración de las fiestas patrias en el Perú, es el hecho que, tanto el concierto en sí, como la parte de la alabanza, ambos realizados por Annie Borjas, su esposo Pepe y su grupo de músicos, era música peruana, del género particular criollo, asociado con las culturas mestizas costeñas del país.

Por lo general, los evangélicos no han tenido problemas en alabar al Señor danzando música latinoamericana traída de otras partes de nuestro continente. Pero raras veces se han visto evangélicos en el Perú danzando con música peruana, particularmente el vals. Esta ocasión se constituye en un hito para los evangélicos peruanos, ya que, no solo escucharon, sino también danzaron su propia música criolla peruana, evidenciándose una vez más que los evangélicos buscaban el permiso para danzar.

Conclusiones

En conciertos seculares a los que he asistido, como por ejemplo el de Juan Gabriel,[93] donde este famoso intérprete se comunicaba muy bien con su público, la gente gritaba su nombre, movía las manos, sacaba pañuelitos blancos de saludo y no solamente cantaba sus canciones, sino que las bailaba. Muchos de los participantes lloraban con algunas de esas canciones. Cuando Juan Gabriel bailaba o se movía de una forma especial, la gente comenzaba a gritar eufóricamente. Algo similar se ha podido observar en los conciertos con Danilo Montero, Marcos Witt, Jesús Adrián Romero y Annie Borjas.

La diferencia fundamental es a nivel del contenido de la música. Juan Gabriel canta al amor, a la vida, al sufrimiento, a la tristeza, llamando la atención hacia su propia persona. Él es el ídolo que todos aplauden y sus canciones son idealizadas, por ejemplo, la canción 'Amor eterno', dedicada a su madre.

En contraste, en los conciertos de músicos como Annie Borjas, el mensaje es dirigido hacia Jesucristo, al Espíritu Santo y hacia el Padre, y hay un esfuerzo para que el reconocimiento, los aplausos, la algarabía sean dirigidas hacia Dios y no hacia la cantante o los músicos que la acompañan. Danilo Montero, en su concierto en Lima, en julio del 2002, dijo:

Nosotros somos servidores, no ídolos. Ustedes no deben confundir las cosas. Queremos que nos vean como siervos. En realidad no nos gusta estar dando autógrafos. Preferimos conversar con cada uno de ustedes cara a cara y orar, porque cuando ustedes ponen a las personas en pedestales, preparan su caída.

---

[93] También participamos de los conciertos de Carlos Vives el 19 de octubre del 2002 y en el de Juan Luis Guerra el 19 de noviembre del 2002.

Concluimos que los conciertos de músicos cristianos como Danilo Montero y Annie Borjas proveen a los peruanos y latinoamericanos evangélicos la posibilidad de estar bien con Dios, con nuestra cultura de fiesta y de expresar aspectos de nuestra identidad latina más legítimamente, aun siendo evangélicos. En medio de todo esto, es seguro que Dios obra y su Espíritu impacta en la vida de los presentes.

Yo diría que a estas expresiones no habría que desacreditarlas o condenarlas. Por el contrario, debemos agradecer a Dios por ellas. Al mismo tiempo es bueno hacer una crítica constructiva y valorarlos por lo que son y, además, complementarlos vigorosamente con la generación joven que tiene un amor especial por el estudio de la palabra de Dios.

Tenemos la posibilidad de enraizar el evangelio en las músicas e instrumentos tan variados de nuestra realidad latinoamericana para alabar y adorar a nuestro Dios con sinceridad, con todo el corazón y con todo nuestro ser dentro de nuestra identidad cultural, incluyendo la danza.

Es cierto que es fácil decirlo, pero es complicado ponerlo en práctica. Debemos tener bastante sensibilidad al Espíritu de Dios y un gran compromiso con su palabra, con la iglesia de Cristo y con el pueblo en el cual vivimos. Debemos tomar en cuenta que hay toda una historia en las iglesias evangélicas y que no podemos negarla ni ignorarla. Muchos hermanos que se convirtieron al Señor dejaron de lado algunas prácticas culturales, porque en sus vivencias asociaron los instrumentos y la música con borracheras y otros pecados que los llevaron a su perdición. Al convertirse, renunciaron a esa música, y, aún ahora, cuando la escuchan recuerdan su pasado. Viene a ser una piedra de tropiezo para su fe y es por eso que la censuran.

Los hermanos que salen de este contexto deben tratar de comprender a las nuevas generaciones de evangélicos, quizás a sus propios hijos que no han andado en parrandas y borracheras en las cuales sus padres sí anduvieron y, por lo tanto, no han sido afectados negativamente por dicha música.

Por otro lado, debe haber una comprensión por aquellos hermanos que están a favor de la utilización de la música folklórica de nuestros pueblos para la gloria de Dios y, al mismo tiempo, por los hermanos que se oponen a su uso. Debe practicarse la tolerancia mutua, porque sólo así creo que el Señor va a ser glorificado. De otro modo, la música va a causar controversia, división, fraccionamiento y el Creador no quiere eso.

Debemos tener apertura al Espíritu de Dios en nuestras vidas, mentes y corazones para comprender lo que nos dice en cuanto a la alabanza y adoración. La Biblia señala que debemos adorar a Dios sincera y espontáneamente, con alegría. Esta adoración debe incluir los aspectos rescatables de la música de nuestros pueblos.[94]

---

[94] Vea los Salmos 100, 103 y 150.

Al mismo tiempo, tenemos el desafío de no dejarnos amoldar por nuestra cultura sino con la palabra correctiva de Dios y la ayuda del Espíritu Santo. Podemos ser instrumentos de renovación y transformación no solamente de nuestra liturgia evangélica, sino de la totalidad de nuestras vidas y culturas, para la gloria de Dios y la salvación de los que no conocen a Jesucristo como Señor y Salvador.

Debemos—bajo la ayuda del Espíritu Santo—buscar una nueva creatividad en nuestra alabanza y adoración a Dios, no solo copiando, sino elaborando nuevas expresiones musicales, usando todos los instrumentos y aun la danza, para la gloria y honra a Dios y para la edificación de la iglesia de Cristo en América Latina. Esto es parte de nuestro mandato cultural (Gn. 1.26–28). Recordemos: Dios está en y transformando las culturas.

Obras citadas

Deiros, P. A. y Mraida, C. (1994). *Latinoamérica en llamas*. Buenos Aires: Caribe.

Diccionario Ilustrado Karten (1986). Buenos Aires: Editorial SOPENA.

Feinberg Vamosh, M. (2000). *La vida diaria en tiempos de Jesús*. Barcelona: CLARET

Niebuhr, H. R. (1968). *Cristo y la cultura*. Barcelona: Ediciones Península.

Nuevo diccionario bíblico ilustrado. (1985). España: CLIE.

Nuevo diccionario bíblico ilustrado. (1991). Buenos Aires: Certeza.

Padilla, C. R. (1986). 'El evangelio y la evangelización'. En Padilla, *Misión integral*, pp. 1–44. Buenos Aires: Nueva Creación.

Paredes, R. (1996). 'El movimiento quechua en Perú, Ecuador y Bolivia'. Ponencia presentada en un seminario sobre la historia del protestantismo en el Perú. Lince, Peru.

Paredes, R. (2006). *Con permiso para danzar*. Buenos Aires: Kairos/FTL.

11

Migración y familia: dinámicas y procesos en las familias hispanas inmigrantes[95]

Jorge E. Maldonado[96]

Mis abuelos paternos emigraron del campo a la ciudad, recién casados, en un recorrido sin retorno de 60 kilómetros. De allí no se mudaron nunca hasta el día de su muerte. En la ciudad capital del Ecuador, Quito, criaron a sus cinco hijos. Solo una hija de ellos —una tía mía— se casó con alguien de otra ciudad, 100 kilómetros al sur. Mi familia de procreación, en contraste con mi familia de origen, es una combinación de culturas, lugares, costumbres, comidas y tradiciones. Y hemos vivido en cinco países distintos en tres de los cinco continentes. Mirando hacia atrás, no estoy seguro si esto es algo de lo que uno debe jactarse o disculparse.

Mi esposa, Noris, es venezolana. Nos conocimos en Costa Rica, en donde ambos estudiábamos, yo en el Seminario Bíblico Latinoamericano y ella en la Universidad de Costa Rica y también en el Seminario. Cuando uno es estudiante, un cambio de país es emocionante, novedoso: parte del proceso de afirmar la identidad, ampliar los horizontes, hacer amigos y colegas, y prepararse académicamente para el futuro. Como cristianos que habíamos respondido al llamado de Dios para servirle en el ministerio,

---

[95] Artículo ampliado del publicado originalmente en *Vivir en el exilio* (2009), Buenos Aires, Kairós.

[96] Jorge E. Maldonado es ecuatoriano, ministro ordenado por la Iglesia del Pacto Evangélico y uno de los fundadores de Eirene Internacional. Fue Presidente del Centro Hispano de Estudios Teológicos en el sur de California y profesor adjunto del Seminario Teológico Fuller. Actualmente es misionero en La Coruña, España, con su esposa Noris donde sirven en la comunidad y en la iglesia Vida Nueva como terapeutas familiares y consejeros pastorales. Jorge fue miembro del Consejo Académico de PRODOLA desde su inicio en 2001.

encontrarnos y enamorarnos en un país 'neutral' era, a más de román-tico, providencial. Nos casamos al siguiente día de la graduación, y dos semanas después volábamos hacia el Ecuador. 'Volver' al Ecuador para mí era lo más natural, pero para mi esposa un tremendo choque cultural. La cultura andina es muy diferente de la cultura caribeña, aunque el idioma es el mismo.

Los procesos migratorios han estado presentes desde el inicio de la humanidad y son universales. En la historia bíblica, Dios se revela a un patriarca invitándolo a emigrar, a salir de su tierra y parentela 'a la tie-rra que te mostraré' (Gn. 12.1) para emprender un viaje hacia el futuro orientado por la esperanza que generaba una promesa. Aunque los movi-mientos migratorios han sido parte de la humanidad desde la antigüedad, en la época actual parecen haberse intensificado. Es importante, entonces, conocer por qué estamos en movimiento, y cómo nuestras experiencias de inmigrantes (de primera, segunda o tercera generación) nos afectan, cómo podemos mantener nuestra identidad y, al mismo tiempo, hacer los cambios necesarios en el nuevo sitio de acogida. Además, es importante reflexionar sobre lo que pueden hacer las iglesias y la comunidad para pro-curar que se den estos procesos con salud, optimismo y esperanza.

Ya que todo movimiento migratorio es una transición significativa en el tiempo y el espacio, tiene repercusiones sociales, psicológicas, económicas, políticas y pastorales. Comienza antes del acto de mudarse y se prolonga en el tiempo afectando a varias generaciones. Aunque la decisión de emigrar haya sido consciente, y libremente tomada, no deja de incluir una serie de pérdidas y desarraigos. Uno pierde las redes de apoyo, la capacidad de manejarse dentro de lo habitual, y se enfrenta al desafío de adaptarse a un nuevo entorno, una nueva cultura, y una nueva lengua. Los inmigrantes somos más vulnerables a la tensión emocional y a las crisis. Al mismo tiempo, la crisis implica también una oportunidad de comenzar una nueva vida, de ampliar los horizontes, de aprender nuevas destrezas.

Las iglesias están a diario en contacto con personas y familias inmigrantes que han llegado hace poco o hace mucho y que están proce-sando asuntos propios de esa transición. Los pastores generalmente tienen una entrada privilegiada a las familias de su congregación: los conocen de forma cercana (incluso en su estatus migratorio), han estado presen-tes en los eventos más significativos de su ciclo vital (nacimientos, bodas, funerales), y son figuras de autoridad (Friedman, 1996, p. 19). Aunque no hay datos oficiales de las formas cómo los pastores actúan a favor de los inmigrantes (como intermediarios, conectores, consejeros, intercesores, tramitadores de documentos), sabemos que un alto porcentaje de la labor pastoral en algunas iglesias se dedica a este ámbito.

Razones para emigrar

Hay muchas razones por las que una persona, familia o grupo deja su tierra y se encamina a un lugar extraño.[97] Algunos emigran por voluntad propia; otros son obligados por la pobreza, el hambre, la guerra, la discriminación racial o la persecución religiosa. Algunos son transferidos por su compañía, empresa o gobierno; traen sus pertenencias y sus papeles en regla. Otros llegan clandestinamente, sin documentos, sin dinero y sin conexiones. Algunos cuentan con recursos y con una cultura familiar que valora el cambio. Para otros, que valoran la vida sedentaria, el desarraigo puede ser traumatizante. Algunos salen de sus países para realizar estudios especializados o de nivel superior, otros en búsqueda de atención médica que no está disponible en su país de origen.

A veces grupos enteros emigran en conjunto en búsqueda de soluciones económicas, sin percatarse de otros problemas que surgen. Ralph D. Winter, fundador de la Universidad William Carey en Pasadena, California, después de una visita a Guatemala, en donde sirvió como misionero al grupo indígena *M'am*, comenta la desesperada situación. Aunque encontró que las iglesias presbiterianas en la zona, después de cuatro décadas, habían crecido en número (de 3 a 40), el deterioro de la vida era evidente. La mayor parte del ingreso en la zona viene de los dólares que envían los 200.000 *M'am* indocumentados que trabajan en los Estados Unidos. A la población del grupo *M'am* que queda en Guatemala (cerca de un millón) le resulta más barato importar granos que producirlos. Los hogares están divididos y tentados a formar relaciones informales. Cuando los adolescentes no tienen un padre presente, dice Winter, se extravían, se meten en drogas, sexo, violencia y pandillas (Winter, 2006, p. 12).

La división de la familia es uno de los cuadros más dolorosos que he visto entre los inmigrantes latinos en los Estados Unidos y en España. Cuando un cónyuge (generalmente el hombre) emigra y el otro (generalmente la mujer) se queda con los hijos, se abren las puertas a serias dificultades. Hombres y mujeres solos, sea en el país de origen o de acogida, van a experimentar muchas tensiones y tentaciones. También experimentan mucho dolor cuando los padres deciden emigrar y dejar a los hijos bajo el cuidado de un pariente, como la abuela. Tal decisión, por lo general, tiene repercusiones para el futuro de la familia y para futuras generaciones. El ser humano en sus primeros años establece el vínculo emocional o apego (*attachment*) que le va a definir por el resto de su vida. Necesita una figura adulta, generalmente la madre, con quien definir ese nexo emocional que

---

[97] Una encuesta reciente en varios sectores de la república mexicana mostró que el 75% de sus habitantes, indistintamente de su ubicación geográfica, social y económica, está dispuesto a emigrar a los Estados Unidos legal o ilegalmente si las circunstancias se presentan o las requieren (*Public Radio Network*).

le da seguridad y estabilidad. 'Mientras un niño esté ante la presencia permanente de una principal figura de apego —o a su alcance— se sentirá seguro. La amenaza de una pérdida produce ansiedad, y su pérdida tristeza; ambas conducen a la ira' (Bowlby, 1982, p. 209). He sido testigo del dolor y la tensión en familias que se reúnen después de años de separación. Los hijos probablemente han experimentado un trauma y necesitarán ayuda (profesional a menudo) para ventilar la ansiedad, la tristeza, la inseguridad y la ira que han acumulado durante años de abandono. Los padres, por lo general, están desconcertados ante 'tanta ingratitud' de los hijos. También necesitan ayuda y acompañamiento.

En el caso de mi esposa y yo, salimos solteros de nuestros respectivos países para estudiar, con la expectativa de volver y servir al Señor en algún ministerio local. Cuando éramos novios le dijimos al Señor que estábamos dispuestos a servirle donde quisiera, y parece que él lo ha tomado muy en serio. Aunque nos hemos mudado internacionalmente al menos nueve veces, lo hemos hecho siempre con los documentos en orden, aunque no siempre con todos los recursos necesarios. Admiramos, por lo tanto, la valentía de quienes se aventuran a cruzar fronteras o quedarse indocumentados, y nos identificamos plenamente con quienes luchan por sobrevivir y salir adelante. Sólo una vez dividimos temporalmente la familia y sabemos de primera mano el dolor y la angustia de la separación. Fue cuando regresamos de los Estados Unidos con una hija de cinco años. Yo no tenía trabajo al volver al Ecuador. Acordamos con Noris, mi esposa, que ella se fuera a Venezuela, con nuestra hija, a casa de su madre mientras yo encontraba un trabajo. Pasamos meses de espera durante los cuales Noris, en su país (más próspero que el mío en aquel tiempo) encontró un buen empleo. Con mucha aflicción y molestia ella generosamente aceptó volver conmigo. ¡El matrimonio estuvo en peligro!

Etapas en un proceso migratorio

A pesar de la variedad de circunstancias, los procesos migratorios presentan secuencias parecidas que hacen posible identificar algunos estadios o etapas.[98] Cada etapa tiene características propias, activa dinámicas familiares diversas, desencadena sus propios conflictos, presenta distintos síntomas y requiere diferentes estrategias para atenderla.

1. La preparación

Un proceso migratorio se origina casi siempre cuando los miembros de una familia dan los pasos concretos hacia el compromiso de emigrar: escriben

---

[98] Seguimos aquí el modelo propuesto por Carlos Sluzki en 'Migración y familia', ponencia presentada en el Congreso de Terapia Sistémica en Guadalajara, México, marzo de 1996.

una carta, hacen una petición de visa, llenan un formulario, compran un pasaje.

La duración de esta etapa depende de la forma cómo la familia toma sus decisiones. Puede ser abrupta o producto de una larga planificación. En todo caso, aunque un proyecto de tal magnitud suele ser el resultado de una decisión colectiva no está exento de tensiones y complejidad. En momentos de tensión como estos la familia buscará un 'responsable' y es posible que se divida entre 'héroes' y 'villanos' y se construyan mitos familiares que perpetúen esos roles en la memoria de la familia.

No hay que desconocer la importancia que tiene la familia de la fe en procesar una decisión de emigrar. En mi caso, cuando salí por primera vez de mi país para estudiar teología en Costa Rica, mi pastor y mi iglesia tuvieron mucha influencia en la decisión. Mi pastor conocía personalmente a varios profesores del Seminario Bíblico Latinoamericano (habían sido sus compañeros de estudio en el Seminario Teológico Fuller de California) y los tenía en alta estima. Ya de casado, las decisiones de emigrar (por estudios, por trabajo o por el ministerio) fueron tomadas como pareja. Sin embargo, las dos veces que salimos después de casados para hacer estudios fui yo, el varón, quien recibió las becas de postgrado y mi mujer el 'privilegio' de acompañarme para cuidar de la familia. Aunque ella me apoyaba de todo corazón, yo sabía que en algún momento la balanza tenía que nivelarse. Con tres niños pequeños ella encontró las formas de completar su carrera en antropología social (en Ecuador), un diploma en educación de adultos (en Suiza) y una maestría en psicología clínica (en California).

Las familias en la etapa de preparación suelen ensayar 'nuevas' reglas que se aplicarán 'allá', y nuevos roles familiares y sociales que asignarán a sus miembros en el país de acogida. Cuando nos llegó la invitación para trabajar en Suiza, los hijos (de 21, 15 y 11 años) participaron en las conversaciones y en la decisión. Pudimos, como familia, considerar los pros y los contras de esa mudanza, y como pareja anunciar a los hijos algunos de los cambios más significativos que tendríamos que enfrentar y las reglas que tendríamos que adaptar. Recuerdo haberles dicho a nuestros hijos que ellos eran más importantes que el trabajo, de modo que si alguno peligraba en el país de acogida (drogas, fracaso escolar, etc.) yo no dudaría en renunciar a mi trabajo y embarcarnos en el siguiente avión de regreso. Creo que procesar así la decisión de mudarnos y anticipar algunos de los cambios nos ayudó como familia, aunque no nos ahorró los dolores propios del ajuste en el nuevo domicilio.

En la mayoría de las culturas latinas el hombre y la mujer mantienen papeles tradicionales. El hombre es el principal proveedor y está orgulloso de serlo. La mujer generalmente se realiza mediante la crianza de los hijos y el cuidado del hogar. Ambos deben saber que 'allá' las cosas van a cambiar. Si la mujer consigue trabajo primero, romperá con los papeles tradicionales y la familia será desafiada a lograr ajustes acordes con la nueva realidad.

Durante mi tiempo de servicio en Ginebra pude observar esa dinámica en una población con más sofisticación. El Consejo Mundial de Iglesias procura mantener entre su personal esos difíciles balances entre regiones, etnias, tradiciones eclesiásticas y género. Es decir que no siempre los varones son contratados. Hay mujeres altamente calificadas que reciben el contrato de trabajo y sus esposos la visa de 'acompañante'. Para los europeos, australianos y estadounidenses eso no significaba mayor problema. Tampoco parecía ser mayor dificultad para los asiáticos y los africanos, pero para los latinos, con excepción de los cubanos, parecía algo muy amenazante. Recuerdo algunas familias latinas que regresaban prematuramente a sus países sin completar su primer contrato.

¿Qué pueden hacer la iglesia y la comunidad?

• Informar de estos procesos a las familias que proyectan emigrar.

• Enfatizar la importancia del vínculo afectivo o apego emocional en los niños, y desanimar la separación de la familia.

• De ser factible, animar el aprendizaje de la lengua del país de acogida con anticipación.

• Ayudar a proveer información práctica del nuevo lugar de acogida.

• 'Rodear' pastoralmente a las familias divididas mediante la oración, los grupos de ayuda, la orientación oportuna, etc.

2. El acto de emigrar

El acto de emigrar consiste en dar los pasos concretos que trasladan a una persona o familia a su nuevo lugar de residencia. El acto de emigrar puede tomar tantas horas como dura un vuelo de avión o puede durar semanas, meses y hasta años. No son pocos los casos de quienes, al tener que cruzar varias fronteras nacionales, fueron deportados más de una vez.

El estilo de emigrar varía también de una familia a otra. Algunos emigran 'para siempre' y queman las naves. Otros 'se ausentan solo por un corto tiempo' y esperan que nada cambie hasta su regreso. En todo caso, las familias, como sistemas vivos que actúan en conjunto, 'asignan' roles a sus miembros. Muchas veces les asignarán papeles complementarios, que mantendrán el balance (homeostasis) familiar. Es decir, si a alguno se le asigna el papel de 'puente' con la sociedad de acogida, a otro se le asignará el papel de 'conector' con la sociedad de origen. El primero elogiará las bondades de la nueva tierra y despreciará lo que se dejó atrás. El segundo hará lo contrario.

Esta asignación (o autoasignación) de papeles complementarios puede conducir a situaciones estresantes cuando se enfrentan los miembros que idealizan la tierra natal y denigran la sociedad de acogida (dificultando la adaptación) y los que denigran la tierra de origen e idealizan la sociedad de acogida (dificultando el duelo y la elaboración de las pérdidas).

Las edades de los hijos de una familia inmigrante son decisivas en el proceso de integración. Cuando los niños son pequeños se integran más fácilmente. Antes de los 11 años parece que aprenden un nuevo idioma por simplemente repetirlo. Los adolecentes parecen tener más dificultades, no sólo porque aprenden un nuevo idioma o acento con la parte más racional del cerebro, sino también porque a esa edad son más conscientes de la pérdida de amigos y compañeros y de la necesidad de aprender nuevas destrezas sociales para hacer amistades.

En esta etapa es importante elaborar rituales tanto de despedida como de acogida. Los rituales abren y cierran espacios temporales y relacionales, y facilitan procesos que propenden a la salud. La ausencia de rituales impide el fluir de la experiencia y deja inconcluso el cierre de procesos.

La segunda vez que nos mudamos de país como familia (del Ecuador a los EE.UU. para un año de estudios) teníamos solo una hija de 4 años. Fuimos enviados con bendiciones por nuestra iglesia en el Ecuador y acogidos cariñosamente por una iglesia de habla inglesa, *Emmanuel Church of the Brethren* en Dayton, Ohio. Durante ese año nuestra pequeña hija aprendió a hablar inglés como una nativa de la región y no con el acento con el que nosotros hablamos hasta hoy.

Cuando la primera hija cumplió 10 años fui aceptado en otro programa de postgrado, esta vez en California, EE.UU. Para ese entonces ya teníamos dos hijos más: una niña de 4 años y un varón de apenas 1 año. Otra vez, nuestra iglesia nos despidió con oración y fuimos acogidos por la comunidad de estudiantes internacionales y por la iglesia de habla hispana de mi denominación en Los Ángeles, de la cual fui pastor interino por casi tres años, mientras estudiaba. Volvimos en 1980 al Ecuador, pero no a mi ciudad, Quito, sino a Guayaquil, en la costa del Pacífico. Allí —en mi propio país— yo experimenté un fuerte choque cultural. Nadie nos orientó en cuanto a vivienda, escuelas, bancos, etc. Se suponía que yo, como nativo del país, no necesitaba ese tipo de ayuda. Mi esposa se adaptó mejor que yo como 'para mantener el balance' del sistema familiar. Después de un año y medio en Guayaquil volvimos a la capital en las montañas andinas. No sólo fue un cambio de altura, sino que volvía a mi ciudad natal. Pero no hubo recepción, más bien la demanda de funcionar óptimamente. A toda la familia nos agotó el cambio en el calendario escolar. En la costa ecuatoriana el año escolar va de febrero a octubre, mientras que en la sierra va de octubre a junio. De modo que nuestras hijas tuvieron que repetir el año no por algo que ellas hicieron o dejaron de hacer. Como padres tuvimos que tomarnos el tiempo para explicarles que no era una falla de ellas, sino algo que muchas familias experimentan cuando se mudan de una región a otra como nosotros.

¿Qué pueden hacer las iglesias y la comunidad?

- Diseñar rituales de partida para los que se van.

- Animar a llevar, si es posible, objetos significativos (fotos, cuadros, música, etc.).

- Elaborar rituales de acogida para los nuevos inmigrantes.

- Ofrecer redes de apoyo y pertenencia a los recién llegados.

- Entregar paquetes de información práctica: salud, escuelas, compras, servicios, bancos, etc.

- Ofrecer servicios de mediación y/o consejería familiar para ventilar las tensiones propias de esta etapa.

- Advertir períodos de descompensación y crisis.

3. El período de sobre-compensación

El 'estrés migratorio' no produce sus mayores efectos en las primeras semanas o meses que siguen al acto de emigrar. Es frecuente más bien que los inmigrantes no tengan noción de la naturaleza intensa de la experiencia y de su impacto acumulativo. Parientes y amigos rodean a los recién llegados con atenciones, invitaciones a comer, a fiestear, a conocer el nuevo ambiente, etc.

Aunque esta etapa está sobrecargada de demandas y desafíos de la nueva ubicación (lugar de residencia, idioma, empleo, movilización, etc.), la prioridad de las personas está en sobrevivir. Para ello ejercitan sus capacidades de adaptación en medio de un bombardeo de nuevos estímulos que por lo general desafían la curiosidad y las ganas.

Este mecanismo de enfocarse en la sobrevivencia permite amortiguar el impacto de los otros factores de la adaptación y establece una relativa moratoria de semanas o meses. Los conflictos pueden mantenerse latentes, y los estilos de relacionamiento familiar pueden exagerarse. Una familia antes unida puede parecer más unida que nunca; mientras que los miembros de una familia menos unida parecieran actuar con más autonomía.

La Asociación Estadounidense de Psiquiatría del Niño y del Adolescente publicó en 1999 un volumen que incluye una sección de orientación para familias inmigrantes. Ofrece seis recomendaciones, la primera de las cuales tiene que ver con los aspectos religiosos y espirituales. Las resumimos a continuación:

1. Cuide y nutra los aspectos de su vida que tienen significado especial para usted. Sus creencias y prácticas religiosas probablemente tengan esa importancia porque ofrecen a las familias paz, apoyo, continuidad y estabilidad, así como un sentido de conexión con la comunidad... Si sus hijos adolescentes rechazan la religión de la familia, no tiene otra opción que

permitírselos para guardar la paz. Recuerde que muchos adultos regresan a la fe de sus raíces especialmente cuando ellos crían sus propios hijos.

2. Involúcrese cada vez más en la vida de la nueva comunidad. Las actividades de la escuela o colegio de sus hijos pueden ser un buen comienzo. Aprenda el idioma, si no lo sabe. En casi cada vecindario de los EE.UU. se ofrecen clases de ESL (*English as a Second Language*). Pero no descuide su lengua materna, ni insista en que sus hijos hablen solo un idioma. Mantener la fluidez en más de una lengua siempre es beneficioso.

3. Haga que sus hijos aprovechen los estudios. No permita que la TV, los videojuegos o el Internet acaparen el tiempo y la atención de sus hijos. Por lo general los niños inmigrantes rinden mejor en sus estudios. Pero a medida que se van asimilando en el sistema escolar sus calificaciones disminuyen. Sin embargo mantenga el balance; los chicos necesitan también socializar.

4. Enfatice con el ejemplo los valores que desea transmitir a sus hijos. Por ejemplo, la honradez, una ética de trabajo, el hablar la verdad, etc. se transmiten en el diario vivir mejor que en un discurso. Diga claramente a sus hijos la conducta que usted espera de ellos. Sin embargo, evite imposiciones que solo producen rebeldía. Dialogue y negocie con sus adolescentes.

5. Busquen ayuda profesional si tienen dificultades de ajuste. Recuerde que todas las familias —no solo las inmigrantes— experimentan las mismas o parecidas dificultades y tensiones, y que no hay estigma en pedir ayuda. Hay programas de asesoramiento, consejería y terapia en iglesias y agencias sociales que cuentan con consejeros de su propio grupo étnico y en su propio idioma.

6. Comprenda y acepte que la asimilación/integración es un proceso largo, complejo y a veces doloroso, pero que puede lograrse sin que usted tenga que perder su dignidad o su identidad (*American Academy of Child and Adolescent Psychiatry*, 1999, pp. 113–115).

Cuando nos mudamos del Ecuador a Suiza, nuestros hijos estaban en edades que, según los expertos, ponen en situación de riesgo a cualquier familia: una estaba ya en edad adulta (21), la segunda en plena adolescencia y el tercero en la preadolescencia. Tuvimos que hacer muchos ajustes: acordar nuevas reglas y revisar las antiguas, funcionar en un sistema escolar distinto al acostumbrado, aprender francés, redistribuir los quehaceres domésticos, encontrar una iglesia que nos nutra, etc., etc. La tarea nos resultó abrumadora, y ante la dificultad de resolver los asuntos por nosotros mismos, buscamos ayuda profesional con un consejero que hablara español. Nos dimos cuenta, como dice una oración muy conocida, que habían cosas que podíamos cambiar, ante lo cual pedimos a Dios el valor para hacerlo; que habían cosas que no podíamos cambiar y teníamos tan solo que pedir la gracia de aceptarlas; y que teníamos que pedir la sabiduría necesaria para distinguir entre las unas y las otras.

¿Qué pueden hacer las iglesias y la comunidad?

- Apoyar los esfuerzos de sobrevivencia y adaptación.
- Ofrecer información de los procesos propios de esta etapa.
- Anticipar conflictos venideros y normalizarlos.
- Ofrecer servicios de asesoramiento y mediación.

4. El período de descompensación

Los seres humanos nos adherimos a las maneras de organizar la realidad, propias del grupo o la cultura a la que pertenecemos. Cuando esta realidad no corresponde a las expectativas se desencadena un complicado proceso de calibración. Si no se logra eliminar la disonancia y si las demandas de la nueva realidad sobrepasan la capacidad o los recursos —habituales y extraordinarios— que tienen las personas o las familias para enfrentar los cambios, pueden surgir crisis. Una crisis es 'un estado temporal de trastorno y desorganización caracterizado por 1) la incapacidad del individuo o la familia para resolver problemas usando los métodos y las estrategias acostumbrados, y 2) el potencial para generar resultados radicalmente positivos o radicalmente negativos' (Maldonado, 2003, p. 13).

Este cuarto período suele ser tormentoso. Las crisis pueden movilizar a las familias a buscar ayuda. Celia Falicov, profesora de la Universidad de California en San Diego (ella misma inmigrante de Argentina), encuentra que los inmigrantes latinos en los EE.UU. pocas veces buscan los servicios de salud, excepto en emergencias o cuando se presentan síntomas severos. Hay varias razones: las barreras lingüísticas, la falta de dinero, las distancias geográficas, el temor a las autoridades, el temor a ser malentendidos, etc. Hay otras redes de apoyo a las que recurren: familiares, pastores, sacerdotes y sanadores tradicionales (curanderos, yerbateros, espiritistas). Sin embargo, 'cuando se les ofrece terapia familiar y es accesible, la aceptan fácilmente, pues calza con la noción que los latinos tienen de que los problemas emocionales son generalmente consecuencia de conflictos familiares y dificultades financieras' (Falicov, 1998, p. 44). Falicov aclara que los latinos más aculturados usan más esos servicios que los menos aculturados.

Un consejero, orientador o agente pastoral puede ayudar a aceptar las tensiones como parte del proceso, a verbalizar los sentimientos y a construir una nueva configuración familiar que afirme su identidad cultural y que le capacite para interactuar con el nuevo entorno. No es una tarea fácil. Es como aprender a caminar sobre la cuerda floja. Con frecuencia las crisis se dan en torno a los hijos que asimilan con más rapidez la nueva cultura, lo que produce un choque de valores al seno de la familia. Reglas y normas familiares que fueron observadas por generaciones en el país de procedencia ya no funcionan en el país de acogida. Las familias necesitan aprender en conjunto cómo modificar esas normas y reglas sin ser violentos con sus valores y herencia cultural y, al mismo tiempo, sin perjudicar su conexión con la cultura de acogida. Ejemplos: solidaridad familiar versus individualismo; tabúes respecto al sexo versus una cultura erotizada; roles fijos asignados a los géneros versus roles acordados o asumidos.

Se mencionó anteriormente que un asunto importante es el tema del trabajo. En las familias tradicionales, el padre es el mayor o único proveedor. En la sociedad de acogida es común que la mujer encuentre trabajo antes que el hombre. Esto cuestiona la misma organización familiar, y puede poner a la familia en crisis. El hombre suele deprimirse y refugiarse en el alcohol y los amigos. La mujer se sobrecarga con una doble jornada de trabajo y responsabilidad.

Hoy en día los trabajos son más escasos. Parece que han emigrado a la China, a la India o a Tailandia. Cuando el trabajo escasea, los primeros afectados son los inmigrantes. La escritora francesa Viviane Forrester comenta que el desempleo atrapa a las personas en la angustia, en la inestabilidad, en el naufragio de la propia indentidad… y en la vergüenza, el más terrible de los sentimientos que '… altera al individuo hasta la raíz, agota las energías, admite cualquier despojo, convierte a quien lo sufre en presa de otros. La vergüenza permite imponer la ley sin hallar oposición y violarla sin temer la protesta' (Forrester, 2001, pp. 14–15).

¿Qué pueden hacer las iglesias y la comunidad?

• Abrir espacios para discutir los rasgos culturales de los inmigrados y las diferencias con la cultura de acogida.

• Discutir la naturaleza del empleo y el desempleo en un mundo globalizado.

• Ofrecer talleres de orientación y planificación hacia el futuro.

• Ofrecer estudios bíblicos sobre el tema de los inmigrantes.

• Organizar foros que compartan experiencias exitosas de criar hijos en dos culturas.

Conflictos no resueltos en la primera generación de inmigrantes suelen salir a flote en las generaciones subsiguientes como choques entre padres e hijos o como diferencias culturales. Familias, grupos o vecindarios que solo reproducen características del país de origen de sus integrantes solo amortiguan el choque y demoran los cambios adaptativos.

Conclusión

El Dios que adoramos se ha revelado en la historia de un pueblo que comienza con un acto migratorio. 'Por la fe Abraham, siendo llamado, obedeció para salir al lugar que había de recibir como herencia; y salió sin saber a dónde iba' (He.11.8, RVR660). Samuel Pagán afirma: 'El Dios bíblico viaja con su pueblo, lo llama en la ciudad, lo acompaña en el desierto y lo lleva a través de lugares inhóspitos a una tierra segura y próspera' (Pagan, 2001, p. 59).

Para el pueblo de Dios, en el Antiguo y el Nuevo Testamento, la responsabilidad con los más desprotegidos (los huérfanos, las viudas y los extranjeros) tiene que ver con su identidad y sus orígenes como pueblo escogido. Los extranjeros —inmigrantes en el lenguaje de hoy— forman esa tríada a la cual el Antiguo Testamento hace frecuente referencia como el objeto del cuidado especial de Dios (Padilla, 1994).

A lo largo de todo el proceso migratorio la iglesia tiene oportunidad de ejercer sus ministerios (kerygmático, docente, diaconal) a favor de cada vez más personas que dejan su terruño para buscar una mejor vida. Comunidades de fe compuestas mayormente por inmigrantes pueden jugar un papel muy importante en el manejo de los complejos procesos de aculturación (Martínez Guerra, 2004) y también en la revitalización de las iglesias. Un trabajo pastoral adecuado con los inmigrantes conducirá a la iglesia a participar en las luchas de la comunidad más amplia en busca de justicia, paz y mejores políticas migratorias.

Obras citadas

American Academy of Child and Adolescent Psychiatry (1999). Your adolescent. Nueva York: Harper Collins Publishers, pp.113–115.

Bowlby, J. (1982). Attachment. Nueva York: Basic Books.

Falicov, C. (1998). Latino Families in Therapy. Nueva York: Guilford.

Forrester, V. (2001). El horror económico. México: Fondo de Cultura Económica.

Friedman, E. H. (1996). Generación a generación: el proceso de las familias en la iglesia y la sinagoga. Buenos Aires/Grand Rapids: Nueva Creación/ Eerdmans.

Maldonado, J. E. (2003). Crisis, pérdidas y consolación en la familia. Grand Rapids: Desafío.

Maldonado, J. E. (2008). 'Migración y familia: dinámicas y procesos en las familias hispanas inmigrantes'. En Maldonado y Martínez, eds., Vivir y servir en el exilio: lecturas teológicas de la experiencia latina en los Estados Unidos. Buenos Aires: Kairos.

Martínez Guerra, J. F. (2004). 'Aculturación e iglesia evangélica latina en los Estados Unidos'. En J. F. Martínez Guerra y L. Scott, eds. Iglesias peregrinas en busca de identidad. Buenos Aires: Kairos.

Padilla, C. R. (1994). 'Dios ama al extranjero'. En Misión, Julio-Septiembre.

Pagan, S. (2001). *El Santo de Israel: Dios en el Antiguo Testamento*. Decatur, GA, Libros AEHT.

Sluzki, C. (1996). 'Migración y familia'. Ponencia presentada en el Congreso de Terapia Sistémica, Guadalajara, México, marzo.

Winter, R. D. (2006). 'The Uncertain Future of Missions'. En *Mission Frontiers*, March-April.

Conclusión: 'retened lo bueno'
Carlos Van Engen

La tesis de este capítulo es que el proceso educativo de PRODOLA desprende de aspectos selectos de cinco paradigmas de formación ministerial que se han visto a lo largo de la historia de la iglesia de Jesucristo. La formación ministerial del Programa Doctoral en Teología PRODOLA busca construir un proceso multidisciplinario que pretende formar el ser, saber, hacer y servir de los/las líderes de las iglesias, de las organizaciones de compasión, y de las organizaciones misioneras en América Latina. Se busca formar una nueva generación de líderes para todos los ministerios multifacéticos de la iglesia y de la misión de Cristo en el mundo. En lo que sigue se ofrece primero un repaso de cinco paradigmas de formación ministerial y en seguida se demuestra la forma en que cada uno de ellos contribuye a la construcción de las bases pedagógicas del Programa Doctoral en Teología PRODOLA.

Durante los últimos treinta años, he visto que cada vez que pastores, misioneros o profesores de seminarios comienzan a hablar acerca de los programas educativos de seminarios y ministerios, casi siempre hacen referencia a su propia educación teológica en el seminario o en el instituto bíblico donde se formaron. Y la base sobre la cual evalúan el asunto en cuestión se ve usualmente coloreada (o casi determinada) por su pasada experiencia de seminario. Pero hoy pensar en la formación ministerial únicamente sobre la base de nuestra propia experiencia de entrenamiento en el seminario es inapropiado e inaceptable, por lo menos por cuatro razones.

Primero, proyectar sobre el presente la forma pasada de nuestra propia educación teológica invariablemente nos ciega a la maravillosa riqueza de formas que funcionaban con éxito antes de nuestro tiempo y que puedan guiarnos hacia el futuro. Segundo, proyectar sobre el presente la manera en que nosotros experimentamos el entrenamiento en el seminario es ignorar, para nuestro peligro, que los contextos de los ministerios de hoy han cambiado, tanto en América Latina como alrededor del mundo. Tercero, ceñirnos a nuestros propios modos del pasado nos hace incapaces de una libre y fructífera creatividad, la cual se necesita urgentemente para este nuevo siglo. Por ejemplo, durante los años en que estuve involucrado en la formación ministerial en México, yo aprendí que para que tales programas sean exitosos, solo los estudiantes son indispensables. Cuarto, proyectar nuestro propio entrenamiento de seminario o escuela bíblica sobre el presente es ignorar el profundo cambio de paradigma en el cual el mundo entero se encuentra hoy. En todos los aspectos y a todos lo niveles de la sociedad, estamos en medio de profundos cambios que no se han visto desde antes de la Revolución Industrial.[99] Dado el cambio radical por el cual la iglesia y el mundo están pasando, necesitamos reconceptualizar los fundamentos, las formas y las metas de la formación ministerial hacia el futuro. Del mismo modo, la formación ministerial debe pasar por un cambio de paradigma radical para que pueda servir de manera apropiada a la iglesia y al mundo de mañana.[100]

Cinco paradigmas de formación ministerial

A lo largo de su historia, el pueblo de Dios (Israel y la iglesia) han sostenido una cantidad de diversas perspectivas concernientes a la selección, la formación y el reconocimiento de sus líderes. Estos puntos de vista pueden resumirse en cinco paradigmas básicos que compitieron unos con otros hasta el final de los años 60. Más o menos durante los últimos 40 años, una nueva situación posmoderna ha impulsado la búsqueda de nuevos paradigmas que respondan a una variedad de contextos de formación ministerial, especialmente de parte de las iglesias en Asia, África y América Latina. El Programa Doctoral en Teología PRODOLA ilustra dicha búsqueda y ha hecho brotar un nuevo paradigma que toma prestados aspectos de los otros cinco y los remodela en una configuración radicalmente nueva de una formación en medio del ministerio en un patrón intraministerial. A riesgo de una simplificación exagerada y de posibles inexactitudes históricas, haré un estudio del desarrollo de los cinco paradigmas anteriores de formación ministerial, y luego ofreceré una descripción de las bases pedagógicas de PRODOLA.

La condición de aprendices

Posiblemente, el paradigma más antiguo de formación ministerial implica una relación personal entre un maestro y uno o más aprendices. En este paradigma, alguien muy significativo en la comunidad debido a su sabiduría, experiencia y habilidades reconocidas generalmente selecciona a

---

[99] Tom Peters (1992) y Joel Barker (1992) están entre los que señalan hacia la naturaleza radical del cambio de paradigma que está teniendo lugar en la sociedad moderna.

[100] En el último capítulo de *Reflections of a Contrarian* (1989, 171–92), Lyle Schaller formula algunas preguntas muy significativas acerca de la educación teológica, preguntas que señalan hacia la necesidad urgente de reconceptualizar el paradigma que gobierna nuestras expectativas de seminarios y programas en la formación ministerial. Ver también Schaller 1987, 198–212; 1992, 94–114; Bennis 1989; Gerald Anderson 1993; De Pree 1989; 1992; Bosch 2000; Callahan 1983; y Elliston 1992.

aquellos a quienes se les va a tirar el manto. En la Biblia se puede ver este paradigma, por ejemplo, en la relación de Moisés con Josué, de Elí con Samuel, de Elías con Eliseo y en la escuela de los profetas. Para los tiempos del Nuevo Testamento la condición de aprendices había llegado a ser una forma común de mentoreo y de enseñanza en las sinagogas judías. Este enfoque fue seguido por Juan el Bautista y por Jesús con sus discípulos, por Gamaliel con Saulo (Pablo), por Bernabé con Saulo y con Juan Marcos, y por Pablo con Timoteo y con el equipo de misioneros. Por varios cientos de años después de Cristo, la iglesia formó a sus líderes predominantemente mediante relaciones entre maestro y aprendices.

El paradigma todavía continúa. Por ejemplo, la obra *El plan maestro de la evangelización* (Master plan of evangelism), escrita por Robert Coleman en 1963, y el enormemente significativo programa de los Navegantes son dos de los modelos más conocidos que se construyen sobre este paradigma. La explosión reciente de literatura sobre el discipulado da testimonio de la importancia que este paradigma todavía tiene en la iglesia. Las iglesias de Corea adaptaron el método de discipulado de John Nevius siendo sus perspectivas principales extraídas del paradigma de mentoreo. El fundamento básico de Nevius era que todo creyente deberá aprender acerca de la Biblia y de Cristo de alguien y debe simultáneamente estar enseñando acerca de la Biblia y de Cristo a otra persona. Paul Stanley y J. Robert Clinton (1992, p. 159) llegan a afirmar que el mentoreo es esencial para el liderazgo: 'Un líder en crecimiento necesita una red relacional que incluya a mentores, pares y líderes emergentes, a los efectos de asegurar el desarrollo y una perspectiva saludable sobre su vida y ministerio'. Entre las megaiglesias (congregaciones con decenas de miles de miembros), una de las características comunes es la cuidadosa e intencional creación de relaciones personales entre maestros y aprendices que provee el marco para formar a sus líderes para el ministerio.

El paradigma de maestros-aprendices tiene sus aspectos fuertes y sus características débiles. Aspectos fuertes incluyen la formación de la persona del discípulo a lo largo de un período extendido de tiempo, la rendición de cuentas del aprendiz al maestro y el alto grado de contextualización dentro de una organización o cultura en particular. Pero tiene por lo menos tres debilidades. Primero, algunas veces puede ser ideológico, manipulador y opresivo, si es que el mentor no le permite al discípulo la libertad de expresión propia y de conocimiento de sí mismo. Segundo, este paradigma está limitado a la sabiduría, las habilidades y la creatividad del mentor. Y tercero, puede no ser transferible a nuevos contextos: es decir, comúnmente no puede generalizarse.[101]

---

[101] Por supuesto que la formación ministerial dentro de los seminarios denominacionales comparte una limitación similar.

La disciplina monástica

Después de que el emperador romano, Constantino, le dio sanción oficial al cristianismo, se desarrolló un nuevo paradigma de formación ministerial en forma institucionalizada. Tomando formas muy diferentes a lo largo de los siglos, este paradigma involucró a personas viviendo juntas en comunidad por largos períodos de tiempo, cuando no durante toda la vida. Generalmente asociado con votos de lealtad, castidad y pobreza, el movimiento monástico ejerció una tremenda influencia sobre la iglesia. Lo que antaño había sido una cuestión de discipulado bastante individual, ahora se tornó en un asunto corporativo y comunal institucionalizado, dentro del seno de iglesia.

El movimiento monástico fue la cuna donde papas y prelados fueron nutridos para la iglesia romana. La historia del cristianismo sería radicalmente diferente y estaría profundamente empobrecida sin el movimiento monástico. Los católicos romanos y los protestantes por igual tienen una gran deuda espiritual, eclesiológica, organizacional y misionera con los movimientos monásticos (tanto masculinos como femeninos), incluyendo órdenes religiosas del día de hoy tales como la Sociedad de los Santos Padres, las Misioneras de la Caridad de Madre Teresa y los/las religiosos/as Maryknoll.

El paradigma monástico no es uno con el cual sepan tratar muy bien las tradiciones protestantes. Los votos de obediencia y de separación son radicales. La vida disciplinada de las personas en comunidad es una manera formal e institucionalizada de mentoreo en aislamiento durante un período extendido de tiempo. La búsqueda de espiritualidad es profunda. El grado de responsabilidad frente a la comunidad de fe es sorprendente. Este paradigma tiene sus aspectos fuertes: la formación espiritual del discípulo (ser), los hábitos prescritos de estudio y de aprendizaje (saber) y la expansión misionera a lo largo de los siglos (hacer). No obstante, este paradigma también ha demostrado aspectos débiles. Debido a su tendencia general hacia el aislamiento, este paradigma algunas veces ha sido institucionalmente encapsulado y controlado por los poderes de la iglesia y restrictivo en el perfil de los líderes que ha formado, dada la conformidad con la comunidad que ha sido tan fuerte. Y aun así, muchos de lo teólogos y reformadores más influyentes de la iglesia fueron formados en el seno del movimiento monástico.

La búsqueda del conocimiento

La revolución científica cambió muchas cosas incluyendo un cambio radical en la manera de preparar a los líderes para el ministerio en la iglesia y en el mundo. La explosión de la curiosidad y el aprendizaje del Renacimiento dieron origen a las universidades y una parte integral de la estructura de la universidad fue la escuela de divinidades. Aunque eventualmente esta llegó a ser sólo un departamento en la universidad, aún hoy el lazo íntimo entre la reflexión teológica y las estructuras universitarias de occidente es un fenómeno que influye sobre nuestras visiones de la educación teológica, más profundamente de lo que podríamos imaginarnos.

A medida que este paradigma se desarrolló a lo largo de los siglos, le dio forma a la educación teológica en muchos aspectos. Primero, la formación ministerial llegó a estar predominantemente basada sobre el conocimiento: conocer datos y recitar ideas. Aprender a leer, recitar e interactuar con pensadores griegos y latinos se tornó en una prueba temprana de formación en el ministerio. Segundo, la estructura de la educación teológica llegó a subdividirse en partes pequeñas que desde Friedrich Schleiermacher hasta hoy se conservan separadas: historia del pensamiento cristiano, idiomas bíblicos, estudios bíblicos, teología sistemática, ética, homilética, y teología pastoral. Nótese que en esta lista la misiología brilla por su ausencia. Efectivamente, en ambientes donde domina esta fragmentación de la formación ministerial, ha sido muy difícil saber dónde colocar la misiología (véase, por ejemplo, J. Andrew Kirk 1999: 7–22; David Bosch 2000: 490–493; J. Verkuyl 1978: 6–17; Jan Jongeneel 1997: 9ss). Tercero, este paradigma comenzó la brecha entre la así llamada 'educación teológica y la iglesia'. Se suponía que el aprendizaje debía ocurrir en el aula, no en el santuario. Cuarto, este paradigma dio origen a la búsqueda de la excelencia académica por parte de individuos en la educación teológica. De cierto modo, este desarrollo estaba en oposición al adoctrinamiento, la obediencia y la participación colectiva y colaborativa del movimiento monástico. Quinto, este paradigma afirmó fuertemente todos los vientos de cambios culturales que soplaban por Europa y EE.UU. (cuyo impacto sería una historia en sí misma).

El paradigma basado sobre la universidad es fuerte en el área del conocimiento (saber), especialmente el conocimiento del pensamiento, las tradiciones, los teólogos y las perspectivas del pasado, y fuerte en el cultivo de la creatividad para desarrollar o descubrir nuevas teorías. No obstante, se ha mostrado bastante débil en términos del hacer, lo cual se relaciona con las habilidades y las destrezas necesarias para el ministerio en la iglesia. También se muestra débil en cuanto al ser y el servir. El ambiente universitario, sencillamente, no ha probado conducir a la formación a largo plazo de la espiritualidad y la piedad personales de los que han de ser los líderes naturales de las iglesias. Algunas de las debilidades del paradigma de la universidad parecen haber apresurado el movimiento hacia la creación de los seminarios.

La preparación profesional

A medida que las denominaciones tomaron forma en EE.UU., emergió un nuevo paradigma de formación ministerial: los seminarios. Predominantemente conectados con las denominaciones, los seminarios se separaron de las universidades y comenzaron a tomar una identidad propia, incorporando una cantidad de elementos de paradigmas anteriores. Tomaron prestado del paradigma de aprendices, buscando construir relaciones personales estrechas entre profesores y alumnos. A medida que los seminarios crearon sus propias subculturas, tomaron prestada del paradigma monástico la manera en que la comunidad integrada por los profesores, el personal y los/las estudiantes, todos juntos pudieron buscar la comunión, la confraternidad y la formación ministerial. Al mismo tiempo, a los efectos de ser académicamente aceptables, los seminarios tomaron prestado del paradigma de la universidad al estructurarse predominantemente en términos de una instrucción basada sobre el conocimiento y dependiente del aula.

Los seminarios moldearon las características que habían tomado prestadas para hacer algo nuevo. Modificaron el paradigma del aprendiz, colocándolo en el aula y algunas veces en la iglesia a través de un ministerio supervisado. Cambiaron las cualidades eclesiásticas e institucionales del paradigma monástico, a través de su enlace con sus denominaciones. Se transformaron en centros de entrenamiento para los que llegarían a ser fieles transmisores de la tradición teológica a la que pertenecían. Dado que los seminarios querían estar conectados con la iglesia más estrechamente que lo que habían estado las universidades, comenzaron programas de pasantías que involucrarían a sus estudiantes en incursiones de corto plazo dentro de la vida de las congregaciones. Aunque los seminarios querían ser académicamente respetables, modificaron su instrucción en el aula y su preparación académica, y agregaron una cantidad de experiencias basadas en la pericia ministerial, que ayudarían a sus graduados a ser más eficientes en el ejercicio del ministerio en la iglesia. En particular, los seminarios de las denominaciones más tradicionales e históricas de EE.UU. compartieron el deseo de la universidad de tener una conversación de relevancia con la cultura circundante, pero modificaron esta conversación para incluir a la congregación dentro de ella, en el contexto de la denominación a la cual pertenecían.

Sin embargo, los aspectos fuertes de estos elementos prestados de paradigmas anteriores acarrearon consigo aspectos débiles. Aunque las características prestadas eran loables, era aun más difícil llevarlas a cabo con éxito en el paradigma del seminario semiautónomo que lo había sido en sus contextos originales. Las relaciones personales de mentoreo, por ejemplo, existían durante un plazo demasiado corto; la vida comunal continuaba fragmentada y la instrucción académica demostraba ser igual de débil en formar el ser y el hacer de los/las estudiantes como fuera en las universidades.

Después del comienzo del siglo xx, las denominaciones llegaron a transformarse cada vez más en una especie de corporaciones eclesiásticas, con las congregaciones funcionando como sucursales, por así decirlo.

Para mediados del siglo, los seminarios habían llegado a ser predominantemente centros de inducción denominacional, estaciones de entrenamiento en habilidades para programas particulares en la iglesia (por ejemplo, renovación litúrgica y aconsejamiento) y escuelas de corte profesional que abrían las puertas hacia empleo en las iglesias. Después de mediados de los años 1960s, la tendencia hacia la profesionalización del clero cambió radicalmente las expectativas bajo las cuales trabajaban los seminarios, tal como Lyle Schaller lo ha contado de manera tan apropiada en *Reflections of a contrarian* (1989).[102]

Aunque las motivaciones detrás de la creación del paradigma de preparación profesional de los seminarios fueron loables, el producto final de esta tendencia demostró debilidades significativas. La más deslumbrante de éstas era la falta de espiritualidad y de autenticidad personales de parte de los profesionales preparados en los seminarios. Formar el *ser* de la persona estaba casi totalmente olvidado, dado que la función profesional de la persona era fuertemente acentuada. El fracaso moral y personal bien documentado del clero en Norteamérica hoy en día puede haberse acelerado por el proceso de la profesionalización del clero. La profesionalización del clero implicaría que las congregaciones comenzaran a contratar empleados con títulos en lugar de mujeres y hombres llamados y formados para el ministerio. Las expectativas de los miembros de las congregaciones se tornaron casi insoportables y las relaciones clero-congregación llegaron a ser muy insalubres. La profesionalización también se combinó con el modelo de líderes como facilitadores. Esto terminó fomentando la pasividad y la falta de productividad de parte del clero. Las congregaciones se quedaron caminando torpemente en busca de dirección, cuando estaban en mayor necesidad de un liderazgo fuerte.

Finalmente, dado que los seminarios estaban todavía algo separados de las congregaciones algunas veces parecían pensar que sabían más que los fieles adoradores en las congregaciones en cuanto a lo que deberían hacer las iglesias. El énfasis sobre ciertas habilidades profesionales opacaron otras que eran altamente valoradas por los miembros de las congregaciones. Así que destrezas como las relaciones humanas, la resolución de conflicto, la administración de pequeñas empresas, un liderazgo motivador, la enseñanza dinámica de la Biblia, la predicación expositiva, conducir a las

---

[102] Por ejemplo, el propósito de Charles Fuller al comenzar Fuller Theological Seminary había sido el de establecer un centro de preparación para evangelistas que predicarían el evangelio en Norteamérica. En cambio, el seminario se ha distanciado cada vez más lejos de la visión inicial, hacia una combinación modificada del paradigma de la universidad basada sobre el conocimiento (la gente estudia para conseguir títulos doctorales) y una escuela profesional para personas que se están preparando para ministerios congregacionales.

personas hacia Dios en la evangelización, la participación en la misión global, y otras habilidades parecían estar ausentes: habilidades que los miembros de las congregaciones esperaban de los graduados de sus seminarios. De hecho, a algunas personas en las congregaciones les parecía que el paradigma profesional tenía como meta lo que parecía menos importante e ignoraba algunos aspectos principales de la formación ministerial.[103]

Tristemente, este paradigma, tal como los otros, se exportó a la América Latina por medio de los misioneros, los predicadores y los educadores del norte. En muchos casos los seminarios alrededor de América Latina también comenzaron a percibir su tarea en una luz que reflejaba perspectivas y suposiciones similares al paradigma de preparación profesional.

El paradigma de preparación profesional ya no tiene vigencia, pero a la vez es importante evaluar sus aspectos fuertes y débiles. Lo que parece claro es que la iglesia y el mundo han cambiado dramáticamente y con ello también las necesidades de formación ministerial han cambiado en forma drástica. El paradigma de preparación profesional necesita pasar por una reforma radical. (Véase, por ejemplo, Kennon Callahan 1990, p. 4; Donald Messer 1992, pp. 17, 21–22.) Los que quieren usar los seminarios solo como escalones para la certificación y para la oportunidad de imponer sus propias agendas sobre la iglesia representan una clase equivocada de líderes y la dirección incorrecta para la iglesia. Ellos conducirán a la iglesia hacia la muerte en lugar de la vida. Necesitamos un paradigma alternativo.

Hasta cierto punto, las iglesias de Asia, África y América Latina fueron afectadas por los cuatro paradigmas que hemos descrito arriba, pero no se conformaron con ello. Dado que el paradigma de la universidad y el clero profesional no satisfacían las necesidades allí, las iglesias en esos contextos se vieron obligadas a abrir el camino en la búsqueda de un nuevo paradigma. Tal vez sea el momento que las iglesias, organizaciones misioneras, escuelas bíblicas y seminarios de EE.UU. tomen la libertad de aprender de cristianos en otras partes del mundo, para entrar a un nuevo futuro y considerar la forma que podría tomar un nuevo paradigma de formación ministerial.

La formación intraministerial de los líderes naturales

En los años 60, la educación teológica en África, Asia y América Latina experimentó un cambio de paradigma fenomenal, a través del surgimiento de un movimiento llamado Educación Teológica por Extensión: ETE (*Theological Education by Extension*, TEE). La causa que dio origen al nuevo movimiento fue la falta de recursos y de personal para preparar líderes en forma lo suficientemente rápida para las iglesias en crecimiento en esos contextos. Esta necesidad condujo en forma dramática a que los

---

[103] Para algunas preguntas penetrantes acerca del cambio 'de vocación a profesión' vea Schaller 1987, pp. 198–212; vea también George Hunter 1992, pp. 112–13.

educadores se pusieran a repensar la naturaleza de la formación ministerial, esfuerzo que sigue hasta el presente. Comenzando en el Seminario Presbiteriano en Guatemala y lanzado por Ralph Winter, Ross Kinsler y James Emery, entre otros, la ETE se ha desparramado por todo el mundo, transformando la manera en que las iglesias conciben la formación de sus líderes. Se ha escrito mucho sobre el desarrollo de este nuevo paradigma en varias partes del mundo.[104] Nos enfocaremos en sus características teológicas y teoréticas.

El movimiento de ETE comenzó con un esfuerzo de pensar de nuevo lo que sería la formación ministerial, haciendo una reflexión que deseaba iniciar como de la nada. Todas las consignas de la educación teológica eran negociables. Al construir su nuevo paradigma, los líderes del movimiento tomaron conscientemente prestado de otros paradigmas anteriores, pero con una creatividad de adaptación y de reconstrucción no vista por siglos. El corazón de este paradigma es la búsqueda de una manera de integrar el *ser*, el *saber* y el *hacer* de la persona como líder en el ministerio en la iglesia y en el mundo.

¿Por qué?

El propósito del paradigma intraministerial es formar líderes que puedan conducir la iglesia. El foco está sobre el liderazgo, no sobre la ordenación, ni la función, ni la profesión, ni la legitimación ni ninguna de las muchas cuestiones que algunas veces nublan nuestras perspectivas de la educación teológica. Esto parecería obvio, pero en realidad es radical. La razón es que por más de un siglo hemos dado por sentado que una persona que se ha graduado de una escuela de divinidades de una universidad o de un seminario es un líder (y especialmente si esa persona ocupa un puesto de renombre en una congregación o denominación). Nada podría estar más lejos de la verdad. En realidad, estamos en una profunda crisis de liderazgo en América Latina y alrededor del mundo, y posición o función ya no pueden igualarse con liderazgo. Warren Bennis llama nuestra atención sobre esta crisis:

> La ausencia conspicua de un liderazgo real en el mundo me recuerda al francés que fue arrollado y casi pisoteado por una turba indisciplinada. Cuando se puso en pie, vio a un pequeño y manso hombre que estaba persiguiendo frenéticamente a la turba y exclamó: 'No siga a esas personas.' El hombre le contestó a gritos: 'Tengo que seguirlos. Soy su líder.'

---

[104] Dos de los mejores estudios son Winter (1969); y Kinsler (1983, 2008). Este último contiene dos capítulos relacionados al tema: Norberto Saracco, 'International Faculty of Theological Education, Argentina,' (pp. 173–190; y Charles Van Engen, 'Latin American Doctoral Program,' (pp. 207–226).

Personas sin liderazgo es igual a líderes que son liderados. Cuanto más falta de liderazgo tenemos, más hambre de él tenemos. Perplejos, vagamos por el mundo que parece haberse tornado moralmente muerto, donde todo, incluso el gobierno, parece estar a la venta y donde, al buscar villanos reales, nos confrontamos con nosotros mismos en todas partes (1989, p. 142).

Así que el nuevo paradigma consiste en un cambio radical de perspectiva que deja a un lado la preparación de profesionales y asigna prioridad a la formación de líderes naturales de las comunidades de fe. El liderazgo se puede definir de varias maneras. Por ejemplo:

> El liderazgo es un evento colectivo por el cual el Pueblo de Dios avanza en su misión en el mundo al vivir la visión del llamado de Dios y su voluntad para la iglesia. Es estimulado por un número de líderes-catalizadores y movilizado por el Espíritu Santo en respuesta a lo que Dios está haciendo dentro de la iglesia y en su contexto de misión en el mundo … El liderazgo ocurre como un evento corporativo cuando la comunidad de creyentes permite que ciertos miembros actúen como sus líderes-catalizadores. Estos los inspiran hacia un ejercicio cada vez mayor de toda una gama de dones espirituales distribuidos entre todos los miembros. Los líderes, entonces, llegan a ser los catalizadores creativos, motivadores, visionarios, entusiastas, positivos y listos para movilizar al Pueblo de Dios en misión en el mundo (Van Engen, 2004, p. 181).

¿Quién?

Para identificar a los líderes, el paradigma intraministerial se vuelve a la congregación local. ¿Quiénes son los líderes naturales ya reconocidos por la iglesia en base de sus dones en el ministerio y en qué ministerios ya están ellos participando? De alguna manera, esta pregunta se remonta al primer paradigma. Allí el pueblo de Dios reconoce los dones de los líderes naturales. El *ser* (el carácter e influencia) de hombres y mujeres es afirmado por la comunidad de creyentes y legitimado por el reconocimiento de los que pueden llegar a ser sus mentores. Si los seminarios usaran esto como criterio, nadie sería aceptado para estudiar en el seminario si no hubiese anteriormente demostrado su capacidad de liderazgo como líder juvenil, maestro de escuela dominical, predicador, director espiritual, organizador de la iglesia y del ministerio, evangelista o misionero. Los programas de formación ministerial se limitarían a personas que ya han tenido responsabilidades y se han demostrado capaces de liderazgo en la iglesia.[105] Si este

---

[105] En realidad, este era precisamente nuestro requisito en el programa de ETE que yo administré en Chiapas, México, en las décadas de los 70 y 80

fuera el caso, la motivación, el carácter, el estilo de liderazgo, la orientación y el proceso de los que estudian en nuestros seminarios se verían profundamente afectados. Recuerdo haber oído a David Allan Hubbard, entonces presidente del Seminario Teológico Fuller en California, decir a comienzos de los años 70: 'La calidad de un seminario depende en su 90% de la calidad de los alumnos que ingresan.' Me ha llevado años entender la profundidad de la sabiduría que se encuentra en esta afirmación.

¿Dónde?

El paradigma intraministerial reconoce que el lugar del liderazgo es la congregación local que participa en la misión de Dios en el mundo. Sostiene el sacerdocio de todos los creyentes como uno de sus valores fundamentales, no solo con respecto a la lectura e interpretación de la Biblia, sino de manera igualmente profunda con respecto al ministerio y la misión. Este paradigma reconoce que la iglesia es el cuerpo de Cristo y que sus miembros deben ejercer estos dones en medio del pueblo de Dios. Esta perspectiva afirma la naturaleza corporativa de la formación ministerial, pero la ubica en la congregación más que en el monasterio. Por lo tanto, el acento está sobre la formación ministerial como un proceso y no como un producto. Los programas de formación no preparan a la gente para el ministerio sino más bien, el ministerio puede ser mejorado por los programas de formación. Así es que la formación ministerial debe tener lugar en medio del pueblo de Dios, no en el aula. La ordenación, en lugar de servir como un portal requerido para un puesto o una función en la iglesia, implica un reconocimiento colectivo de parte de la iglesia de los dones del Espíritu Santo para el ministerio.

¿Cómo?

Tomando prestado del paradigma de aprendices, el paradigma intraministerial procura desarrollar estrechas relaciones personales, emocionales y espirituales entre los que están en las etapas iniciales del proceso de formación ministerial y los que están más adelantados en el camino del ministerio. En este paradigma los seminarios y las congregaciones trabajan en conjunto, en apoyo mutuo, en un esfuerzo compartido en la formación ministerial de sus líderes. Estas relaciones personales de mentoreo pueden incluir a pastores/as, pero de la misma manera pueden involucrar a otros miembros de la congregación cuya sabiduría, carácter, historial en el ministerio de la iglesia y vidas guiadas por el Espíritu Santo puedan ofrecer una

---

(y el Espíritu Santo nos trajo un grupo maravilloso de personas). Hay muchos programas excelentes de formación ministerial que han adaptado con gran éxito la perspectiva pedagógica de este paradigma. Como ejemplos, pudiéramos mencionara FIET en Buenos Aires, Argentina, FLET en la zona andina, INSTE en Centroamérica, todos con vínculos con PRODOLA.

contribución a los que están en el proceso de formación. El deseo de los que siguen el paradigma intraministerial es ver a menos pastores fundidos y menos fracasos morales entre ellos, porque estas relaciones se construyen intencionalmente dentro del ejercicio mismo del ministerio.

El paradigma intraministerial trae aparejada una redefinición del concepto de preparación 'académica'. Mientras que el paradigma de la universidad, a grandes rasgos, define 'académico' en términos del conocimiento de datos, nombres e ideas, este quinto paradigma define la excelencia académica más en términos de carácter, sabiduría, comprensión de la iglesia y de la gente e influencia en el ministerio y hacia la misión. Las implicaciones para el reconocimiento del ministerio son obvias. Es claro que los líderes congregacionales y las estructuras de la iglesia a nivel local se transforman en los actores principales para reconocer a los que están ejerciendo liderazgo en el ministerio. Los líderes de la iglesia debieran hacer de la formación mutua y de otros dentro del ministerio, una de sus prioridades principales. Esto tiene implicaciones para la política denominacional en relación con la ordenación tanto como para la función de los seminarios denominacionales. Parece apropiado pedirles a los miembros de las congregaciones que señalen a los que ellos estarían dispuestos a seguir y qué cualidades necesitan ser formadas en estas personas de modo que sean aceptados como líderes.

¿Cuál es la meta?

Con el paradigma intraministerial cambia el énfasis en términos de la meta del ministerio. El paradigma monástico enfatizó la formación de personas tal que fueran miembros obedientes y productivos de la comunidad monástica. El paradigma de la universidad formó a líderes que fueran miembros aceptables de las clases superiores educadas, incluyendo la académica. El modelo profesional, mayormente formó a personas para mantener la iglesia institucional, profesionales parecidos a médicos, abogados e ingenieros. El paradigma intraministerial, por otro lado, vuelve más estrechamente sobre la pista del objetivo del paradigma de los aprendices, para moldear la vida de los que pueden conducir al pueblo de Dios hacia adelante en la misión de Dios en el mundo. Este quinto paradigma, entonces, evaluaría su efectividad en términos de la manera en que los líderes a quienes les ha dado forma catalizan la iglesia para su propia transformación con el objetivo de participar en la misión de Dios en el mundo.

La formación intraministerial pretende estar basada en la congregación y no en el aula, y debe estar orientada hacia la misión más bien que al mantenimiento de las estructuras eclesiásticas. Las congregaciones se transforman en los principales centros de formación para el ministerio del pueblo de Dios en la iglesia y en el mundo. Y el ministerio de la iglesia será visto como un proceso dinámico por medio del cual todo el pueblo de Dios crece hacia la madurez de Jesucristo, la cabeza de la iglesia (Ef. 4).

Aspectos fuertes del paradigma de formación intraministerial incluyen los siguientes:

1. Busca la formación completa del/la pastor/a en su ser, saber, hacer y servir en la iglesia en tal forma que los/las líderes se ven involucrados/as en toda la vida cotidiana.

2. Busca la formación de los líderes naturales y reconocidos de las iglesias, buscando trabajar en forma colaborativa con las iglesias en la formación de sus propios pastores.

3. Busca la formación de aquellos/as que impulsan a los miembros de la iglesia en sus ministerios misionales en iglesia y sociedad.

Aspectos débiles de este quinto paradigma de formación ministerial incluyen los siguientes:

1. Por la 'tiranía de lo urgente', no siempre se logra una relación estrecha entre los maestros y los estudiantes (ser).

2. Por el interés que la formación se concentre en el hacer del ministerio, y no siempre se enfatiza el nivel académico deseable.

3. Porque la formación ocurre en medio de muchas otras preocupaciones, no siempre se logra moldear el ser de los que han de conducir al pueblo de Dios hacia adelante en la misión de Dios en el mundo.

La pedagogía del Programa Doctoral en Teología Prodola

Al escribir sus consejos a los fieles en Tesalónica, el apóstol Pablo les exhorta: 'Examinadlo todo; retened lo bueno' (1 Ts. 5.21). Siguiendo esta idea, los fundadores y dirigentes de PRODOLA, en base a su extensa experiencia en la formación ministerial a lo largo del continente, tomaron lo mejor de cada paradigma resumido arriba para construir lo que ahora se conoce como PRODOLA.

La condición de aprendices – el *ser*

PRODOLA enfatiza el *ser* de la personas como líder y por consiguiente toma su inspiración del primer paradigma en la relación de las/los profesoras/es con las/los estudiantes. En PRODOLA se busca crear una red de reflexión en la cual todos los miembros —el personal docente y el estudiantado— se ayudan unos/unas a otros/otras en un esfuerzo de apoyo y aprendizaje mutuo. Así es que el catálogo de PRODOLA dice lo siguiente:

La visión ministerial del Programa Doctoral en Teología PRODOLA
está fundada en una comprensión integral del evangelio y en un
entendimiento claro de los valores del reino de Dios. Se atiende
tanto a los contenidos de la fe, como al ejercicio de la misma, pero
privilegiando la praxis ministerial en el contexto de América Latina
y el Caribe.

Dentro de este marco de referencia, las relaciones entre maestros y discípulos se caracterizan por la horizontalidad, el ejemplo y el acompañamiento, en un ambiente de sujeción mutua y disciplina. Tanto maestros como discípulos son protagonistas activos del proceso formativo y de la construcción del conocimiento. Se espera que ambos logren cambios cualitativos en la iglesia y en la sociedad como resultado de estas experiencias; es decir, se trabaja por una integración de contenidos y vida. Esto significa que se aspira a una enseñanza que dé prioridad a la formación de personas por sobre la creación de programas y actividades. Estos son los factores fundamentales en las pautas de evaluación que siguen a todo el proceso educativo.

La disciplina monástica – el *ser*

PRODOLA enfatiza el desarrollo de la espiritualidad, del carácter, de la autenticidad de la persona del/la líder. El/la estudiante comienza sus estudios en PRODOLA como parte de un grupo de quince a veinte personas que provienen de diversas naciones alrededor del continente. Ese grupo se reúne cuatro veces durante los primeros dos años en encuentros personales intensivos por quince días cada encuentro. En dichos encuentros intensivos se busca desarrollar relaciones humanas de aprecio personal, respeto mutuo, amistad estrecha y compañerismo comprometido entre los integrantes del grupo y con el personal docente de PRODOLA. Los encuentros intensivos presenciales son como cortos retiros, similares a estar en un monasterio, pero de corto plazo. En base de estos encuentros, se crea una red de reflexión virtual en el cual todos se ayudan mutuamente en su formación personal, pastoral, y misionera. En muchas ocasiones, esta red de relaciones personales se vuelve también una red de oración, apoyo y aliento mutuo.

La búsqueda del conocimiento – el *saber*

Por ser un programa doctoral a nivel de Ph.D., PRODOLA se basa en la investigación y enfatiza la construcción de nueva teoría, el descubrimiento de nuevo conocimiento. Con personal docente reconocido a nivel universitario y en base al reconocimiento y la acreditación de su programa de estudio a nivel universitario, el proceso pedagógico de PRODOLA toma el paradigma de la universidad en su énfasis en construir nuevo conocimiento en base de la investigación. Aunque el programa doctoral está íntimamente relacionado con la iglesia, sin embargo, en PRODOLA también se busca fomentar investigaciones que ayuden a conocer y comprender aspectos de nuestra realidad latinoamericana que aún no percibimos ni entendemos. Los cursos de especialización, los cursos tutoriales individualizados y la escritura de la tesis doctoral forman parte de este proceso de construir nuevo conocimiento bajo la supervisión y guía de un/a tutor/a de tesis doctoral experto en el área de investigación del estudiante.

La preparación profesional – el *hacer* y *servir*

PRODOLA enfatiza la relación estrecha entre los líderes que forman parte de la red de PRODOLA y sus iglesias y las denominaciones representadas por los que estudian en PRODOLA. Así es que el catálogo de PRODOLA dice:

> Quien tiene la responsabilidad fundamental para la capacitación del liderazgo cristiano es la iglesia. Ella debe capacitar a los llamados y seguir de la manera más fiel posible los modelos bíblicos. Como educadores y mentores cristianos estamos al servicio de la iglesia para ayudarla a cumplir con su responsabilidad: formar líderes del más alto nivel y cuidar que los contenidos teóricos de la fe cristiana estén siempre referidos a la práctica ministerial. Por consiguiente, colaboramos con la formación de los líderes que la iglesia necesita, con una visión ministerial bíblica y con un alto desarrollo de las pericias necesarias para el cumplimiento de su misión.

Todo estudiante de PRODOLA diseña su propio programa de estudio e investigación con el objetivo de incrementar y profundizar su servicio y su liderazgo en su iglesia y en su denominación. Mientras estudian, los/las estudiantes aplican lo estudiado a su contexto de ministerio y misión; enseñan lo aprendido en sus propias iglesias, predican lo que están aprendiendo, y aplican lo aprendido a la problemática de sus organizaciones de compasión y misión local y global. Es importante tomar en cuenta el aspecto débil del paradigma del seminario en su separación de la iglesia o denominación, a veces distante, a veces mas cercana. Ya que el programa de estudio de PRODOLA se lleva a cabo en medio del ministerio, se espera que los/las estudiantes de PRODOLA permanezcan íntimamente relacionados/as con sus iglesias y denominaciones, participen de cerca en la vida de sus iglesias, e incorporen todo lo que van aprendiendo en su vida y ministerio dentro de sus iglesias y en sus sociedades.

La formación intraministerial – el *hacer* y *servir*

El lema de PRODOLA es, 'más preparación para un mejor servicio' (Ef. 4.12). Por esta razón PRODOLA se fundamenta en una forma bastante fuerte y concreta en este último paradigma, transformando este paradigma a un nivel doctoral. Se selecciona a los que estudiarán en PRODOLA en base a su previo reconocimiento como líderes naturales de sus iglesias, denominaciones, instituciones de formación ministerial u obras misioneras, tomando en cuenta el apoyo personal de parte de ellos. Se escogen los que ya son líderes maduros a nivel nacional e internacional. El aprendizaje y el proceso de investigación ocurren durante y en medio del ministerio, en el contexto de cada estudiante. Un valor fundamental de PRODOLA es que el/la estudiante no tendrá que ausentarse de su contexto de ministerio por un tiempo extendido para poder hacer sus estudios doctorales en teología. La formación ministerial ocurre en el contexto y en medio del ministerio del/la estudiante. Así que todo lo aprendido en el programa doctoral se pone de inmediato al servicio de la iglesia, la institución de formación ministerial, la organización misionera, y la sociedad en que se encuentra el/la estudiante. Estando conscientes tanto de las debilidades como de los aspectos fuertes de este paradigma, los/las profesores/as de PRODOLA buscan apoyar y animar a sus estudiantes en planificar y priorizar sus energías, su tiempo, y el enfoque de sus investigaciones tal que todo lo aprendido en los estudios de PRODOLA redunden en un mejor servicio a la iglesia y a la sociedad.

Esperamos que el/la lector/a haya disfrutado de la lectura de este libro. Como se menciona en la introducción, el propósito del mismo es ofrecer una serie de reflexiones multidisciplinarias acerca de la formación ministerial al servicio de la iglesia latinoamericana y su misión. La construcción del Programa Doctoral en Teología PRODOLA forma parte integral del esfuerzo de tomar lo mejor de los diversos paradigmas de formación ministerial y entretejer un proceso praxeológico de formación ministerial apropiado a las iglesias y sus contextos en América Latina de hoy y mañana y desde América Latina hacia el mundo entero. Que el Espíritu Santo nos inspire, guíe y dirija a todos en responder en forma unida y eficiente al inmenso reto de formar una nueva generación de líderes para un mejor servicio de las iglesias y las sociedades de nuestro amado continente.

Obras citadas

Anderson, R. S. (1993). *Ministry on the Fireline: A Practical Theology for an Empowered Church* . Downers Grove, Illinois, InterVarsity Press.

Barker, J. A. (1992). *Future Edge: Discovering the New Paradigms of Success.* Nueva York, William Morror & Co.

Bennis, W. (1989). *Why Leaders Can't Lead: The Unconscious Conspiracy Continues.* San Francisco/Oxford: Jossey-Bass Publs.

Bosch, D. J. (2000). *Misión en transformación: cambios de paradigma en la teología de la misión.* Grand Rapids, Míchigan: Libros Desafío.

Callahan, K. L. (1983). *Twelve Keys to an Effective Church,* Nueva York: Harper & Row.

Callahan, K. L. (1990). *Effective Church Leadership: Building on the Twelve Keys.* San Francisco: Harper.

Coleman, R. E. (1963). *The Master Plan of Evangelism.* Old Tappan, Nueva Jersey., Revell.

DePree, M. (1989). *Leadership is an Art.* Nueva York: Dell Publishing.

DePree, M. (1992). *Leadership Jazz*. Nueva York: Doubleday.

Drucker, P. (1993). *Post-Capitalist Society*. Nueva York: Harper Collins Pub.

Elliston, E. J. (1992). *Home Grown Leaders*. Pasadena, California: William Carey Library.

Hunter, G. G., III. (1992). *How to Reach Secular People*. Nashville, Tennessee: Abingdon.

Jongeneel, J. (1997). *Missonary Theology*. Nueva York: Peter Lang.

Kinsler, F. R., ed. (1983). *Ministry by the People: Theological Education by Extension*. Geneva: World Council of Churches.

Kinsler, F. R., ed. (2008). *Diversified Theological Education: Equipping all God's People*. Pasadena, California: William Carey Library.

Kirk, J. A. (1999). *What is Mission? Theological Explorations*. Londres, Darton: Longman and Todd.

Messer, D. E. (1992). *A Conspiracy of Goodness: Contemporary Images of Christian Mission*. Nashville, Tennessee: Abingdon.

Mulholland, K. B. (1996). 'Missiological Education in the Bible College Tradition'. En D. Woodberry, C. Van Engen y E. Elliston, eds. *Missiological Education for the 21st Century: the Book, the Circle and the Sandals*. Maryknoll, Nueva York: Orbis, pp. 43–53.

Peters, T. (1992). *Liberation Management: Necessary Disorganization for the Nanosecond Nineties*. Nueva York: Alfred Knopf.

Schaller, L. E. (1987). *It's a Different World! The Challenge for Today's Pastor*. Nashville, Tennessee: Abingdon.

Schaller, L. E. (1989). *Reflections of a Contrarian: Second Thoughts on the Parish Ministry*. Nashville, Tennessee: Abingdon.

Schaller, L. E. (1992). *The Seven-Day-a-Week Church*. Nashville, Tennessee: Abingdon.

Stanley, P. D. y Clinton, J. R. (1992). *Connecting: The Mentoring Relationships you Need to Succeed in Life*. Colorado Springs, Colorado: NavPress.

Van Engen, C. E. (1989). 'Pastors as Leaders in the Church'. *Theology, News and Notes XXXVI* (2): 15–19.

Van Engen, C. E. (2004). *Pueblo misionero de Dios*. Grand Rapids, Míchigan: Libros Desafío.

Van Engen, C. E. (1994). *MT537: Theologizing in Mission* (programa de estudio del curso). Pasadena, California: Fuller Theological Seminary.

Van Engen, C. E. (1994). 'Constructing a Theology of Mission for the City'. En C. Van Engen y J. Tiersma. *God so Loves the City: Seeking a Theology for Urban Mission.* Monrovia, California: MARC, World Vision, Intl., pp. 241-270.

Van Engen, C. E.,2008. 'Latin American Doctoral Program.' En R. F Kinsler, ed. *Diversified Theological Education: Equipping all God's People.* Pasadena, California: William Carey Library, pp. 207-226.

Verkuyl, J. (1978). *Contemporary Missiology.* Grand Rapids, Míchigan: Eerdmans.

Winter, R. D., ed. (1969). *Theological Education by Extension.* Pasadena, California: William Carey Library.

Woodberry, D., Van Engen, C. E. y Elliston, E., eds (1996). *Missiological Education for the 21st Century: The book, the Circle and the Sandals.* Maryknoll, Nueva York: Orbis.

Cuerpo de profesores y administrativos de Prodola. San José, Costa Rica, 2010
De izquierda a derecha: Carlos Van Engen, Harold Thomas, Mariano Ávila, J. Norberto Saracco, Pablo A. Deiros, Alberto F. Roldán, Tito Paredes, Juanita Van Engen, Nancy Thomas, Priscila Barro y Enrique Guang Tapia

Reunión del consejo académico de Prodola. Pasadena, California, 2007
De izquierda a derecha: Carlos Barro, J. Norberto Saracco, Pedro Larson,
Tito Paredes, Pablo A. Deiros, Jorge Maldonado, Harold Thomas, Enrique
Guang Tapia, Mariano Ávila, Nancy Thomas, Sonia Abarca, Georgia Grimes,
Priscila Barro, Juanita Van Engen, Raquel Guang y Carlos Van Engen.

Esta edición se terminó de imprimir
en Editorial Buena Semilla,
Carrera 31, nº 64 A-34, Bogotá, Colombia,
en el mes de octubre de 2011.